OSCAR WILDE

THE PICTURE OF DORIAN GRAY

With Essays in Criticism

Annotated with Critical Introduction

by

Min, Taeun

Shinasa

Contents

CRITICAL INTRODUCTION

TEXT of
The Picture of Dorian Gray

CRITICAL ESSAYS

Critical Introduction

서론

옥스퍼드(Oxford) 대학교 졸업생인 젊은 오스카 와일드(Oscar Wilde)는 "나는 시인, 작가, 극작가가 될 거야. 나는 어떻게든 유명해질 거야. 유명해지지 않는다면 악명 높은 사람이 될 거야"라고 말했다. 그가 이 말을 한지 25년쯤 지나 이 모든 사람이 다 되었다는 점에서 그는 자신도 모르게 자신에 대한 예언을 적중시켰다고 볼 수 있다. 40세에 그는 이미 인기 있는 성공한 극작가가 되어 있었고, 문제작 『도리언 그레이의 초상』(*The Picture of Dorian Gray*)의 작가뿐만 아니라 시인으로도 알려져 있었다. 하지만 그 나이에 그는 사회적 물의를 일으켰던 재판의 중심인물이 되었고 감옥에서 2년을 보낸 후 4년도 되지 않아 망명지인 파리에서 빈곤과 고독 가운데 죽음을 맞이하게 되었다.

1895년 4월 와일드가 동성애적 행위로 인해 재판을 받게 되었을 때, 『도리언 그레이의 초상』은 문학적 텍스트에서 법률적 증거물로 탈바꿈하여 와일드에게 불리하게 작용하게 되었다. 와일드는 반대심문에서 그가 앞서 출판했던 이 소설의 초기본과 관련하여 혹독한 심문을 받았기 때문이다.

『도리언 그레이의 초상』의 초기본은 1890년에 *Lippincott's Magazine*에 출판되었다. 1890년대에 들어서는 길목에서 이 작품이 출판되었다는 것은 의미심장했다. 1890년대는 세기말로, 그리고 빅토리아 문학이 모더니즘 문학으로 바뀌는 전환기로서 중요했지만, 무엇보다도 영문학사상 오스카 와일드의 이름과 밀접한 관련이 있는 연대였기 때문이다.

미학운동과 와일드

와일드는 영국에서 미학운동(Aesthetic Movement)의 중심에 선 인물이었다. 유미주의 혹은 탐미주의는 문학 등에서 미학적 가치를 도덕적, 사회적 주제보다 강조하는 경향을 말한다. 이 운동의 뿌리는 1790년대에 독일의 칸트(Kant)가 순수한 미적 경험은 도덕성이나 유용성과 상관없이 미의 대상을 사심 없이 관조하는 것이라고 주장한 데 있다. 프랑스의 고티에(Théophile Gautier)는 예술은 도덕과 아무런 관련이 없고 오직 예술 자체를 위해서만 존재한다며 "예술을 위한 예술"(art for art's sake)을 주창하였다.[1] 프랑스 상징주의 시인들은 이런 영향을 받았고 보들레르(Charles Baudelaire)는 논란이 되었던 그의 시집 『악의 꽃』(*Les Fleurs de mal*, 1857)을 고티에에게 헌사하기도 했다. 보들레르는 이 시집으로 인해 풍기문란죄로 고소당하자 도덕과 문학의 분리를 주장하였다. 즉 고티에와 보들레르는 예술이 도덕적, 사회적, 실용적인 목적으로부터 독립되어 완전한 자율성을 가져야 한다고 했다. 프랑스와 마찬가지로 영국에서도 미학주의는 19세기의 산업적인 영국의 여러 가지 흐름에 대한 반동으로 일어났다. 즉, 그 시대의 실용성, 합리성, 과학적 사실성, 기술적 진보, 중산층의 순응성, 산업 자본주의, 민주적인 하향평준화, 성적인 도덕관과 억압적인 도덕주의가 이러한 운동을 일어나게 한 자극제가 되었던 것이다. 한편 보들레르, 말라르메(Staphane Mallarmé),

1 엄밀히 말하자면, 고티에의 스승인 Victor Cousin이 "예술을 위한 예술"(l'art pour l'art)이라는 표현을 만들어내었다고 한다.

베를렌(Paul Verlaine) 등 프랑스의 상징주의 시인들에 영향을 받은 스윈번(Algernon Charles Swinburne)은 이 운동을 영국에 대중화시켰고 와일드는 이 운동의 중심에 선 인물이 되었다. 러스킨(John Ruskin)이 일상생활을 미화하자고 요청함으로써 미학주의에 대한 토대를 마련했다고 일반적으로 알려져 있지만, 로세티(Dante Gabriel Rossetti), 번-존스(Edward Burne-Jones), 스윈번 등을 포함한 라파엘전기 예술가들(Pre-Raphaelite artists)이 이상적인 아름다움에 대한 감각적인 열망을 표현함으로써 미학주의를 구체화했다고 할 수 있다. 미학주의를 가장 완벽하게 표현한 것은 1870년대에서 1890년대에 걸쳐 페이터(Walter Pater)와 와일드가 쓴 글에서 발견된다. 특히 영국의 미학주의자들은 아름다움이라는 이상을 따라 열정적으로 살 것을 주장한 페이터의 영향을 받았다. 그 중에서도 와일드는 페이터의 책 『르네상스』(*The Renaissance*)가 "그의 삶에 기묘한 영향을 미쳤다"는 것을 고백했고 그 영향은 『도리언 그레이의 초상』에서도 감지된다. 와일드는 페이터처럼 예술작품에 대한 개인적인 반응에 초점을 맞추었다. 그는 보편적인 경험이 아닌, 개인적으로 구체적인 미적 경험을 중요시 했다. 와일드에 의하면 19세기의 중상, 중하층 대중 독자는 "변덕스러운 집단"에 불과했고 이들은 18세기의 합리적인 대중 독자와는 달랐다. 따라서 그는 작가와 독자 사이에 새로운 관계가 필요하다고 생각했고 예술에 대한 개인적인 반응에 초점을 맞추게 되었다. 이는 나중에 대중으로부터 예술가의 소외(alienation)를 불러일으키는 요인이 된다.

19세기 중반까지 예술은 세상에 대한 지식, 특히 도덕적인 지식을 보여주는 것이라는 생각이 보편적이었다. 하지만 1860년대 후반부터 이러한 생각에 변화가 오기 시작했고 1870년대와 1880년대의 미학주의자들에게 예술과 문학은 개인적인 미학적 경험으로 전락했다.[2] 오랫동안 "예술은 자연의

2 와일드에게 "예술을 위한 예술"이 구체적으로 어떤 의미일지에 대해서는 많은 논란이 있어왔다. 예술과 사회와의 완전한 결별, 사회적, 정치적 의미의 결여를 의미하는 것인가? 『도리언 그레이의 초상』에서 헨리 경은 "예술은 행동에 아무런 영향도 미치지 않는다. 그것은 행동하려는 욕망을 눌러버린다"고 주장한다. 하지만 1990년대 이후의 학계의 경향은 와일드의 미학이 엄밀하게 비정치적이라는 데에 회의적이다. 미학적 관심은 불가피하게 정치적 관심을 포함하기 때문이다. 미학주의자의 작품에서 사회적 기능이 간접적으로 드러날 뿐이다.

모방"이라는 생각이 지배적이었으나 이들 미학주의자들은 자연이란 예술에 비교해서 조야하고 디자인이 결여되어 있기 때문에 자연 혹은 삶이 예술을 모방해야 한다고 했다. 이것은 빅토리아 시대에 유행했던 리얼리즘 소설에 대한 공격이라는 점에서 흥미롭다. 사실은 미학운동은 여러 가지 면에서 청교도적 도덕관이 지배적이었던 빅토리아시대에 대한 도전이기도 했기 때문이다. 반대로 문체의 실험을 시도하고 형식에 관심을 갖는 등 미학적 측면을 강조했던 모더니즘 소설과 유사한 입장을 보인다. 사실상 와일드는 빅토리아 시대의 리얼리즘 소설을 정면으로 공격했다. 그는 「거짓말하기의 쇠퇴」(The Decay of Lying, 1889)에서 "리얼리즘은 방법으로서 완전히 실패한 것이다"(25)라고 선언했다.[3] 그는 참된 예술이란 현실을 모방하는 것이 아니라 거짓말 하는 것, 다시 말해서 상상력을 이용하는 것이라고 했다. 와일드에 의하면, 예술은 리얼리티를 반영하는 것이 아니고 오히려 허구를 꾸미는 것(lying)이다. "예술의 목표는 단순한 진실이 아니라 복합적인 아름다움"이기 때문이다(23). 빅토리아 시대 소설가들과 대조적으로 와일드에게는 예술이 인생의 모방을 시작하자마자 나빠지기 시작한다. 그는 "예술이 인생을 모방하는 것보다 훨씬 더 인생이 예술을 모방한다"(32)고 주장한다. 이러한 주장이 들어있는 「거짓말하기의 쇠퇴」가 이 『도리언 그레이의 초상』이 출판되기 얼마 전에 씌어졌다는 것은 주목할 만한 가치가 있다. 왜냐하면 이 소설에서 인생과 예술, 주인공과 그림은 매우 중요한 관계이기 때문이다. 와일드에게 예술가는 거울을 들어 자연을 비춤으로써 현실을 모방하는 역할만 하는 자가 아니다. 그에게는 자연보다 그것을 바라보는 예술가 개인의 의식이 더 중요하다. 그는 「거짓말하기의 쇠퇴」에서 다음과 같은 유명한 구절을 통해 그것을 강조한다.

> 자연이란 무엇인가? 자연은 우리를 낳은 대지의 여신/위대한 어머

3 이후 와일드의 에세이를 모아 놓은 *Intentions* (New York: Prometheus Books, 2004)로부터의 인용은 쪽수만 표기함.

니가 아니다. 오히려 자연은 우리의 피조물이다. 자연이 생명을 갖게 되는 것은 우리의 두뇌를 통해서이다. 자연은 우리가 보아주기 때문에 존재하는 것이고, 우리가 무엇을 보고 어떻게 보는가하는 것은 우리에게 영향을 미치는 예술에 달려있다. 단순히 보는 것은 의식하며 보는 것과 매우 다르다. 우리는 그 사물의 아름다움을 보기 전에는 그것을 보지 못한다. 사람들이 그 아름다움을 보게 되었을 때에라야 비로소 그 사물은 존재하게 된다. 요즈음에 사람들이 안개를 보게 되는 것은 안개가 존재하기 때문이 아니라 시인들과 화가들이 그러한 효과의 신비로운 아름다움을 가르쳤기 때문이다. 수세기 동안 런던에 안개가 존재했었는지 모른다. 감히 말하건대 존재했었다. 그러나 아무도 그것을 보지 못했고 그것에 대해 아무 것도 모른다. 그것은 예술이 창조해낼 때까지 존재하지 않았다.

For what is Nature? Nature is no great mother who has borne us. She is our creation. It is in our brain that she quickens to life. Things are because we see them, and what we see, and how we see it, depends on the Arts that have influenced us. To look at a thing is very different from seeing a thing. One does not see anything until one sees its beauty. Then, and then only does it come into existence. At present, people see fogs, not only because there are fogs, but because poets and painters have taught them the loveliness of such effects. There may have been fogs for centuries in London. I dare say there were. But no one saw them, and so we do not know anything about them. They did not exist till Art had invented them. (41)

와일드에게 자연은 피조물로 전락한다. 자연은 개인의 의식이 그 아름다움을 보았을 때에야 비로소 존재하기 때문이다. 런던의 안개가 오랜 세월동안 없었던 것이 아니지만 인상주의 화가 등 예술가가 작품을 통해 아름다움을 인식시킨 후에야 비로소 오늘날 사람들이 제대로 알아보는 아름다운 안개가 존재하게 되었다는 주장이다. 자연을 모방하는 단계에서 의식을 표현하는 단계로 예술의 방향이 바뀌고 있음을 알 수 있다.

실제로 『도리언 그레이의 초상』에서 화가 바질(Basil Hallward)은 도리언의 초상을 그림으로써 예술과 인생의 관계를 구체적으로 보여준다. 상식대로라면 그림 속의 도리언은 젊음과 아름다움을 영원히 간직하는 반면 실제의 도리언은 점점 늙고 추해질 것이다. 하지만 헨리 경이 "젊음! 젊음! 이 세상에는 젊음 외에는 절대적으로 아무 것도 없다!"라고 외치고 초상이 완성된 지 얼마 되지 않아 도리언은 영원한 젊음에 대한 소원을 빌게 된다. 그 결과 도리언에게 있어서 예술과 인생의 위치는 뒤바뀌게 된다. 다시 말해서 그림 속의 인물은 살아있는 사람처럼 시간의 흐름과 경험의 축적에 따라 변하게 되고, 반대로 도리언은 예술작품처럼 시간이 흘러도 항상 동일한 상태로 남아있게 된다. 엄밀하게 말하면, 삶이 예술을 모방하는 차원을 넘어 삶이 예술작품 자체가 된 것이라고 할 수 있다. 키이츠(Keats)의 시 「그리스 도자기에 부치는 노래」(Ode on a Grecian Urn)에 나오는 도자기에 그려진 그림이 항상 변함없이 존재하듯이, 도리언의 영원한 젊음은 예술작품의 특징을 띄고 있다.

와일드의 또 다른 에세이 「펜, 연필, 그리고 독」(Pen, Pencil and Poison)은 「거짓말하기의 쇠퇴」와 같은 해에 출판되었다. 이 에세이에서 주로 다루고 있는 사람은 웨인라이트(Thomas Griffiths Wainewright)로 그는 악명 높은 독살자이자 위조자이며 동시에 예술비평가이면서 예술가이었다. 그는 냉혈한처럼 많은 범죄를 범한 사람이면서도 미학적 취향을 지닌 언론인이었다. 와일드에게 그는 예술은 도덕성으로부터 독립되어 있다는 사상을 극단적으로 예시해주는 존재였다. 와일드가 보기에 웨인라이트는 범죄로 인해 오히려 더 훌륭한 예술가가 되었다. 빅토리아 시대에 예술가는 지적, 상상적인 재능이 있을 뿐만 아니라 도덕적 예민성을 지닌 우월한 인간쯤으로 간주되었는데 와일드는 이러한 믿음에 정면으로 도전한 것이다. 즉 윤리의 영역과 예술의 영역이 분리되지 않았는데 와일드는 이 둘은 별개의 영역에 존재한다고 선언한다. "예술은 그 자체 이외에는 그 어떤 것도 표현하지 않기 때문이다"(Art never expresses anything but itself, 53). 한편, 와일드가 동성연애로 인해 그 당시의 법을 어긴 범죄자이면서 동시에 재능을 인정받은 예술가이었다는 점에서 그와 웨인라이트 간의 유사성을 볼 수 있다.

와일드는 삶과 예술을 서로 분리된 것으로 보고 후자가 전자보다 더 순수하고 완벽한 것으로 생각한다. 『도리언 그레이의 초상』에서 연기자로서의 시빌(Sibyl)을 사랑하게 되었던 도리언은 그녀가 연기의 감정이 아닌 실제의 감정을 드러내자 그녀를 버리게 된다. 그녀는 자신이 무대에서 맡은 역할들의 감정이 아닌 자신의 감정을 고백하며 "전 그림자(shadows)에 싫증 났어요"라고 말한다. 이 표현은 테니슨(Lord Alfred Tennyson)의 시 「샬롯 성의 여인」(The Lady of Shalott)에 대한 인유이다. 샬롯 성의 여인은 세상을 직접 보지 못하고 거울을 통해서 세상의 그림자를 볼 수 있도록 되어 있다. 하지만 이 시에서 여인은 거울 속의 그림자 대신 미남의 기사로 상징되는 세상을 직접 바라봄으로써 예술(art)의 세계에서 삶(life)의 세계로 돌아선다. 여인은 "나는 그림자가 싫어"(I am half sick of shadows)라고 말하며, 예술 대신 삶을 선택하지만 곧 죽음을 맞이하게 되고 그것은 와일드의 작품 속에 나오는 시빌의 경우에도 마찬가지이다. 사실상 와일드의 이 작품에서 도리언은 영원한 젊은이로 남고자 하는데 그것은 곧 예술의 세계에 머물고자 하는 그의 바람을 반영한 것이다. 반면에 예술작품인 그의 초상이 그를 대신하여 늙어가게 되고 인간사의 어두운 측면을 드러내게 된다. 문제는 그가 인간의 삶을 살면서 예술작품이 되었다는 데에 있다.

작품 분석

작품이 시작되었을 때 도리언은 젊고, 뛰어나게 잘 생겼으며 비교적 순수한 인물로 나온다. 그러나 헨리와 그가 빌려준 책, 그리고 자신의 초상이 깨우쳐 준 자신의 아름다움에 대한 인식이 그를 변하게 만든다. 작품에는 악한 영향력만 있는 것이 아니어서 바질이나 시빌은 선한 영향력을 끼칠 수 있는 인물들로 나오지만 악한 영향력에 비하면 나약하고 수동적이라고 할 수 있다. 그래서 시빌의 손길이 잠시나마 도리언으로 하여금 헨리의 "잘

못되었지만 매력적인, 매혹적이지만 유해한 모든 이론들"을 잊게 하지만, 헨리의 강력한 영향력을 무너뜨리기에는 너무 무력하다. 바질도 헨리의 영향력에 대해 염려하지만 도리언을 보호해 줄 수 있는 힘을 발휘하지는 못한다. 바질의 정원에서 헨리는 마치 에덴동산의 뱀이 이브를 죄의 길로 이끌듯이 도리언을 유혹한다.

그렇다면 도리언을 유혹하고 타락시킨 헨리의 이론은 무엇인가? 헨리는 자아 발달 혹은 자기 개발(self-development)에 대해서 설교한다. 사회와 종교의 잘못된 억압에 굴복하지 말고 아무런 제한 없이 자유롭게 자신을 실현하라는 것이다. (이것은 서문에서 와일드가 "어떤 예술가도 결코 병적이지 않다"라든지, "예술가는 어떤 것이라도 표현할 수 있다"고 하며 예술가에게 금지된 영역은 없다고 하는 것과 무관하지 않다). 이는 빅토리아 시대의 청교도주의에 반기를 드는 것으로 인생에서 쾌락만을 유일한 선으로 보는 소위 "신 쾌락주의"(New Hedonism)의 이론이다. 빅토리아 시대의 매튜 아놀드(Matthew Arnold)는 신(神)중심적 헤브라이즘(Hebraism)과 인본주의적 헬레니즘(Hellenism) 중 청교도적인 영국은 전자에 너무 치우쳐 있어 균형을 잡아야 한다고 했는데, 헨리는 이보다 더 나아가 이 헤브라이즘적인 요소를 아예 무시하라고 설교한다. 아놀드가 "양심의 엄밀성"(strictness of conscience)이라 부른 이 헤브라이즘은 양심, 자기 부인, 죄의식 등 기독교적 측면을 가리키는 것으로 헨리는 이 요소를 "중세주의의 모든 병폐들"이라고 부르며 무시한다. 그리고 "신 쾌락주의"를 주장하는 헨리로서는 필연적으로 젊음과 아름다움을 숭배할 수밖에 없다. 따라서 헨리의 가르침은 단순하다. "인생의 목적은 자기 개발"이므로, 관능적 쾌락의 인생을 삶으로써 "자신의 본성을 완벽하게 실현"하라는 것이다. 그에 따르면 "세상에는 젊음 말고는 절대적으로 중요한 것은 어떤 것도 없다!"(There is absolutely nothing in the world but youth!). 헨리에게 쾌락의 추구는 기본적인 충동(나중에 프로이트가 생명 본능[life instinct]이라 말한 것)에 대한 자연스러운 반응일 뿐이다. 흥미로운 것은 작품에서 어떤 인간도 헨리의 철학에 맞서 이기지 못하지만 도리언의 초상이 끝까지 남아 죄와 양심에 대해서 말하고 있다는 것이다.

작품의 끝 부분에서 도리언은 초상을 칼로 찌름으로써 양심은 없다는 헨리의 이론을 입증하려 하지만 결국 헛된 시도였음이 판명된다. 그러나 작가는 실패자로서의 헨리의 모습을 보여주지 않는다. 그는 변화된 초상화를 보지 못하고 도리언의 삶의 진실도 모른 채 그것에 대해 환상을 품고 있는 듯이 보인다. 사실상 그가 작품에 마지막으로 등장했을 때 그의 처지는 처음과 달리 초라해 진 듯이 보인다. 아내는 그를 떠났고 그는 이제 자신을 "주름이 지고, 지쳐빠진" 인간으로 묘사한다. 그리고 도리언이 작품 앞부분에서 했던 기도와 유사하게 헨리는 자신과 도리언의 처지가 바뀌었으면 좋겠다는 소원을 말하기도 한다.

와일드는 「예술가로서의 비평가」(The Critic as Artist)에서 예술가가 정관(靜觀, contemplation)의 삶을 누릴 수 있다고 말한다. 참된 비평가와 교양인은 예술의 비밀을 알게 되고 "사심 없는 호기심의 정신"(175)을 발전시키게 된다. "정관의 삶, 즉 그 목적이 행동하는 데 있지 않고 존재하는 데, 아니 단순히 존재하는 것이 아니고 되어 가는데 있는 삶"(not doing but being, and not being merely, but becoming)은 "방관자(spectator)의 평온한 눈으로 세상의 희비극을 지켜보며" 자신을 "행동하는 것으로부터 거리를 두는" 삶이다(176). 이처럼 삶을 예술의 정신으로 사는 사람들에게는 보상이 주어진다.

> 우리도 그들처럼 살아서 합당한 감정으로 인간과 자연이 제공하는 장면들을 지켜볼 수 있다 . . . . 우리는 사색(Thought)의 높은 탑으로부터 세상을 내려다 볼 수 있다. 미학적 비평가는 평온하고 자기중심적이며 완전하여서 인생을 관조한다. 무작위로 겨눈 화살은 그의 갑옷의 이음매 사이를 꿰뚫을 수 없다. 그는 최소한 안전하다. 그는 사는 법을 발견한 사람이다.
>
> We, too, might live like them, and set ourselves to witness with appropriate emotions the varied scenes that man and nature afford. . . . From the high tower of Thought we can look out at the world. Calm, and self-centred, and complete, the aesthetic critic contemplates life,

> and no arrow drawn at a venture can pierce between the joints of his harness. He is at least safe. He has discovered how to live. (176-77)

이러한 삶을 사는 사람이 안전한 것은 "우리가 예술을 통해서만 우리 자신을 현실의 추악한 위험으로부터 보호할 수 있기 때문이다"(168). 『도리언 그레이의 초상』에서 헨리는 그의 제자격인 도리언에게 "자신의 삶의 구경꾼이 되는 것이 삶의 고통을 피하는 것이다"라고 설교하며 그 자신이 그와 같은 삶을 실천하고 있다. "지적인 호기심"을 가지고 있는 그는 "지적인 정관의 비교적 조용한 삶"을 살고 있는 것이다. 그가 주장하는 "방관주의"(spectatorism)는 일상적인 인간사를 미적 거리가 있는 드라마로 바꿈으로써 현실을 예술로 변형시킨다. 헨리가 도리언에게 시빌의 비극적 죽음을 드라마로 간주하도록 충고하는 것은 같은 맥락에서 이해될 수 있다. 헨리는 '행동'에 옮길 수는 없지만 '지적인 호기심'을 억누를 수도 없기 때문에 도리언의 삶을 지켜봄으로써 대리경험을 한다. 그렇기 때문에 그는 다치지 않고 '안전'하다.[4]

와일드는 그의 에세이에서 "행동으로부터 자신을 멀리할"(176) 것을 권장한다. "지식을 제한하는 감정적 동정심"은 우리에게 피해를 주기 때문에 남에 대한 감정을 자제해야 한다는 것이다(178). 오히려 와일드는 이러한 "자기중심적인" 태도를 예술가가 지녀야 할 태도인 것으로 설명한다(179). 왜냐하면 와일드는 "모든 종류의 행동은 윤리학의 범위에 속하고", "예술의 목적은 단순히 분위기를 창조하는 것이다"(177)라고 하면서 예술과 윤리의 분리를 주장하고 있기 때문이다.

헨리에게 도리언은 관찰과 해부의 대상이자 그에게 즐거움을 안겨주는 예술작품 같은 존재이다. 그는 도리언을 지켜보며 자신의 영향력이 그에게서 가시화되어가는 과정을 기쁨으로 지켜본다. 그래서 그가 도리언에게 "말

4 하지만 와일드는 책이 출판된 후 나중에 쓴 편지에서 "헨리 워튼은 단지 삶의 방관자가 되고자 한다. 그는 전쟁을 거부한 자들은 참여한 자들보다 더 깊은 상처를 입는다는 것을 발견한다"고 씀으로써 방관자가 안전하다고 했던 자신의 입장에서 한 발 물러나는 듯한 태도를 보인다.

을 거는 것은 정교한 바이올린을 연주하는 것과 같다. . . . 영향력을 발휘한다는 것에는 정말 마음을 사로잡는 매혹적인 무언가가 있다"고 말한다. 헨리는 도리언이 시빌에 대한 사랑을 고백하자 도리언이 자신의 영향력에 따라 자신의 창조물(his own creation)이 되고 따라서 자신은 창조자/예술가가 된 것을 발견하고 기쁨을 느낀다. 헨리가 도리언을 예술작품으로 보는 것은 그가 시빌의 자살을 연극 속의 사건으로 보는 것과 연결된다. 헨리의 비극은 자신은 인식하지 못하지만 그의 예술작품 즉 도리언이 실패작이라는 것이다.

헨리가 도리언의 시빌에 대한 사랑에 대해서 아무런 개인적인 감정을 보이지 않는 것은 그가 그만큼 삶으로부터 거리를 두고 지켜보고 있다는 증거일 것이다. 반면에 바질은 둘 간의 사랑에 대해 감정적인 반응을 보인다. 도리언은 점점 헨리의 영향을 많이 받게 되고 마침내 시빌의 자살이 "멋있는 연극의 멋있는 끝 장면처럼 보인다"라고 말하기에 이른다. 이어서 그는 이 사건이 "그리스 비극의 모든 소름끼치는 아름다움은 지니고 있다. 나는 그 비극에 참여했지만 상처입지 않았다"고 말함으로써 삶의 세계로부터 예술의 세계로 피신했음을 드러낸다. 다른 말로 표현하면 그는 삶을 예술의 정신으로 다루는 것이다. 그는 연극이라는 예술을 관람하는 관객의 자리에 섬으로써 비속하고 위험한 삶으로부터 안전한 예술로 피신한 것이다. 이에 헨리는 삶에는 예술적 요소가 결여되어 있으므로 우리에게 상처를 주게 되어 있고 따라서 우리는 삶의 비극을 마치 예술작품을 보는 관객처럼 대해야 한다고 말한다. 도리언은 이제 시빌의 죽음을 두고, "그녀가 예술의 영역으로 넘어갔다"고 말할 수 있다. 그리고 나중에 바질을 살해했을 때에는 헨리의 도움 없이도 혼자서 이러한 철학을 실천할 수 있게 된다. 그는 살해 현장인 방을 떠날 때 의자에 있는 "그것"(the thing)을 쳐다보지도 않는다. 그는 이제 좀 더 쉽게 자신을 살인의 현실로부터 거리를 둘 수 있게 된 것이다.

그렇다면 작품의 말미에서 헨리는 비교적 안전하게 남아있는데 제자로서 그의 철학을 실천한 도리언은 비극을 맞이한 이유는 무엇일까? 만약 도리언이 그의 스승처럼 한결같이 순수한 정관의 삶만을 실천했다면 그도 개인적인 인간관계로부터 자신을 멀리 하며, 사랑과 동정 같은 감정을 경멸하고, 다른 사람들에게서 그러한 감정과 생각이 어떤 작용을 하는지 지켜보는 데에서 즐거움을 찾는 냉소주의자가 되었을 것이다. 그러나 그는 결코 헨리의 철학을 흔들림 없이 실천하는 제자가 되지 못했다. 그는 계속해서 인생을 관조하는 자로 남아있지 못하고 쾌락과 범죄의 세속적인 현실에 빠져들게 되었다. 그리고 자신의 죄로 인해 괴로워했다. 그가 바질에게 "우리 각각의 인간 내부에는 천국과 지옥이 있다"고 말하는 데에서 짐작할 수 있듯이 그는 그 안에 있는 자아의 또 다른 측면을 완전히 억압하지 못했다. 그 다른 측면을 대표하는 사람은 바질이다. 도리언이 헨리와 "대조되는 사람"(contrast)으로 보는 바질은 도덕가(moralist)라 할 수 있다. 그의 도덕관은 권선징악에 토대를 두고 있다. 그래서 그는 자신이 도리언으로 하여금 외모에 대해 교만한 마음을 품은 사람이 되게 한 죄로 혹은 그를 지나치게 숭배한 죄로 벌을 받을 것이라고 생각한다. 또한 헨리가 개인주의적인 "자기개발"(self-development)에 대한 주장을 하자 바질은 "그렇게 하면 끔찍한 대가를 치룰 것"이라고 경고한다. 무엇보다도, 그는 헨리와 대조적으로 다른 사람들과 자신을 동일시하기도 하고 동정하기도 한다. 시빌이 자살했을 때 그는 그녀에 대한 동정심으로 도리언을 질책하기도 한다. 그가 동성인 도리언을 우상화한 것은 그 당시의 도덕관으로 보았을 때 문제가 있는 것이지만 그는 적어도 도리언과 감정적으로 깊은 관계가 되는 것에 저항하는 태도를 보인다. 하지만 그는 빅토리아 시대의 중산층의 관습에 매달릴 정도로 도덕적으로 보수적인 면도 보인다. 예를 들면, 도리언이 시빌과 결혼할 것이라는 말을 듣자 그는 도리언이 그의 "출생, 지위, 부"를 희생해야 된다는 것에 대해서 의아해하며 나중에 도리언에게 이런 결혼을 통해서 명예가 훼손될 것을 고려해야 한다고 말린다. 그래서 도리언은 헨리에게 "바질에게는 중산층 사람 같은 면(a bit of a Philistine)이 있다"고 말하기도 한다.

도리언은 바질과 헨리라는 양립할 수 없는 두 입장 가운데에 서 있다. 단순화시켜 말하자면, 둘은 도리언에게 내재해 있는 두 가지 측면, 즉 자아 탐닉과 자아 부정, 양심과 본능, 혹은 초자아(Superego)와 이드(Id)를 나타낸다고 할 수 있을 것이다. 만약 도리언이 바질의 도덕주의를 받아들였다면,

그는 죄의 길에 빠지지 않았을 것이고, 헨리의 무관심을 완전히 체화했다면 후회로 괴로워하는 순간도 없었을 것이다. 예를 들면, 그는 시빌을 거부한 다음 날 후회의 감정에 젖어들면서, 자신의 이기심과 잔인함에 대해 자책하고 그녀에게 다시 돌아가는 것이 그의 의무라고 생각하기에 이른다. 또한 그는 초상을 숨기기로 결정한 후 바질에게 그 동기를 설명하지 못한 것을 후회한다. 그렇게 했더라면 "바질이 그가 헨리경의 영향력에 저항하도록 도와주었을 것"이라고 생각한다. 어쨌든 그는 바질의 충고를 무시하고 헨리의 철학, 세계관을 받아들여 인생을 살게 되고 결국은 비극적 결말을 맺게 된다. 아무리 잊으려 해도 죄에 대한 기억은 계속 밀려오지만 죄의 길에서 빠져나올 수 없음을 인식한 도리언은 마침내 그의 도덕적 의식을 나타내는 초상을 파괴함으로써 자신의 양심을 죽이기로 결정한다. 초상화는 우선 바질의 우상숭배를 나타내기도 하지만 도리언에게는 그의 죄를 상기시키는 양심을 의미하기도 한다.

물론 헨리와 바질을 온전히 선과 악을 나타내는 인물로 양분하기는 어렵다. 우선 바질은 도덕주의자이지만 당시의 중산층의 관습적인 도덕을 옹호하는 측면이 있고 또한 그 자신이 그 당시 도덕과는 맞지 않은 동성애적 요소를 보이고 있기 때문이다. 헨리의 경우는 좀 더 복잡한데, 그것은 그가 여러 면에서 작가의 대변인처럼 보이기 때문이다. 동정을 포함한 이타주의의 거부, 자아실현의 이론, 쾌락주의 등은 와일드의 에세이에서 반복되고 있고 그의 재치와 지혜는 「거짓말하기의 쇠퇴」에서 와일드를 대변한 비비안(Vivian)이라든지 「예술가로서의 비평가」의 길버트(Gilbert)가 보여주고 있는 세련된 어조로 표현된다. 더구나 와일드는 소설의 서술자로서 헨리의 감정을 헨리의 독특한 어조로 표현하기도 한다. 아가사 부인(Lady Agatha)의 점심 만찬에 온 손님들에 대한 묘사가 그 예가 될 것이다. 자주 작가의 이론을 대변해 주는 인물을 주저 없이 악을 상징하는 존재로 정의하기는 어렵다.

그렇다고 해서 헨리를 와일드와 동일시 할 수도 없다. 주인공과 작가 사이에는 좁힐 수 없는 거리가 쉽게 감지되기 때문이다. 무엇보다도, 작가는 헨리가 도리언에게 미친 영향을 비참한 것으로 이끌고 있다. 그리고 헨리는 도리언의 점차적인 타락을 인지하지 못한다. 작품의 앞부분에서 헨리는 도리언에게 " 자네 같은 사람들은 . . . 결코 범죄를 저지르지 않아"라고 말하고 후반부에서는 "자네와 기꺼이 자리를 바꾸고 싶지 않은 사람은 아무도 없을 거야"라고 단언한다. 도리언과의 마지막 대화가 이루어질 때에는 도리언이 시빌로 하여금 자살하게 했고 바질을 살해한 후 태연하게 시체를 유기했고, 챕만(Alan Chapman)으로 하여금 자살하게 했으며 제임스 베인(James Vane)의 과실치사의 간접적인 원인이 되었는데도 불구하고 헨리는 여전히 도리언이 살인할 수 없는 인물임을 재천명한다. 그는 심지어 도리언이 마약 중독자가 되어 있음에도 불구하고 도리언이 자신의 경험으로 인해 전혀 훼손되지 않았다고 말한다. 헨리는 "세상 사람들이 항상 도리언을 숭배해 왔고 앞으로도 계속 그럴 것"이라고 하지만, 이러한 칭찬에 도리언은 "당신은 저에 대한 모든 것을 다 알고 있지 않아요"라며 헨리의 무지를 지적한다. 와일드는 1894년에 쓴 편지에서 『도리언 그레이의 초상』에는 "내가 많이 들어 있다. 바질은 내가 나라고 생각하는 인물이고, 헨리 경은 세상 사람들이 나라고 생각하는 인물이며, 도리언은 아마 다른 시대에 내가 되고 싶은 인물이다"라고 씀으로써 자신이 헨리뿐만 아니라 다른 두 인물과도 밀접한 관련이 있음을 암시하였다.

빅토리아 시대의 저물어가는 세기말 분위기를 반영하듯 공허와 절망이 이 작품 전체의 분위기를 지배한다. 청교도적인 도덕관을 비롯한 모든 빅토리아 시대의 가치관이 붕괴되고 있음을 보여주고 있다고 할 수 있다. 헨리가 기존의 가치관을 냉소적으로 비웃고 있다면 바질은 아직도 남아있는 기존의 도덕관에 의지하고 있다. 그리하여 19세기 소설에서 자주 발견되는 도덕적 문제가 이 작품에서도 여전히 남아있다. 예컨대, 그것은 이교도주의와 청교도주의, 헤브라이즘과 헬레니즘, 쾌락주의와 극기주의의 대립의 형태로 나타난다. 도리언은 이 대립되는 가치관 혹은 세계관 사이에서 갈등하지만 결국 그 갈등을 풀지 못한다. 이것은 모든 가치관이 붕괴되는 세기말의 분위기를 반영한 것이라고 할 수 있을 것이다.

오스카 와일드 연보

1854 의사인 아버지 William Wilde와 Speranza라는 필명으로 작품을 쓰는 민족주의 작가인 어머니 Jane Francesca Elgee 사이에서 두 번째 아들로 더블린에서 태어남

1864 Enniskillen에 있는 Portora Royal School에 입학.

1867 와일드의 8세 된 여동생 Isola의 죽음.

1871 더블린의 Trinity College 입학.

1874 트리니티 대학에서 고전 연구로 Berkeley Gold Medal을 수상함. 장학금을 받고 옥스퍼드의 Magdalen College에 입학. Ruskin, Pater와 함께 공부함.

1875 여름에 J. P. Mahaffy와 함께 이탈리아 방문.

1876 아버지의 죽음. 어머니는 영국으로 이주.

1877 Mahaffy와 함께 그리스를 방문하여 로마를 거쳐 돌아옴.

1878 시 "Ravenna"로 Newdigate Prize 수상.

1879 런던에 정착.

1881 첫 시집 *Poems*를 사비로 출판.

1882 미국과 캐나다에서 강연하며 1년 정도를 보냄.

1883 파리에서 두 번째 희곡 *The Duchess of Padua*를 사비로 출판. 영국에서 강연 여행 시작.

1884 더블린 변호사의 딸이며 재산이 많은 Constance Lloyd와 결혼하여 Chelsea에 정착함.

1885 아들 Cyril 탄생. *Pall Mall Gazette*의 서평 편집자가 됨.

1886 아들 Vyvyan 탄생.

1887-89 *The Woman's World*의 편집자가 되어 많은 저명 여류인사들로부터 원고를 받아 잡지를 유명하게 만듦.

1888 와일드가 아들들을 위해 만들었다는 동화들을 모아 *The Happy*

Prince and Other Tales 출판.

1889 "Pen, Pencil and Poison"을 *The Fortnightly Review*에 출판. "The Decay of Lying"을 *Nineteenth Century*에 출판. "The Portrait of Mr. W. H."를 *Blackwood's Edinburgh Magazine*에 출판.

1890 *The Picture of Dorian Gray*가 *Lippincott's Monthly Magazine* 7월호에 중편의 형태로 실린 후 많은 논란을 일으킴.

1891 "The Soul of Man under Socialism"이 *Fortnightly Review*에 실리고 동시에 에세이 모음집인 Intentions에도 포함되어 출판됨. 이 에세이들은 와일드의 미학 이론을 잘 보여준다. 두 권의 단편집이 출판되고 장편소설 형태의 *The Picture of Dorian Gray*가 출판됨 (동명의 중편이 일으켰던 논란은 일어나지 않음). Lord Alfred Douglas와의 관계가 시작됨.

1892 *Lady Windermere's Fan*이 인기리에 공연됨. 프랑스어로 *Salomé*를 집필했으나 영국에서 공연허가 받지 못함.

1893 *Salomé*가 파리에서 불어로 출판됨. *A Woman of No Importance*가 런던에서 공연됨. *Lady Windermere's Fan*이 출판됨.

1894 *Salomé*를 영어로 번역하여 출판함. 장시 "The Sphinx"와 희곡 *A Woman of No Importance*를 출판함. *The Importance of Being Earnest*를 집필함.

1895 *An Ideal Husband*와 *The Importance of Being Earnest*가 런던에서 공연됨. 와일드의 무모한 행동들이 더글러스의 아버지인 Marquess of Queensberry로부터 공개적인 비판을 받자, 와일드가 명예훼손으로 고소하였으나 재판에 짐. 이 재판에서 나온 증거로 인해 와일드는 동성연애자로 체포됨. 첫 번째 재판에서는 결론이 나지 않았으나 두 번째 재판에서 2년의 중노동을 선고받음. 경제적으로 파산함.

1896 와일드 어머니의 죽음. 파리에서 *Salomé*가 공연됨.

1897 감옥에서 *De Profundis* 집필. 감옥에서 나온 후 처음에는 유럽대륙으로 건너가 프랑스에 정착함.

1898　익명으로 가장 널리 알려진 시 *Ballad of Reading Gaol*을 출판. 아내 Constance의 죽음.

1900　로마 가톨릭을 받아들인 후 11월 30일 호텔에서 뇌막염으로 사망.

TEXT

of

The Picture of Dorian Gray

THE PREFACE[1]

THE artist is the creator of beautiful things.

To reveal art and conceal the artist is art's aim.[2]

The critic is he who can translate into another manner or a new material his impression of beautiful things.

The highest as the lowest form of criticism is a mode of autobiography.

Those who find ugly meanings in beautiful things are corrupt without being charming. This is a fault.

Those who find beautiful meanings in beautiful things are the cultivated. For these there is hope.

They are the elect[3] *to whom beautiful things mean only Beauty.*

There is no such thing as a moral or an immoral book.

Books are well written, or badly written. That is all.[4]

The nineteenth century dislike of Realism is the rage of Caliban[5] *seeing his own face in a glass.*

The nineteenth century dislike of Romanticism is the rage of Caliban not seeing his own face in a glass.

The moral life of man forms part of the subject-matter of the artist, but the morality of art consists in the perfect use of an imperfect

---

1 1891년 3월 1일 *The Fornightly Review*에 "A Preface to 'Dorian Gray' "라는 이름으로 처음 인쇄된 서문. 오스카 와일드는 그 달에 쓴 편지에서 다음과 같은 글을 쓴 바 있다: "내 소설이 다음 달 책으로 나온다. 이 야비한 언론인들이 전과 마찬가지로 무지하게 그리고 선정적으로 공격할지 궁금하다. 나의 이 서문은 그들에게 그들의 사악한 태도를 고치도록 가르칠 것이다".

2 와일드는 작가 주변의 사실을 작품 소재로 사용해서 자신을 드러내는 것에 반대했다. 하지만 와일드는 작품 속에서 예술가로서의 자신을 숨기는 데 성공하지 못한 듯이 보인다.

3 *elect*: 뽑힌 사람들, 하나님의 선민(選民)들, 엘리트들.

4 와일드는 행위 및 윤리의 법으로부터 예술이 독립되어 있음을 선언하고 있다. 하지만 제10장에서 "노란 책"을 "유해한 책"(poisonous book)으로 분류한다.

5 Caliban: 셰익스피어(Shakespeare)의 희곡 『폭풍』(*The Tempest*)에 나오는 야만적인 괴물 노예. 타락한 동물적인 인간. Caliban은 거울에 비추인 있는 그대로의 추한 모습(realism)에도 분노하고, 있는 그대로 재현되지 않아 자신을 찾을 수 없는 것(romanticism)에도 분노한다. 도리언도 초상에서 아름다운 자아의 모습을 보고 싶어 하지만 추한 모습을 보고 분노하게 된다. 참고로, 「거짓말하기의 쇠퇴」(The Decay of Lying)에서 와일드는 "방법으로서의 리얼리즘은 완전한 실패작"(As a method Realism is a complete failure)이라고 쓰고 있다.

medium.

No artist desires to prove anything. Even things that are true can be proved.

No artist has ethical sympathies. An ethical sympathy in an artist is an unpardonable mannerism of style.[6]

No artist is ever morbid. The artist can express everything.[7] *Thought and language are to the artist instru ments of an art. Vice and virtue are to the artist materials for an art.*

From the point of view of form, the type of all the arts is the art of the musician. From the point of view of feeling, the actor's craft is the type.

All art is at once surface and symbol.[8]

Those who go beneath the surface do so at their peril.

Those who read the symbol do so at their peril.

It is the spectator, and not life, that art really mirrors.

Diversity of opinion about a work of art shows that the work is new, complex, and vital.

When critics disagree the artist is in accord with himself.

We can forgive a man for making a useful thing as long as he does not admire it. The only excuse for making a useless thing is that one admires it intensely.

All art is quite useless.[9]

OSCAR WILDE

---

6 와일드는 「예술가로서의 비평가」(The Critic as Artist)에서 "감정적인 동정이 끼치는 진정한 피해는 그것이 지식을 제한한다는 것이다"라고 쓰고 있다.

7 The Artist can . . . everything: 와일드는 "The Soul of Man Under Socialism"에 나온 이 경구(警句)를 마지막 순간에 덧붙였다.

8 와일드에게는 문체(style)가 내용(substance)보다 중요하다.

9 빅토리아 시대의 공리주의(Utilitarianism)에 맞서는 주장. 예술은 인간의 행동에 아무런 영향도 미치지 않는다. 하지만 바질의 그림, 시빌의 연기, 헨리가 도리언에게 빌려준 책 등은 도리언의 삶에 영향을 미친다.

CHAPTER I

THE studio[1] was filled with the rich odour of roses, and when the light summer wind stirred amidst the trees of the garden there came through the open door the heavy scent of the lilac, or the more delicate perfume of the pink-flowering thorn.

From the corner of the divan of Persian saddlebags on which he was lying, smoking, as was his custom, innumerable cigarettes, Lord Henry Wotton[2] could just catch the gleam of the honey-sweet and honey-coloured blossoms of a laburnum,[3] whose tremulous branches seemed hardly able to bear the burden of a beauty so flame-like as theirs; and now and then the fantastic shadows of birds in flight flitted across the long tussore-silk[4] curtains that were stretched in front of the huge window, producing a kind of momentary Japanese effect, and making him think of those pallid jade-faced painters of Tokio[5] who, through the medium of an art that is necessarily immobile, seek to convey the sense of swiftness and motion. The sullen murmur of the bees shouldering their way through the long unmown grass, or circling with monotonous insistence round the dusty gilt horns of the straggling woodbine,[6] seemed to make the stillness more oppressive. The dim roar of London was like the bourdon[7] note of a distant organ.

In the centre of the room, clamped to an upright easel, stood the full-length portrait of a young man of extraordinary personal beauty, and in front of it, some little distance away, was sitting the artist himself, Basil Hallward, whose sudden disappearance some years ago

---

1 스튜디오의 이국적인 장식은 와일드가 자주 찾아갔던 Charles Ricketts의 런던 스튜디오를 재현한 것이다. Ricketts(1866-1931)는 바질(Basil)의 모델일 가능성이 있다.

2 Lord Henry Wotton: 헨리 경은 아마 조각가, 미술비평가, 국회의원이었던 Lord Ronald Gower (1845-1916)를 모델로 한 인물일 것이다. 그는 동성연애자였지만 아무런 물의를 일으키지 않을 정도로 신중했다. 그러나 헨리 경에게는 작가인 와일드의 모습도 적지 않게 보인다.

3 laburnum: 금사슬 나무 (부활절 장식에 쓰임).

4 tussore-silk: 인도산 갈색 실크.

5 Tokio: Tokyo.

6 woodbine: 인동덩굴.

7 bourdon: (파이프 오르간의) 최저 음역의 음전(音栓).

caused, at the time, such public excitement, and gave rise to so many strange conjectures.

As the painter looked at the gracious and comely[8] form he had so skilfully mirrored in his art, a smile of pleasure passed across his face, and seemed about to linger there. But he suddenly started up, and, closing his eyes, placed his fingers upon the lids,[9] as though he sought to imprison within his brain some curious dream from which he feared he might awake.[10]

'It is your best work, Basil, the best thing you have ever done,' said Lord Henry, languidly. 'You must certainly send it next year to the Grosvenor.[11] The Academy[12] is too large and too vulgar. Whenever I have gone there, there have been either so many people that I have not been able to see the pictures, which was dreadful, or so many pictures that I have not been able to see the people, which was worse. The Grosvenor is really the only place.'

'I don't think I shall send it anywhere,' he answered, tossing his head back in that odd way that used to make his friends laugh at him at Oxford. 'No: I won't send it anywhere.'

Lord Henry elevated his eyebrows, and looked at him in amazement through the thin blue wreaths of smoke that curled up in such fanciful whorls from his heavy opium-tainted cigarette.[13] 'Not send it anywhere? My dear fellow, why? Have you any reason? What odd chaps you painters are! You do anything in the world to gain a

8 comely: attractive.

9 lids: eyelids. 눈꺼풀.

10 as though ~ might awake: 마치 깨어날까 걱정되는 이상한 꿈을 머릿속에 담아(가두어) 두려는 듯.

11 Grosvener: 그로스브너 화랑은 비교적 관습적인 로얄 아카데미(Royal Academy)에 맞서기 위해 세워졌다. 로얄 아카데미는 1768년에 세워진 것으로 1년에 한 번 열리는 당대 미술의 전시회는 진보적인 비평가들에 의해서 평범한 인재들만을 길러낸다는 비판을 들었다. 그로스브너 화랑은 1877년 개관하자마자 아방 가드 예술가들뿐만 아니라 미술 비평가들의 활동 중심지가 되었고 새 유행을 정착시키는 곳이 되었다. 라파엘 전파(Pre-Raphaelites)를 옹호한 것으로 유명하다. 1877년 7월에 와일드는 새로 개관한 그로스브너 화랑의 장점을 인정하고 *Dublin University Magazine*에 전시평을 썼다.

12 The Academy: The Royal Academy of Arts: 그 당시 예술가 협회.

13 와일드는 자신의 습관과 배경을 등장인물들을 묘사하는데 사용했다. 와일드는 바질처럼 옥스퍼드를 다녔고 헨리 경처럼 아편으로 더럽혀진 담배를 피웠다.

reputation. As soon as you have one, you seem to want to throw it away.[14] It is silly of you, for there is only one thing in the world worse than being talked about, and that is not being talked about. A portrait like this would set you far above all the young men in England, and make the old men quite jealous, if old men are ever capable of any emotion.'

'I know you will laugh at me,' he replied, 'but I really can't exhibit it. I have put too much of myself into it.'

Lord Henry stretched himself out on the divan and laughed.

'Yes, I knew you would; but it is quite true, all the same.'

'Too much of yourself in it! Upon my word, Basil, I didn't know you were so vain; and I really can't see any resemblance between you, with your rugged strong face and your coal-black hair, and this young Adonis,[15] who looks as if he was made out of ivory and rose-leaves. Why, my dear Basil, he is a Narcissus,[16] and you—well, of course you have an intellectual expression, and all that. But beauty, real beauty, ends where an intellectual expression begins. Intellect is in itself a mode of exaggeration, and destroys the harmony of any face. The moment one sits down to think, one becomes all nose, or all forehead, or something horrid. Look at the successful men in any of the learned professions.[17] How perfectly hideous they are! Except, of course, in the Church.[18] But then in the Church they don't think. A bishop keeps on saying at the age of eighty what he was told to say when he was a boy of eighteen, and as a natural consequence he always looks absolutely delightful. Your mysterious young friend, whose name you have never told me, but whose picture really fascinates me, never thinks. I feel quite sure of that. He is some brainless, beautiful creature, who should be always here in winter when we have no flowers to look at, and always here in summer when we want

14 one과 it은 모두 reputation을 가리킨다.
15 Adonis: 그리스 신화에 나오는 아름다운 젊은이.
16 Narcissus: 자신의 모습에 반한 신화 속의 인물.
17 the learned professions: 신학, 의학, 법학의 분야처럼 학문을 해야 얻을 수 있는 전문 직업.
18 the Church: the Church of England.

something to chill our intelligence. Don't flatter yourself, Basil: you are not in the least like him.'

'You don't understand me, Harry,' answered the artist. 'Of course I am not like him. I know that perfectly well. Indeed, I should be sorry to look like him. You shrug your shoulders? I am telling you the truth. There is a fatality about all physical and intellectual distinction, the sort of fatality that seems to dog through history the faltering steps of kings.[19] It is better not to be different from one's fellows. The ugly and the stupid have the best of it in this world. They can sit at their ease and gape at the play. If they know nothing of victory, they are at least spared the knowledge of defeat.[20] They live as we all should live, undisturbed, indifferent, and without disquiet. They neither bring ruin upon others, nor ever receive it from alien hands. Your rank and wealth, Harry; my brains, such as they are—my art, whatever it may be worth; Dorian Gray's good looks—we shall all suffer for what the gods have given us, suffer terribly.'[21]

'Dorian Gray? Is that his name?' asked Lord Henry, walking across the studio towards Basil Hallward.

'Yes, that is his name. I didn't intend to tell it to you.'

'But why not?'

'Oh, I can't explain. When I like people immensely I never tell their names to any one. It is like surrendering a part of them. I have grown to love secrecy. It seems to be the one thing that can make modern life mysterious or marvellous to us. The commonest thing is delightful if one only hides it.[22] When I leave town now I never tell my people where I am going. If I did, I would lose all my pleasure. It is a silly habit, I dare say, but somehow it seems to bring a great deal of romance into one's life. I suppose you think me awfully foolish about it?'

---

19 외모와 지능이 출중한 사람들에게는 불운이 따른다. 역사적으로 왕들을 끝없이 따라다니는 불운 말이다. fatality: misfortune, 불운. dog: 끝없이(끈질기게) 따라다니다.

20 못생기고 지능이 낮은 사람들은 승리를 맛보지 못하기는 하지만 최소한 실패를 당하지 않는다.

21 여기서 바질은 자신도 모르게 이 작품의 주요 인물들의 결말을 예언하고 있다. 이것이 이 작품의 주제가 된다.

22 가장 평범한 것도 숨기기만 하면(비밀스럽게 하면) 매혹적인 것이 된다.

'Not at all,' answered Lord Henry, 'not at all, my dear Basil. You seem to forget that I am married, and the one charm of marriage is that it makes a life of deception absolutely necessary for both parties. I never know where my wife is, and my wife never knows what I am doing. When we meet—we do meet occasionally, when we dine out together, or go down to the Duke's—we tell each other the most absurd stories with the most serious faces. My wife is very good at it—much better, in fact, than I am. She never gets confused over her dates, and I always do. But when she does find me out, she makes no row at all. I sometimes wish she would; but she merely laughs at me.'

'I hate the way you talk about your married life, Harry,' said Basil Hallward, strolling towards the door that led into the garden. 'I believe that you are really a very good husband, but that you are thoroughly ashamed of your own virtues. You are an extraordinary fellow. You never say a moral thing, and you never do a wrong thing. Your cynicism is simply a pose.'[23]

'Being natural is simply a pose, and the most irritating pose I know,' cried Lord Henry, laughing; and the two young men went out into the garden together, and ensconced themselves on a long bamboo seat that stood in the shade of a tall laurel bush. The sunlight slipped over the polished leaves. In the grass, white daisies were tremulous.

After a pause, Lord Henry pulled out his watch. 'I am afraid I must be going, Basil,' he murmured, 'and before I go, I insist on your answering a question I put to you some time ago.'

'What is that?' said the painter, keeping his eyes fixed on the ground.

'You know quite well.'

'I do not, Harry.'

'Well, I will tell you what it is. I want you to explain to me why you won't exhibit Dorian Gray's picture. I want the real reason.'

---

23 헨리 경은 도덕적인 말을 하지 않지만 비도덕적인 행동을 실천하지도 않는다. 태도만 그렇게 취하고(pose) 행동에 옮기지 않는다는 말. 헨리 경은 행동에 옮기지 않고 구경꾼의 자세를 취함으로써 안전한 쪽을 택한다. 그는 도리언을 지켜보며 대리경험을 할 뿐이다.

'I told you the real reason.'

'No, you did not. You said it was because there was too much of yourself in it. Now, that is childish.'

'Harry,' said Basil Hallward, looking him straight in the face, 'every portrait that is painted with feeling is a portrait of the artist, not of the sitter. The sitter is merely the accident, the occasion. It is not he who is revealed by the painter; it is rather the painter who, on the coloured canvas, reveals himself. The reason I will not exhibit this picture is that I am afraid that I have shown in it the secret of my own soul.'

Lord Henry laughed. 'And what is that?' he asked.

'I will tell you,' said Hallward; but an expression of perplexity came over his face.

'I am all expectation, Basil,' continued his companion, glancing at him.

'Oh, there is really very little to tell, Harry,' answered the painter; 'and I am afraid you will hardly understand it. Perhaps you will hardly believe it.'

Lord Henry smiled, and, leaning down, plucked a pink-petalled daisy from the grass, and examined it. 'I am quite sure I shall understand it,' he replied, gazing intently at the little golden white-feathered disk, 'and as for believing things, I can believe anything, provided that[24] it is quite incredible.'

The wind shook some blossoms from the trees, and the heavy lilac-blooms, with their clustering stars, moved to and fro in the languid air. A grasshopper began to chirrup by the wall, and like a blue thread a long thin dragon-fly floated past on its brown gauze wings. Lord Henry felt as if he could hear Basil Hallward's heart beating, and wondered what was coming.

'The story is simply this,' said the painter after some time. 'Two months ago I went to a crush[25] at Lady Brandon's. You know we

24 provided that: if.
25 crush: 사람들이 많이 모이는 사교적 모임. 구어체.

poor artists have to show ourselves in society from time to time, just to remind the public that we are not savages. With an evening coat and a white-tie, as you told me once, anybody, even a stock-broker, can gain a reputation for being civilized. Well, after I had been in the room about ten minutes, talking to huge overdressed dowagers[26] and tedious Academicians, I suddenly became conscious that some one was looking at me. I turned half-way round, and saw Dorian Gray for the first time. When our eyes met, I felt that I was growing pale. A curious sensation of terror came over me. I knew that I had come face to face with some one whose mere personality was so fascinating that, if I allowed it to do so, it would absorb my whole nature, my whole soul, my very art itself. I did not want any external influence in my life. You know yourself, Harry, how independent I am by nature. I have always been my own master; had at least always been so, till I met Dorian Gray. Then——but I don't know how to explain it to you. Something seemed to tell me that I was on the verge of[27] a terrible crisis in my life. I had a strange feeling that Fate had in store for me exquisite joys and exquisite sorrows.[28] I grew afraid, and turned to quit the room. It was not conscience that made me do so: it was a sort of cowardice. I take no credit to myself for trying to escape.'

'Conscience and cowardice are really the same things, Basil. Conscience is the trade-name of the firm.[29] That is all.'

'I don't believe that, Harry, and I don't believe you do either. However, whatever was my motive—and it may have been pride, for I used to be very proud—I certainly struggled to the door. There, of course, I stumbled against Lady Brandon. "You are not going to run away so soon, Mr Hallward?" she screamed out. You know her

26 dowagers: 귀족 미망인들, 기품 있는 귀부인들.

27 on the verge of: close to.

28 운명이 나를 위해 강렬한 기쁨과 슬픔을 준비해 두었다. in store for: (장래, 운명이) 기다리고 있는. 준비해 두고 있는. exquisite: intense, keen.

29 와일드의 극 *THE DUCHESS OF PADUA*(1883) 1막에 유사한 표현이 나왔다: "Conscience is but the name which cowardice / Fleeing from battle scrawls upon its shield".(양심은 겁쟁이가 전쟁터에서 도망치면서 방패에 휘갈겨 쓴 이름에 불과하다). the trade name of the firm:회사의 상호.

curiously shrill voice?'

'Yes; she is a peacock[30] in everything but beauty,' said Lord Henry, pulling the daisy to bits with his long, nervous fingers.

'I could not get rid of her. She brought me up to Royalties, and people with Stars and Garters,[31] and elderly ladies with gigantic tiaras[32] and parrot noses. She spoke of me as her dearest friend. I had only met her once before, but she took it into her head to lionize[33] me. I believe some picture of mine had made a great success at the time, at least had been chattered about in the penny newspapers, which is the nineteenth-century standard of immortality. Suddenly I found myself face to face with the young man whose personality had so strangely stirred me. We were quite close, almost touching. Our eyes met again. It was reckless of me, but I asked Lady Brandon to introduce me to him. Perhaps it was not so reckless, after all. It was simply inevitable. We would have spoken to each other without any introduction. I am sure of that. Dorian told me so afterwards. He, too, felt that we were destined to know each other.'

'And how did Lady Brandon describe this wonderful young man?' asked his companion. 'I know she goes in for[34] giving a rapid *préis*[35] of all her guests. I remember her bringing me up to a truculent and red-faced old gentleman covered all over with orders and ribbons,[36] and hissing into my ear, in a tragic whisper which must have been perfectly audible to everybody in the room, the most astounding details. I simply fled. I like to find out people for myself. But Lady Brandon treats her guests exactly as an auctioneer treats his goods. She either explains them entirely away, or tells one everything about them except what one wants to know.'

30 peacock: 공작. 여기서는 허영심이 많고 뽐내기 좋아하는 사람.
31 Stars and Garters: 영국 기사에게는 대부분의 상이 별모양의 메달과 함께 수여되었으므로 이 구절은 메달, 상, 훈장 등을 가리킨다.
32 tiara: (여성의) 보석 달린 머리 장식[관].
33 lionize: 유명인사 대우를 하다.
34 goes in for: 찬성하다(approve of). 좋아하다(like)
35 *préis*: summary.
36 orders and ribbons: 기사작위임을 나타내주는 훈장 등의 표지.

'Poor Lady Brandon! You are hard on her, Harry!' said Hallward, listlessly.

'My dear fellow, she tried to found a *salon*,[37] and only succeeded in opening a restaurant. How could I admire her? But tell me, what did she say about Mr. Dorian Gray?'

'Oh, something like, "Charming boy—poor dear mother and I absolutely inseparable. Quite forget what he does—afraid he— doesn't do anything—oh, yes, plays the piano—or is it the violin, dear Mr. Gray?" Neither of us could help laughing, and we became friends at once.'

'Laughter is not at all a bad beginning for a friendship, and it is far the best ending for one,' said the young lord, plucking another daisy.

Hallward shook his head. 'You don't understand what friendship is, Harry,' he murmured—'or what enmity is, for that matter. You like every one; that is to say, you are indifferent to every one.'

'How horribly unjust of you!' cried Lord Henry, tilting his hat back, and looking up at the little clouds that, like ravelled skeins[38] of glossy white silk, were drifting across the hollowed turquoise of the summer sky. 'Yes; horribly unjust of you. I make a great difference between people. I choose my friends for their good looks, my acquaintances for their good characters, and my enemies for their good intellects. A man cannot be too careful in the choice of his enemies. I have not got one who is a fool. They are all men of some intellectual power, and consequently they all appreciate me. Is that very vain of me? I think it is rather vain.'

'I should think it was, Harry. But according to your category I must be merely an acquaintance.'

'My dear old Basil, you are much more than an acquaintance.'

'And much less than a friend. A sort of brother, I suppose?'

'Oh, brothers! I don't care for brothers. My elder brother won't die, and my younger brothers seem never to do anything else.'

37 *salon*: 파리 상류부인들이 모이는 응접실. 그런 부인의 집에서 이루어지는 명사들의 친목회.
38 ravelled skeins: 얽힌 타래.

'Harry!' exclaimed Hallward, frowning.

'My dear fellow, I am not quite serious. But I can't help detesting my relations. I suppose it comes from the fact that none of us can stand other people having the same faults as ourselves. I quite sympathize with the rage of the English democracy against what they call the vices of the upper orders. The masses feel that drunkenness,[39] stupidity, and immorality should be their own special property, and that if any one of us makes an ass of himself he is poaching on[40] their preserves. When poor Southwark got into the Divorce Court,[41] their indignation was quite magnificent. And yet I don't suppose that ten per cent of the proletariat[42] live correctly.'

'I don't agree with a single word that you have said, and, what is more, Harry, I feel sure you don't either.'

Lord Henry stroked his pointed brown beard, and tapped the toe of his patent-leather boot with a tasselled ebony cane. 'How English you are, Basil! That is the second time you have made that observation. If one puts forward an idea to a true Englishman—always a rash thing to do—he never dreams of considering whether the idea is right or wrong. The only thing he considers of any importance is whether one believes it oneself. Now, the value of an idea has nothing whatsoever to do with the sincerity of the man who expresses it. Indeed, the probabilities are that the more insincere the man is, the more purely intellectual will the idea be, as in that case it will not be coloured by either his wants, his desires, or his prejudices. However, I don't propose to discuss politics, sociology, or metaphysics with you. I like persons better than principles, and I like persons with no principles

39 Drunkenness: 이 시기에 일반 대중이 술에 취하는 것은 오늘날 보다 더 흔히 볼 수 있는 일이었다. 술 취한 사람들의 숫자가 줄어든 것은 부분적으로 술값이 오르고 금주운동이 일어나면서부터였다.

40 poach on: (남의 토지·금렵지 등에) 침입하다. preserves: 금렵지(사냥금지 지역)

41 the Divorce Court: 1857년에 통과된 법령(Matrimonial Causs Act)으로 인해 법정을 통해 이혼을 할 수 있게 되었다. 이혼이 성립되기 위해서는 남편은 아내의 간통사실을 입증하기만 하면 되었지만 아내는 남편의 간통사실 뿐만 아니라 근친상간 사실도 입증해야 했다. 이 법이 통과되기 전에는 비용도 많이 들고 시간도 많이 걸리는 민사소송을 통해 이혼 수속을 할 수 있었다. 1857년 이 법이 통과된 후에도 한참동안 영국의 상류사회에서 이혼은 눈살 찌푸려지는 일이었고 이혼 당사자들은 따돌림을 받았다.

42 proletariat: 프롤레타리아 계급.

better than anything else in the world. Tell me more about Mr. Dorian Gray. How often do you see him?'

'Every day. I couldn't be happy if I didn't see him every day. He is absolutely necessary to me.'

'How extraordinary! I thought you would never care for anything but your art.'

'He is all my art to me now,' said the painter, gravely. 'I sometimes think, Harry, that there are only two eras of any importance in the world's history. The first is the appearance of a new medium for art, and the second is the appearance of a new personality for art also. What the invention of oil-painting was to the Venetians, the face of Antinoüs[43] was to late Greek sculpture, and the face of Dorian Gray will some day be to me.[44] It is not merely that I paint from him, draw from him, sketch from him. Of course I have done all that. But he is much more to me than a model or a sitter. I won't tell you that I am dissatisfied with what I have done of him, or that his beauty is such that Art cannot express it. There is nothing that Art cannot express, and I know that the work I have done, since I met Dorian Gray, is good work, is the best work of my life. But in some curious way—I wonder will you understand me?—his personality has suggested to me an entirely new manner in art, an entirely new mode of style. I see things differently, I think of them differently. I can now recreate life in a way that was hidden from me before. "A dream of form in days of thought:"[45]—who is it who says that? I forget; but it is what Dorian Gray has been to me. The merely visible presence of this lad—for he seems to me little more than a lad, though he is really over twenty—his merely visible presence—ah! I wonder can you realize all that that means? Unconsciously he defines for me the lines of a fresh school, a school that is to have in it all the passion

---

43 Antinoüs: 로마 황제인 하드리안(Hadrian)의 측근으로 황제의 총애를 받던 미남. 황제와 낭만적인 관계를 유지했다는 말도 전해진다.

44 예술에 대한 새로운 수단으로서 유화가 베니스인들에게 중요했고 Antinoüs가 후기 그리스 조각에 중요했던 것과 마찬가지로 도리언의 얼굴이 나에게 중요할 것이다.

45 Austin Dobson(1840-1921)의 시 「그리스 소녀에게」(To a Greek Girl)에서 인용한 것.

of the romantic spirit, all the perfection of the spirit that is Greek.[46] The harmony of soul and body—how much that is! We in our madness have separated the two, and have invented a realism that is vulgar, an ideality that is void. Harry! if you only knew what Dorian Gray is to me! You remember that landscape of mine, for which Agnew[47] offered me such a huge price, but which I would not part with?[48] It is one of the best things I have ever done. And why is it so? Because, while I was painting it, Dorian Gray sat beside me. Some subtle influence passed from him to me, and for the first time in my life I saw in the plain woodland the wonder I had always looked for, and always missed.'

'Basil, this is extraordinary! I must see Dorian Gray.'

Hallward got up from the seat, and walked up and down the garden. After some time he came back. 'Harry,' he said, 'Dorian Gray is to me simply a motive in art. You might see nothing in him. I see everything in him. He is never more present in my work than when no image of him is there. He is a suggestion, as I have said, of a new manner. I find him in the curves of certain lines, in the loveliness and subtleties of certain colours. That is all.'

'Then why won't you exhibit his portrait?' asked Lord Henry.

'Because, without intending it, I have put into it some expression of all this curious artistic idolatry, of which, of course, I have never cared to speak to him.[49] He knows nothing about it. He shall never know anything about it. But the world might guess it; and I will not bare my soul to their shallow, prying eyes. My heart shall never be put under their microscope. There is too much of myself in the thing, Harry—too much of myself!'[50]

46 바질의 미학은 러스킨(John Ruskin)의 가르침("all the passion of the romantic spirit")과 페이터 (Walter Pater)의 가르침("all the perfection of the spirit that is Greek")을 이상적으로 혼합한 것이다. 이 둘은 모두 1870년대에 옥스퍼드 대학에서 와일드를 가르쳤다.

47 Thomas Agnew and Sons: 런던의 Old Bond Street에 있는 유명한 미술상.

48 part with: ~을 내놓다. ~을 내주다.

49 이 부분은 초판에 다음과 같이 되어 있었던 것을 좀 더 부드럽게 다듬은 것이다. "Because I have put into it all the extraordinary romance of which, of course, I have never dared to speak to him".

50 바질이 도리언의 초상을 공개하고 싶지 않은 이유는 초상이 도리언에 대한 자신의 동성애적 감정

'Poets are not so scrupulous as you are. They know how useful passion is for publication. Nowadays a broken heart will run to many editions.'

'I hate them for it,' cried Hallward. 'An artist should create beautiful things, but should put nothing of his own life into them. We live in an age when men treat art as if it were meant to be a form of autobiography. We have lost the abstract sense of beauty. Some day I will show the world what it is; and for that reason the world shall never see my portrait of Dorian Gray.'

'I think you are wrong, Basil, but I won't argue with you. It is only the intellectually lost who ever argue. Tell me, is Dorian Gray very fond of you?'

The painter considered for a few moments. 'He likes me,' he answered, after a pause; 'I know he likes me. Of course I flatter him dreadfully. I find a strange pleasure in saying things to him that I know I shall be sorry for having said. As a rule, he is charming to me, and we sit in the studio and talk of a thousand things. Now and then, however, he is horribly thoughtless, and seems to take a real delight in giving me pain. Then I feel, Harry, that I have given away my whole soul to some one who treats it as if it were a flower to put in his coat, a bit of decoration to charm his vanity, an ornament for a summer's day.'

'Days in summer, Basil, are apt to linger,' murmured Lord Henry. 'Perhaps you will tire sooner than he will. It is a sad thing to think of, but there is no doubt that Genius lasts longer than Beauty. That accounts for the fact that we all take such pains to over-educate ourselves. In the wild struggle for existence, we want to have something that endures, and so we fill our minds with rubbish and facts, in the silly hope of keeping our place. The thoroughly well-informed man[51]—that is the modern ideal. And the mind of the thoroughly well-informed man is a dreadful thing. It is like a bric-à-brac[52] shop,

을 드러낼까 두려웠기 때문일 것이다.

51 well-informed man: 광범위한 지식을 지닌 사람.

52 bric-à-brac: 골동품이나 장식품 등으로 수집되는 잡동사니 소품들.

all monsters and dust, with everything priced above its proper value. I think you will tire first, all the same. Some day you will look at your friend, and he will seem to you to be a little out of drawing,[53] or you won't like his tone of colour, or something. You will bitterly reproach him in your own heart, and seriously think that he has behaved very badly to you. The next time he calls, you will be perfectly cold and indifferent. It will be a great pity, for it will alter you. What you have told me is quite a romance, a romance of art one might call it, and the worst of having a romance of any kind is that it leaves one so unromantic.'

'Harry, don't talk like that. As long as I live, the personality of Dorian Gray will dominate me. You can't feel what I feel. You change too often.'

'Ah, my dear Basil, that is exactly why I can feel it. Those who are faithful know only the trivial side of love: it is the faithless who know love's tragedies.' And Lord Henry struck a light on a dainty silver case, and began to smoke a cigarette with a self-conscious and satisfied air, as if he had summed up the world in a phrase. There was a rustle of chirruping sparrows in the green lacquer leaves of the ivy, and the blue cloud-shadows chased themselves across the grass like swallows. How pleasant it was in the garden! And how delightful other people's emotions were!—much more delightful than their ideas, it seemed to him. One's own soul, and the passions of one's friends—those were the fascinating things in life. He pictured to himself with silent amusement the tedious luncheon that he had missed by staying so long with Basil Hallward. Had he gone to his aunt's, he would have been sure to have met Lord Goodbody there, and the whole conversation would have been about the feeding of the poor, and the necessity for model lodging-houses.[54] Each class would have preached the importance of those virtues, for whose exercise there was no necessity in their own lives. The rich would have spoken on the value of thrift,

53 out of drawing: 잘못 그려진, 조화되지 못한.
54 lodging-house: 방을 세 주는 집, rooming house.

and the idle grown eloquent over the dignity of labour. It was charming to have escaped all that! As he thought of his aunt, an idea seemed to strike him. He turned to Hallward, and said, 'My dear fellow, I have just remembered.'

'Remembered what, Harry?'

'Where I heard the name of Dorian Gray.'

'Where was it?' asked Hallward, with a slight frown.

'Don't look so angry, Basil. It was at my aunt, Lady Agatha's. She told me she had discovered a wonderful young man, who was going to help her in the East End,[55] and that his name was Dorian Gray. I am bound to state that she never told me he was good-looking. Women have no appreciation of good looks; at least, good women have not. She said that he was very earnest, and had a beautiful nature. I at once pictured to myself a creature with spectacles and lank hair, horribly freckled, and tramping about on huge feet. I wish I had known it was your friend.'

'I am very glad you didn't, Harry.'

'Why?'

'I don't want you to meet him.'

'You don't want me to meet him?'

'No.'

'Mr. Dorian Gray is in the studio, sir,' said the butler, coming into the garden.

'You must introduce me now,' cried Lord Henry, laughing.

The painter turned to his servant, who stood blinking in the sunlight. 'Ask Mr. Gray to wait, Parker: I shall be in in a few moments.' The man bowed, and went up the walk.

Then he looked at Lord Henry. 'Dorian Gray is my dearest friend,' he said. 'He has a simple and a beautiful nature. Your aunt was quite right in what she said of him. Don't spoil him. Don't try to influence him. Your influence would be bad. The world is wide, and has many

55 **East End**: 런던의 악명 높은 슬럼가. 자선행사가 많이 이루어진 곳으로 기독교 사회주의자와 구세군의 봉사활동과 관련하여 자주 언급되는 곳이다.

marvellous people in it. Don't take away from me the one person who gives to my art whatever charm it possesses: my life as an artist depends on him. Mind, Harry, I trust you.' He spoke very slowly, and the words seemed wrung out of him almost against his will.

'What nonsense you talk!' said Lord Henry, smiling, and, taking Hallward by the arm, he almost led him into the house.

CHAPTER II

As they entered they saw Dorian Gray. He was seated at the piano, with his back to them, turning over the pages of a volume of Schumann's 'Forest Scenes.'[1] 'You must lend me these, Basil,' he cried. 'I want to learn them. They are perfectly charming.'

'That entirely depends on how you sit to-day, Dorian.'

'Oh, I am tired of sitting, and I don't want a life-sized portrait of myself,' answered the lad, swinging round on the music-stool, in a wilful, petulant manner. When he caught sight of Lord Henry, a faint blush coloured his cheeks for a moment, and he started up. 'I beg your pardon, Basil, but I didn't know you had any one with you.'

'This is Lord Henry Wotton, Dorian, an old Oxford friend of mine. I have just been telling him what a capital[2] sitter you were, and now you have spoiled everything.'

'You have not spoiled my pleasure in meeting you, Mr. Gray,' said Lord Henry, stepping forward and extending his hand. 'My aunt has often spoken to me about you. You are one of her favourites, and, I am afraid, one of her victims also.'

'I am in Lady Agatha's black books[3] at present,' answered Dorian, with a funny look of penitence. 'I promised to go to a club in Whitechapel[4] with her last Tuesday, and I really forgot all about it. We were to have played a duet[5] together—three duets, I believe. I don't know what she will say to me. I am far too frightened to call.'

'Oh, I will make your peace with my aunt. She is quite devoted to you. And I don't think it really matters about your not being there.

1 Robert Schumann(1810-56)에 의한 전원적인 피아노 곡. 슈만의 곡조가 아름답고, 낭만적이며 정교한 곡은 미학주의자들의 높은 평을 받았다.

2 capital: 훌륭한.

3 is a person's black books: ~의 미움을 받고 있다.

4 Whitechapel: 화이트체플은 유대인들과 외국인들을 포함한 노동계층이 주로 모여 사는, 런던의 이스트 엔드(East End)에 있는 빈곤층 지역이다. 이 지역에는 노동계층을 위한 몇 개의 클럽이 있었다. 이스트 엔드의 다양한 기능공들의 오락과 지적, 물질적 향상을 위한 것이었다.

5 play a duet: 이중주를 하다. (여기서는 둘이서 피아노 이중주를 할 예정이었다).

The audience probably thought it was a duet. When Aunt Agatha sits down to the piano she makes quite enough noise for two people.'

'That is very horrid to her, and not very nice to me,' answered Dorian, laughing.

Lord Henry looked at him. Yes, he was certainly wonderfully handsome, with his finely-curved scarlet lips, his frank blue eyes, his crisp gold hair. There was something in his face that made one trust him at once. All the candour of youth was there, as well as all youth's passionate purity. One felt that he had kept himself unspotted from the world.[6] No wonder Basil Hallward worshipped him.

'You are too charming to go in for philanthropy, Mr. Gray—far too charming.' And Lord Henry flung himself down on the divan, and opened his cigarette-case.

The painter had been busy mixing his colours and getting his brushes ready. He was looking worried, and when he heard Lord Henry's last remark he glanced at him, hesitated for a moment, and then said, 'Harry, I want to finish this picture to-day. Would you think it awfully rude of me if I asked you to go away?'

Lord Henry smiled, and looked at Dorian Gray. 'Am I to go, Mr. Gray?' he asked.

'Oh, please don't, Lord Henry. I see that Basil is in one of his sulky moods; and I can't bear him when he sulks. Besides, I want you to tell me why I should not go in for philanthropy.'

'I don't know that I shall tell you that, Mr. Gray. It is so tedious a subject that one would have to talk seriously about it. But I certainly shall not run away, now that you have asked me to stop. You don't really mind, Basil, do you? You have often told me that you liked your sitters to have some one to chat to.'

Hallward bit his lip. 'If Dorian wishes it, of course you must stay. Dorian's whims are laws to everybody, except himself.'

---

6 unspotted from the world: "세속에 물들지 아니한". 신약성서 야고보서 1장 27절. King James version에서 직접 인용한 부분. 이 이상화된 남성의 이미지는 Lord Alfred Douglas를 포함한 와일드와 친했던 친구들의 외모와 유사하다. 하지만 와일드는 이 소설이 출판된 후 2달이 지나서 더글러스를 만났기 때문에 특히 더글러스를 염두에 두었다고 할 수는 없다.

Lord Henry took up his hat and gloves. 'You are very pressing,[7] Basil, but I am afraid I must go. I have promised to meet a man at the Orleans.[8] Good-bye, Mr. Gray. Come and see me some afternoon in Curzon Street.[9] I am nearly always at home at five o'clock. Write to me when you are coming. I should be sorry to miss you.'

'Basil,' cried Dorian Gray, 'if Lord Henry Wotton goes I shall go too. You never open your lips while you are painting, and it is horribly dull standing on a platform and trying to look pleasant. Ask him to stay. I insist upon it.'

'Stay, Harry, to oblige[10] Dorian, and to oblige me,' said Hallward, gazing intently at his picture. 'It is quite true, I never talk when I am working, and never listen either, and it must be dreadfully tedious for my unfortunate sitters. I beg you to stay.'

'But what about my man at the Orleans?'

The painter laughed. 'I don't think there will be any difficulty about that. Sit down again, Harry. And now, Dorian, get up on the platform, and don't move about too much, or pay any attention to what Lord Henry says. He has a very bad influence over all his friends, with the single exception of myself.'

Dorian Gray stepped up on the dais, with the air of a young Greek martyr, and made a little *moue*[11] of discontent to Lord Henry, to whom he had rather taken a fancy. He was so unlike Basil. They made a delightful contrast. And he had such a beautiful voice. After a few moments he said to him, 'Have you really a very bad influence, Lord Henry? As bad as Basil says?'

'There is no such thing as a good influence, Mr. Gray. All influence is immoral—immoral from the scientific point of view.'[12]

7 pressing: 간청하는, 귀찮게 조르는.
8 the Orleans: 런던의 중심지역에 있는 조그마한 런던 클럽.
9 Curzon Street: 상류층이 많이 다니는 Mayfair 지역에 있는 거리로 역시 런던의 중심부에 있다. 바질, 헨리 경, 도리언 모두가 부유층이 사는 Mayfair나 근처에 거주하고 있다.
10 oblige: ~의 부탁(소원)을 들어주다. ~에게 은혜를 베풀다.
11 *moue*: grimace. 찌푸린 얼굴.
12 과학적 관점은 다윈(Charles Darwin)의 유아발달에 대한 이론, 제임스(William James)의 심리학, 독일과 오스트리아의 새로운 정신분석학 이론을 합친 것이다.

'Why?'

'Because to influence a person is to give him one's own soul. He[13] does not think his natural thoughts, or burn with his natural passions. His virtues are not real to him. His sins, if there are such things as sins, are borrowed. He becomes an echo of some one else's music, an actor of a part that has not been written for him. The aim of life is self-development.[14] To realize one's nature perfectly[15]—that is what each of us is here for. People are afraid of themselves, nowadays. They have forgotten the highest of all duties, the duty that one owes to one's self. Of course they are charitable. They feed the hungry, and clothe the beggar. But their own souls starve, and are naked. Courage has gone out of our race. Perhaps we never really had it. The terror of society, which is the basis of morals, the terror of God, which is the secret of religion—these are the two things that govern us. And yet—'[16]

'Just turn your head a little more to the right, Dorian, like a good boy,' said the painter, deep in his work, and conscious only that a look had come into the lad's face that he had never seen there before.

'And yet,' continued Lord Henry, in his low, musical voice, and with that graceful wave of the hand that was always so characteristic of him, and that he had even in his Eton days,[17] 'I believe that if one man were to live out his life fully and completely, were to give form to every feeling, expression to every thought, reality to every dream—I believe that the world would gain such a fresh impulse of joy that we would forget all the maladies of mediævalism,[18] and return

13 여기서부터 다음 몇 문장에 나오는 his, he는 모두 영향을 받는 사람을 가리킨다.

14 self-development: 자기 개발, 자아실현.

15 To realize one's nature perfectly: 자신의 본성을 완벽하게 실현하는 것.

16 와일드는 「예술가로서의 비평가」에서 개인주의 혹은 자기중심주의를 지지하고 "삶의 실용적인 조직"인 사회가 이를 방해한다고 말한다. terror: fear. (사회와 신에 대한) 두려움. 여기서 자아실현도 개인주의와 관련되어 있다. 하지만 아리스토텔레스의 이론에서는 헨리의 주장과 다르게 자아실현의 이상이 반사회주의적 개인주의(antisocial individualism)의 요소를 지니고 있지 않았다.

17 that he had even in his Eton days: 이튼 학교 시절에도 그에게 있었던 우아한 손동작. 이튼 학교는 영국 최고의 public school(미국식으로 말하면 사립학교). that은 앞의 that graceful wave of the hand를 수식한다. 참고로, 이튼 학교 학생들은 세련된 매너로 유명했다.

18 maladies of mediævalism: 중세주의의 모든 병폐들. 아놀드(Matthew Arnold)는 서구전통의 뿌리를 인본주의적 헬레니즘(Hellenism)과 신중심적 헤브라이즘Hebraism)으로 나누었는데 중세주

to the Hellenic ideal[19]—to something finer, richer, than the Hellenic ideal, it may be. But the bravest man amongst us is afraid of himself. The mutilation of the savage has its tragic survival in the self-denial that mars our lives.[20] We are punished for our refusals. Every impulse that we strive to strangle broods in the mind, and poisons us.[21] The body sins once, and has done with its sin, for action is a mode of purification. Nothing remains then but the recollection of a pleasure, or the luxury of a regret. The only way to get rid of a temptation is to yield to it. Resist it, and your soul grows sick with longing for the things it has forbidden to itself, with desire for what its monstrous laws have made monstrous and unlawful.[22] It has been said that the great events of the world take place in the brain. It is in the brain, and the brain only, that the great sins of the world take place also. You, Mr. Gray, you yourself, with your rose-red youth and your rose-white boyhood, you have had passions that have made you afraid, thoughts that have filled you with terror, day-dreams and sleeping dreams whose mere memory might stain your cheek with shame—'

'Stop!' faltered Dorian Gray, 'stop! you bewilder me. I don't know what to say. There is some answer to you, but I cannot find it. Don't speak. Let me think. Or, rather, let me try not to think.'

For nearly ten minutes he stood there, motionless, with parted lips, and eyes strangely bright. He was dimly conscious that entirely fresh influences were at work within him. Yet they seemed to him to have come really from himself. The few words that Basil's friend had said to him—words spoken by chance, no doubt, and with wilful paradox

---

의는 양심, 죄 등을 의미하는 헤브라이즘을 가리킨다.

19 Hellenic ideal: 아놀드의 헬레니즘을 가리키는 것으로 자아실현(self-realization)이라는 그리스적 이상. 또한 부분적으로는 Pater가 Hellenic Ideal이라 부른 예술적 전통. 여기서 헨리가 말하는 이상은 미학주의와 쾌락주의를 결합한 것이다.

20 옛날에 야만인들의 관습이었던 피어싱(piercing) 같은 육체의 손상이 사람에게 해가 되었듯이 요즈음의 자아부정은 인간의 삶을 망쳐놓는다.

21 우리가 억제하려고 애쓰는 모든 충동이 마음속에 남아서 우리에게 독이 된다. 사회적 요구나 도덕, 종교 때문에 개인이 하고 싶은 대로 행동하지 않으면 자아를 부인하는 것과 연결된다. 결국 헨리가 주장하는 것은 본능에 순종하고 개인주의의 목표를 이루라는 것이다.

22 유혹에 저항해 보게, 그러면 자네의 영혼은 스스로에게 금했던 것들에 대한 갈망으로 병들고, 극악무도한 법으로 인해 극악무도하고 불법적인 것이 된 것들에 대한 욕망으로 병들게 될 거야.

in them—had touched some secret chord that had never been touched before, but that he felt was now vibrating and throbbing to curious pulses.

Music had stirred him like that. Music had troubled him many times. But music was not articulate. It was not a new world, but rather another chaos, that it created in us. Words! Mere words! How terrible they were! How clear, and vivid, and cruel! One could not escape from them. And yet what a subtle magic there was in them! They seemed to be able to give a plastic form to formless things, and to have a music of their own as sweet as that of viol[23] or of lute. Mere words! Was there anything so real as words?[24]

Yes; there had been things in his boyhood that he had not understood. He understood them now. Life suddenly became fiery-coloured to him. It seemed to him that he had been walking in fire. Why had he not known it?

With his subtle smile, Lord Henry watched him. He knew the precise psychological moment when to say nothing. He felt intensely interested. He was amazed at the sudden impression that his words had produced, and, remembering a book that he had read when he was sixteen, a book which had revealed to him much that he had not known before, he wondered whether Dorian Gray was passing through a similar experience.[25] He had merely shot an arrow into the air.[26] Had it hit the mark? How fascinating the lad was!

Hallward painted away with that marvellous bold touch of his, that had the true refinement and perfect delicacy that in art, at any rate, comes only from strength. He was unconscious of the silence.

'Basil, I am tired of standing,' cried Dorian Gray, suddenly. 'I must go out and sit in the garden. The air is stifling here.'

---

23 viol: 중세의 현악기로 바이올린의 전신.

24 Pater의 *Gaston de Latour*에 비슷한 표현이 나온다.

25 와일드는 자주 자신이 그러한 영향을 받은 적이 있다고 말했지만 그 문제의 책 이름을 밝히지는 않았다.

26 shot an arrow into the air: 롱펠로우(Longfellow)의 시 「화살과 노래」(The Arrow and the Song" 참조: "I shot an arrow into the air/It fell to earth, I know not where." (허공에 화살을 쏘았는데 어딘지 모를 곳에 떨어졌네)

'My dear fellow, I am so sorry. When I am painting, I can't think of anything else. But you never sat better. You were perfectly still. And I have caught the effect I wanted—the half-parted lips, and the bright look in the eyes. I don't know what Harry has been saying to you, but he has certainly made you have the most wonderful expression. I suppose he has been paying you compliments. You mustn't believe a word that he says.'

'He has certainly not been paying me compliments. Perhaps that is the reason that I don't believe anything he has told me.'

'You know you believe it all,' said Lord Henry, looking at him with his dreamy, languorous eyes. 'I will go out to the garden with you. It is horribly hot in the studio. Basil, let us have something iced to drink, something with strawberries in it.'

'Certainly, Harry. Just touch the bell, and when Parker comes I will tell him what you want. I have got to work up this background, so I will join you later on. Don't keep Dorian too long. I have never been in better form for painting than I am to-day. This is going to be my masterpiece. It is my masterpiece as it stands.'

Lord Henry went out to the garden, and found Dorian Gray burying his face in the great cool lilac-blossoms, feverishly drinking in their perfume as if it had been wine. He came close to him, and put his hand upon his shoulder. 'You are quite right to do that,' he murmured. 'Nothing can cure the soul but the senses, just as nothing can cure the senses but the soul.'[27]

The lad started and drew back. He was bare-headed, and the leaves had tossed his rebellious curls and tangled all their gilded threads. There was a look of fear in his eyes, such as people have when they are suddenly awakened. His finely-chiselled nostrils quivered, and some hidden nerve shook the scarlet of his lips and left them trembling.

'Yes,' continued Lord Henry, 'that is one of the great secrets of life—to cure the soul by means of the senses, and the senses by means of the soul. You are a wonderful creation. You know more than you

27 Pater의 *Marius the Epicurian* (1885)에서 설명되는 이론과 유사하다.

think you know, just as you know less than you want to know.'

Dorian Gray frowned and turned his head away. He could not help liking the tall, graceful young man who was standing by him. His romantic olive-coloured face and worn expression interested him. There was something in his low, languid voice that was absolutely fascinating. His cool, white, flower-like hands, even, had a curious charm. They moved, as he spoke, like music, and seemed to have a language of their own. But he felt afraid of him, and ashamed of being afraid. Why had it been left for a stranger to reveal him to himself? He had known Basil Hallward for months, but the friendship between them had never altered him. Suddenly there had come some one across his life who seemed to have disclosed to him life's mystery. And, yet, what was there to be afraid of? He was not a schoolboy or a girl. It was absurd to be frightened.

'Let us go and sit in the shade,' said Lord Henry. 'Parker has brought out the drinks, and if you stay any longer in this glare you will be quite spoiled, and Basil will never paint you again. You really must not allow yourself to become sunburnt. It would be unbecoming.'

'What can it matter?' cried Dorian Gray, laughing, as he sat down on the seat at the end of the garden.

'It should matter everything to you, Mr. Gray.'

'Why?'

'Because you have the most marvellous youth, and youth is the one thing worth having.'

'I don't feel that, Lord Henry.'

'No, you don't feel it now. Some day, when you are old and wrinkled and ugly, when thought has seared your forehead with its lines, and passion branded your lips with its hideous fires, you will feel it, you will feel it terribly. Now, wherever you go, you charm the world. Will it always be so? . . . You have a wonderfully beautiful face, Mr. Gray. Don't frown. You have. And Beauty is a form of Genius—is higher, indeed, than Genius, as it needs no explanation. It is one of the great facts of the world, like sunlight, or spring-time, or the reflection in dark waters of that silver shell we call the moon.

It cannot be questioned. It has its divine right of sovereignty. It makes princes of those who have it. You smile? Ah! when you have lost it you won't smile. . . . People say sometimes that Beauty is only superficial. That may be so. But at least it is not so superficial as Thought is. To me, Beauty is the wonder of wonders. It is only shallow people who do not judge by appearances. The true mystery of the world is the visible, not the invisible. . . . Yes, Mr. Gray, the gods have been good to you. But what the gods give they quickly take away. You have only a few years in which to live really, perfectly, and fully. When your youth goes, your beauty will go with it, and then you will suddenly discover that there are no triumphs left for you, or have to content yourself with those mean triumphs that the memory of your past will make more bitter than defeats. Every month as it wanes brings you nearer to something dreadful. Time is jealous of you, and wars against your lilies and your roses. You will become sallow, and hollow-cheeked, and dull-eyed. You will suffer horribly. . . . Ah! realize your youth while you have it. Don't squander the gold of your days, listening to the tedious, trying to improve the hopeless failure, or giving away your life to the ignorant, the common, and the vulgar. These are the sickly aims, the false ideals, of our age. Live! Live the wonderful life that is in you! Let nothing be lost upon you. Be always searching for new sensations. Be afraid of nothing. . . . A new Hedonism[28]—that is what our century wants. You might be its visible symbol. With your personality there is nothing you could not do. The world belongs to you for a season. . . . The moment I met you I saw that you were quite unconscious of what you really are, of what you really might be. There was so much in you that charmed me that I felt I must tell you something about yourself. I thought how tragic it would be if you were wasted. For there is such a little time that your youth will last—such a little time.

28 new Hedonism: 쾌락주의(hedonism)란 쾌락을 인간 행동의 진정한 목적으로 간주하는 윤리학설. 헨리의 신 쾌락주의는 새로운 감각(sensation)의 획득을 주장함으로써 미학적으로 접근한다. 도리언이 실천하는 철학은 신 도덕률폐기주의(antinomianism)로 불릴 수도 있을 것이다. 도리언은 자신을 대신할 초상이 있기 때문에 자신은 자기탐닉적인 삶의 결과로부터 자유로운 것으로 본다.

The common hill-flowers wither, but they blossom again. The laburnum will be as yellow next June as it is now. In a month there will be purple stars on the clematis, and year after year the green night of its leaves will hold its purple stars. But we never get back our youth. The pulse of joy that beats in us at twenty, becomes sluggish. Our limbs fail, our senses rot. We degenerate into hideous puppets, haunted by the memory of the passions of which we were too much afraid, and the exquisite temptations that we had not the courage to yield to. Youth! Youth! There is absolutely nothing in the world but youth!'[29]

Dorian Gray listened, open-eyed and wondering. The spray of lilac fell from his hand upon the gravel. A furry bee came and buzzed round it for a moment. Then it began to scramble all over the oval stellated globe of the tiny blossoms. He watched it with that strange interest in trivial things that we try to develop when things of high import make us afraid, or when we are stirred by some new emotion for which we cannot find expression, or when some thought that terrifies us lays sudden siege to the brain and calls on us to yield. After a time the bee flew away. He saw it creeping into the stained trumpet of a Tyrian convolvulus.[30] The flower seemed to quiver, and then swayed gently to and fro.

Suddenly the painter appeared at the door of the studio, and made staccato signs for them to come in. They turned to each other, and smiled.

'I am waiting,' he cried. 'Do come in. The light is quite perfect, and you can bring your drinks.'

They rose up, and sauntered down the walk together. Two green-and-white butterflies fluttered past them, and in the pear-tree at the corner of the garden a thrush began to sing.

'You are glad you have met me, Mr. Gray,' said Lord Henry,

---

29 헨리의 주장을 통해 와일드는 페이터, 아놀드, 휘슬러(Whistler-예술이 자연보다 우월하다는 것), 블레이크, 그리고 고티에부터 위스망(Huysmans)에 이르는 프랑스 천재들의 생각을 종합하고 있다. 예컨대, 페이터도 *Renaissance*의 결론에서 경험의 놀라운 아름다움과 그것의 지나친 짧음에 대해서 말함으로써 유사한 주장을 펴고 있다.

30 convolvulus: 메꽃. 원산지가 지중해의 석회암 언덕이다. 이 식물이 바질의 정원에 서식함으로써 에덴동산의 뉘앙스를 풍기는 역할을 한다. 헨리는 에덴동산의 뱀처럼 도리언을 유혹한다.

looking at him.

'Yes, I am glad now. I wonder shall I always be glad?'

'Always! That is a dreadful word. It makes me shudder when I hear it. Women are so fond of using it. They spoil every romance by trying to make it last for ever. It is a meaningless word, too. The only difference between a caprice and a life-long passion is that the caprice lasts a little longer.'

As they entered the studio, Dorian Gray put his hand upon Lord Henry's arm. 'In that case, let our friendship be a caprice,' he murmured, flushing at his own boldness, then stepped up on the platform and resumed his pose.

Lord Henry flung himself into a large wicker arm-chair, and watched him. The sweep and dash of the brush on the canvas made the only sound that broke the stillness, except when, now and then, Hallward stepped back to look at his work from a distance. In the slanting beams that streamed through the open doorway the dust danced and was golden. The heavy scent of the roses seemed to brood over everything.

After about a quarter of an hour Hallward stopped painting, looked for a long time at Dorian Gray, and then for a long time at the picture, biting the end of one of his huge brushes, and frowning. 'It is quite finished,' he cried at last, and stooping down he wrote his name in long vermilion letters on the left-hand corner of the canvas.[31]

Lord Henry came over and examined the picture. It was certainly a wonderful work of art, and a wonderful likeness as well.

'My dear fellow, I congratulate you most warmly,' he said. 'It is the finest portrait of modern times. Mr. Gray, come over and look at yourself.'

The lad started, as if awakened from some dream. 'Is it really finished?' he murmured, stepping down from the platform.

'Quite finished,' said the painter. 'And you have sat splendidly

31 와일드의 친구인 미국인 화가 James McNeill Whistler(1834-1903)가 자주 자신의 그림에 주홍색으로 서명했다고 한다.

today. I am awfully obliged to you.'

'That is entirely due to me,' broke in Lord Henry. 'Isn't it, Mr. Gray?'

Dorian made no answer, but passed listlessly in front of his picture and turned towards it. When he saw it he drew back, and his cheeks flushed for a moment with pleasure. A look of joy came into his eyes, as if he had recognized himself for the first time. He stood there motionless and in wonder, dimly conscious that Hallward was speaking to him, but not catching the meaning of his words. The sense of his own beauty came on him like a revelation. He had never felt it before. Basil Hallward's compliments had seemed to him to be merely the charming exaggerations of friendship. He had listened to them, laughed at them, forgotten them. They had not influenced his nature. Then had come Lord Henry Wotton with his strange panegyric[32] on youth, his terrible warning of its brevity. That had stirred him at the time, and now, as he stood gazing at the shadow of his own loveliness, the full reality of the description flashed across him. Yes, there would be a day when his face would be wrinkled and wizen,[33] his eyes dim and colourless, the grace of his figure broken and deformed. The scarlet would pass away from his lips, and the gold steal[34] from his hair. The life that was to make his soul would mar his body. He would become dreadful, hideous, and uncouth.

As he thought of it, a sharp pang of pain struck through him like a knife, and made each delicate fibre of his nature quiver. His eyes deepened into amethyst,[35] and across them came a mist of tears. He felt as if a hand of ice had been laid upon his heart.

'Don't you like it?' cried Hallward at last, stung a little by the lad's silence, not understanding what it meant.

'Of course he likes it,' said Lord Henry. 'Who wouldn't like it? It is one of the greatest things in modern art. I will give you anything

32 panegyric: 찬사.
33 wizen: withered. 시들다.
34 steal: leave secretly. 몰래 떠나다.
35 amethyst: 자석영, 자수정. 자주색.

you like to ask for it. I must have it.'

'It is not my property, Harry.'

'Whose property is it?'

'Dorian's, of course,' answered the painter.

'He is a very lucky fellow.'

'How sad it is!' murmured Dorian Gray, with his eyes still fixed upon his own portrait. 'How sad it is! I shall grow old, and horrible, and dreadful. But this picture will remain always young. It will never be older than this particular day of June . . . . If it were only the other way! If it were I who was to be always young, and the picture that was to grow old! For that—for that—I would give everything! Yes, there is nothing in the whole world I would not give! I would give my soul for that!'[36]

'You would hardly care for such an arrangement, Basil,' cried Lord Henry, laughing. 'It would be rather hard lines[37] on your work.'

'I should object very strongly, Harry,' said Hallward.

Dorian Gray turned and looked at him. 'I believe you would, Basil. You like your art better than your friends. I am no more to you than a green bronze figure. Hardly as much, I dare say.'

The painter stared in amazement. It was so unlike Dorian to speak like that. What had happened? He seemed quite angry. His face was flushed and his cheeks burning.

'Yes,' he continued, 'I am less to you than your ivory Hermes[38] or your silver Faun.[39] You will like them always. How long will you like me? Till I have my first wrinkle, I suppose. I know, now, that when one loses one's good looks, whatever they may be, one loses everything. Your picture has taught me that. Lord Henry Wotton is

---

36 도리언이 자신의 젊음과 아름다움이 보존되기를 바라는 욕망은 잠재적인 나르시시즘에서 나온 것인데, 이 나르시시즘은 헨리 경의 철학에 자극을 받았고 자신의 초상화를 보고 구체화되었다고 할 수 있다.

37 hard lines: bad luck. 곤경, 불운.

38 Hermes: 헤르메스는 그리스 신화에 나오는 신으로 제우스(Zeus)와 마이아(Maia) 사이에서 탄생했다. 신들의 전령이며 상업의 신. 그는 보통 모자를 쓰고 날개 달린 샌들을 신으며 지팡이를 든 모습으로 그려진다. 로마신화의 머큐리(Mercury)와 동일시된다.

39 Faun: 파우니는 반인반양(半人半羊)의 숲 · 들 · 목축의 신; 그리스신화의 반인반수 satyr에 해당. 화가와 조각가에게 인기 있는 주제였다.

perfectly right. Youth is the only thing worth having. When I find that I am growing old, I shall kill myself.'

Hallward turned pale, and caught his hand. 'Dorian! Dorian!' he cried, 'don't talk like that. I have never had such a friend as you, and I shall never have such another. You are not jealous of material things, are you?—you who are finer than any of them!'

'I am jealous of everything whose beauty does not die. I am jealous of the portrait you have painted of me. Why should it keep what I must lose? Every moment that passes takes something from me, and gives something to it. Oh, if it were only the other way! If the picture could change, and I could be always what I am now! Why did you paint it? It will mock me some day—mock me horribly!' The hot tears welled into his eyes; he tore his hand away, and, flinging himself on the divan, he buried his face in the cushions, as though he was praying.

'This is your doing, Harry,' said the painter, bitterly.

Lord Henry shrugged his shoulders. 'It is the real Dorian Gray—that is all.'

'It is not.'

'If it is not, what have I to do with it?'

'You should have gone away when I asked you,' he muttered.

'I stayed when you asked me,' was Lord Henry's answer.

'Harry, I can't quarrel with my two best friends at once, but between you both you have made me hate the finest piece of work I have ever done, and I will destroy it. What is it but canvas and colour? I will not let it come across our three lives and mar them.'

Dorian Gray lifted his golden head from the pillow, and with pallid face and tear-stained eyes looked at him, as he walked over to the deal painting-table that was set beneath the high curtained window. What was he doing there? His fingers were straying about among the litter of tin tubes and dry brushes, seeking for something. Yes, it was for the long palette-knife, with its thin blade of lithe steel. He had found it at last. He was going to rip up the canvas.

With a stifled sob the lad leaped from the couch, and, rushing over to Hallward, tore the knife out of his hand, and flung it to the end of the studio. 'Don't, Basil, don't!' he cried. 'It would be murder!'

'I am glad you appreciate my work at last, Dorian,' said the painter, coldly, when he had recovered from his surprise. 'I never thought you would.'

'Appreciate it? I am in love with it, Basil. It is part of myself. I feel that.'

'Well, as soon as you are dry, you shall be varnished, and framed, and sent home. Then you can do what you like with yourself.' And he walked across the room and rang the bell for tea. 'You will have tea, of course, Dorian? And so will you, Harry? Or do you object to such simple pleasures?'

'I adore simple pleasures,' said Lord Henry. 'They are the last refuge of the complex. But I don't like scenes, except on the stage. What absurd fellows you are, both of you! I wonder who it was defined man as a rational animal.[40] It was the most premature definition ever given. Man is many things, but he is not rational. I am glad he is not, after all: though I wish you chaps would not squabble over the picture. You had much better let me have it, Basil. This silly boy doesn't really want it, and I really do.'

'If you let any one have it but me, Basil, I shall never forgive you!' cried Dorian Gray; 'and I don't allow people to call me a silly boy.'

'You know the picture is yours, Dorian. I gave it to you before it existed.'

'And you know you have been a little silly, Mr. Gray, and that you don't really object to being reminded that you are extremely young.'

'I should have objected very strongly this morning, Lord Henry.'

'Ah! this morning! You have lived since then.'

There came a knock at the door, and the butler entered with a

40 인간에 대한 이 정의는 플라톤 이전부터 있었던 것으로 라틴어로는 *ratio animalis*로 알려져 있다. 각 시대마다 이 정의는 비판을 받았지만 현재까지 살아남아 있다. 헨리의 비판은 스위프트(Swift)가 『걸리버 여행기』에서 했던 비판과 유사하다.

laden tea-tray and set it down upon a small Japanese table. There was a rattle of cups and saucers and the hissing of a fluted Georgian urn. Two globe-shaped china dishes were brought in by a page. Dorian Gray went over and poured out the tea. The two men sauntered languidly to the table, and examined what was under the covers.

'Let us go to the theatre to-night,' said Lord Henry. 'There is sure to be something on, somewhere. I have promised to dine at White's,[41] but it is only with an old friend, so I can send him a wire to say that I am ill, or that I am prevented from coming in consequence of a subsequent engagement. I think that would be a rather nice excuse: it would have all the surprise of candour.'

'It is such a bore putting on one's dress-clothes,'[42] muttered Hallward. 'And, when one has them on, they are so horrid.'

'Yes,' answered Lord Henry, dreamily, 'the costume of the nineteenth century is detestable. It is so sombre, so depressing. Sin is the only real colour-element left in modern life.'

'You really must not say things like that before Dorian, Harry.'

'Before which Dorian? The one who is pouring out tea for us, or the one in the picture?'

'Before either.'

'I should like to come to the theatre with you, Lord Henry,' said the lad.

'Then you shall come; and you will come too, Basil, won't you?'

'I can't, really. I would sooner not. I have a lot of work to do.'

'Well, then, you and I will go alone, Mr. Gray.'

'I should like that awfully.'

The painter bit his lip and walked over, cup in hand, to the picture. 'I shall stay with the real Dorian,' he said, sadly.

'Is it the real Dorian?' cried the original of the portrait, strolling across to him. 'Am I really like that?'

'Yes; you are just like that.'

41 White's: 런던에서 가장 오래되고 가장 고급스러운 신사 클럽. 1693년 Francis White가 세웠다.

42 dress-clothes: 그 당시 신사가 극장에 가기 위해서는 흰 넥타이와 양복조끼, 그리고 연미복을 갖추어 입고 가야 했을 것이다.

'How wonderful, Basil!'

'At least you are like it in appearance. But it will never alter,' sighed Hallward. 'That is something.'

'What a fuss people make about fidelity!' exclaimed Lord Henry. 'Why, even in love it is purely a question for physiology. It has nothing to do with our own will. Young men want to be faithful, and are not; old men want to be faithless, and cannot: that is all one can say.'[43]

'Don't go to the theatre to-night, Dorian,' said Hallward. 'Stop and dine with me.'

'I can't, Basil.'

'Why?'

'Because I have promised Lord Henry Wotton to go with him.'

'He won't like you the better for keeping your promises. He always breaks his own. I beg you not to go.'

Dorian Gray laughed and shook his head.

'I entreat you.'

The lad hesitated, and looked over at Lord Henry, who was watching them from the tea-table with an amused smile.

'I must go, Basil,' he answered.

'Very well,' said Hallward; and he went over and laid down his cup on the tray. 'It is rather late, and, as you have to dress, you had better lose no time. Good-bye, Harry. Good-bye, Dorian. Come and see me soon. Come to-morrow.'

'Certainly.'

'You won't forget?'

'No, of course not,' cried Dorian.

'And . . . Harry!'

'Yes, Basil?'

'Remember what I asked you, when we were in the garden this morning.'

'I have forgotten it.'

43 헨리는 의지/양심과 본능 사이의 화해할 수 없는 갈등에 대한 그의 관점을 강조한다. 그 당시의 다아윈주의의 입장에서 본 것이다. 사랑도 결국은 의지나 양심의 문제라기보다는 생리학의 문제라는 것이다.

'I trust you.'

'I wish I could trust myself,' said Lord Henry, laughing. 'Come, Mr. Gray, my hansom[44] is outside, and I can drop you at your own place. Good-bye, Basil. It has been a most interesting afternoon.'

As the door closed behind them, the painter flung himself down on a sofa, and a look of pain came into his face.

44 hansom: 2인승 이륜마차.

CHAPTER III

AT half-past twelve next day Lord Henry Wotton strolled from Curzon Street[1] over to the Albany[2] to call on his uncle, Lord Fermor, a genial if somewhat rough-mannered old bachelor, whom the outside world called selfish because it derived no particular benefit from him, but who was considered generous by Society as he fed the people who amused him. His father had been our ambassador at Madrid when Isabella was young, and Prim unthought of,[3] but had retired from the Diplomatic Service in a capricious moment of annoyance on not being offered the Embassy at Paris, a post to which he considered that he was fully entitled by reason of his birth, his indolence, the good English of his despatches, and his inordinate passion for pleasure. The son, who had been his father's secretary, had resigned along with his chief, somewhat foolishly as was thought at the time, and on succeeding some months later to the title, had set himself to the serious study of the great aristocratic art of doing absolutely nothing. He had two large town houses, but preferred to live in chambers[4] as it was less trouble, and took most of his meals at his club. He paid some attention to the management of his collieries[5] in the Midland counties,[6] excusing himself for this taint of industry on the ground that the one advantage of having coal was that it enabled a gentleman to afford the decency of burning wood on his own hearth. In politics he was a Tory, except when the Tories were in office, during which period he roundly abused them for being a pack of Radicals.[7] He was a hero to his valet,[8] who

1 Curzon street: 하이드 공원 동쪽에 있는 런던 중심의 화려한 지역.

2 the Albany: 19세기 초에 요크와 알바니 공작(Duke of York and Albany)의 대저택을 개조한 고급 아파트로 총각들에게 인기가 좋았다. 유명한 시인 바이런(Byron)도 여기에 살았다.

3 Isabella and Prim: 1843년 스페인의 여왕 이사벨라 2세(Isabella II)는 통치를 시작하였다. 1868년 스페인의 장군 프림(Juan Prim)은 이 여왕에게 반란을 일으켜 성공하였고 여왕은 망명하였다. 1870년 이사벨라는 퇴위했고 같은 해 얼마 있다가 프림은 암살되었다.

4 chambers: 독신자용 아파트. 가구가 갖추어져 있고 서비스까지 포함됨. 결국 그는 타운 하우스 두 채를 세내주고 자신은 독신자용 아파트에서 산다는 말.

5 colliery: coal mine. 탄광.

6 Midland counties는 광산업과 중공업으로 유명한 지역으로 Birmingham이 산업의 중심지이었다.

bullied him, and a terror to most of his relations, whom he bullied in turn. Only England could have produced him, and he always said that the country was going to the dogs.[9] His principles were out of date, but there was a good deal to be said for his prejudices.

When Lord Henry entered the room, he found his uncle sitting in a rough shooting coat, smoking a cheroot[10] and grumbling over *The Times*.[11] 'Well, Harry,' said the old gentleman, 'what brings you out so early? I thought you dandies[12] never got up till two, and were not visible till five.'

'Pure family affection, I assure you, Uncle George. I want to get something out of you.'

'Money, I suppose,' said Lord Fermor, making a wry face. 'Well, sit down and tell me all about it. Young people, nowadays, imagine that money is everything.'

'Yes,' murmured Lord Henry, settling his button-hole[13] in his coat; 'and when they grow older they know it. But I don't want money. It is only people who pay their bills who want that, Uncle George, and I never pay mine. Credit is the capital of a younger son, and one lives charmingly upon it. Besides, I always deal with Dartmoor's tradesmen,[14] and consequently they never bother me. What I want is information: not useful information, of course; useless information.'

'Well, I can tell you anything that is in an English Blue-book,[15]

---

7 19세기 후반에 토리당원(Tories)은 보통 보수당원(conservatives)으로 불렸다. 보수당의 지도자는 Benjamin Disraeli였고 보수당은 왕의 정책과 제국의 확장을 지지했다. 급진당원(Radicals)은 William Gladstone이 이끌고 사회개혁정책을 선호하는 자유당(Liberal Party)과 관련이 있다. "Radicals"는 또한 앞 세대의 철학적 급진주의자들을 가리키기도 했다. 이들은 Adam Smith, Jeremy Bentham, Thomas Malthus의 경제 사회적 이론을 이어받은 자들이었다.

8 18세기의 관용적 표현인 "Il n'ya point de héros pour son valet de chamber"(No man is a hero to his valet)를 변형한 것.

9 go to the dogs: 몰락하다. 쓸모없게 되다.

10 cheroot: 인도의 남부지방이나 마닐라에서 만든 담배. 양 끝을 자른 엽궐련.

11 *The London Times*: 당시에 가장 인기 있었고 인정받던 신문.

12 dandies: 옷과 외모에 지나치게 신경 쓰는 남자들. 아름다운 것들과 멋쟁이들로 둘러싸여 있는 사람들.

13 button-hole: 옷깃의 단추 구멍에 꽂은 꽃.

14 Dartmoor's tradesmen: Dartmoor는 영국의 서남쪽에 있는 지역으로 런던으로부터 꽤 멀리 떨어져 있다. 그러므로 헨리경은 여기서 그들이 돈을 지불해 달라고 하기에는 너무 멀리 떨어져 있다며 농담을 하고 있다. 혹은 헨리의 아버지나 형이 Lord Dartmoor였을 것으로 추정된다.

Harry, although those fellows nowadays write a lot of nonsense. When I was in the Diplomatic,[16] things were much better. But I hear they let them in now by examination. What can you expect? Examinations, sir, are pure humbug from beginning to end. If a man is a gentleman, he knows quite enough, and if he is not a gentleman, whatever he knows is bad for him.'

'Mr. Dorian Gray does not belong to Blue-books, Uncle George,' said Lord Henry, languidly.

'Mr. Dorian Gray? Who is he?' asked Lord Fermor, knitting his bushy white eyebrows.

'That is what I have come to learn, Uncle George. Or rather, I know who he is. He is the last Lord Kelso's grandson.[17] His mother was a Devereux, Lady Margaret Devereux. I want you to tell me about his mother. What was she like? Whom did she marry? You have known nearly everybody in your time, so you might have known her. I am very much interested in Mr. Gray at present. I have only just met him.'

'Kelso's grandson!' echoed the old gentleman—'Kelso's grandson! . . . Of course. . . . I knew his mother intimately. I believe I was at her christening. She was an extraordinarily beautiful girl, Margaret Devereux, and made all the men frantic by running away with a penniless young fellow, a mere nobody, sir, a subaltern in a foot regiment, or something of that kind. Certainly. I remember the whole thing as if it happened yesterday. The poor chap was killed in a duel at Spa a few months after the marriage. There was an ugly story about it. They said Kelso got some rascally adventurer, some Belgian brute, to insult his son-in-law in public, paid him, sir, to do it, paid him, and that the fellow spitted his man as if he had been a pigeon. The thing was hushed up, but, egad, Kelso ate his chop alone at the club for some time afterwards. He brought his daughter

---

15 Blue-book: 영국 국회의 출판물. 파란 색 표지로 제본되어 있다.

16 the Diplomatic: The British Diplomatic Service. 이곳은 시험제도가 도입된 해인 1856년 이전에는 능력보다는 집안을 보고 사람을 선발했다.

17 Kelso는 스코틀랜드에 있는 지역의 이름으로 와일드가 방문한 적이 있다.

back with him, I was told, and she never spoke to him again. Oh, yes; it was a bad business. The girl died too, died within a year. So she left a son, did she? I had forgotten that. What sort of boy is he? If he is like his mother he must be a good-looking chap.'

'He is very good-looking,' assented Lord Henry.

'I hope he will fall into proper hands,' continued the old man. 'He should have a pot of money waiting for him if Kelso did the right thing by him. His mother had money too. All the Selby property came to her, through her grandfather. Her grandfather hated Kelso, thought him a mean dog. He was, too. Came to Madrid once when I was there. Egad, I was ashamed of him. The Queen used to ask me about the English noble who was always quarrelling with the cab-men about their fares. They made quite a story of it. I didn't dare show my face at Court for a month. I hope he treated his grandson better than he did the jarvies.'[18]

'I don't know,' answered Lord Henry. 'I fancy that the boy will be well off. He is not of age yet. He has Selby, I know. He told me so. And . . . his mother was very beautiful?'

'Margaret Devereux was one of the loveliest creatures I ever saw, Harry. What on earth induced her to behave as she did, I never could understand. She could have married anybody she chose. Carlington was mad after her. She was romantic, though. All the women of that family were. The men were a poor lot, but, egad! the women were wonderful. Carlington went on his knees to her. Told me so himself. She laughed at him, and there wasn't a girl in London at the time who wasn't after him. And by the way, Harry, talking about silly marriages, what is this humbug your father tells me about Dartmoor wanting to marry an American? Ain't English girls good enough for him?'

'It is rather fashionable to marry Americans just now, Uncle George.'

'I'll back English women against the world, Harry,' said Lord

18 jarvies: 전세마차의 마부.

Fermor, striking the table with his fist.

'The betting is on the Americans.'

'They don't last, I am told,' muttered his uncle.

'A long engagement[19] exhausts them, but they are capital[20] at a steeplechase.[21] They take things flying. I don't think Dartmoor has a chance.'

'Who are her people?' grumbled the old gentleman. 'Has she got any?'

Lord Henry shook his head. 'American girls are as clever at concealing their parents, as English women are at concealing their past,' he said, rising to go.

'They are pork-packers,[22] I suppose?'

'I hope so, Uncle George, for Dartmoor's sake. I am told that pork-packing is the most lucrative profession in America, after politics.'

'Is she pretty?'

'She behaves as if she was beautiful. Most American women do. It is the secret of their charm.'

'Why can't these American women stay in their own country? They are always telling us that it is the Paradise for women.'

'It is. That is the reason why, like Eve, they are so excessively anxious to get out of it,' said Lord Henry. 'Good-bye, Uncle George. I shall be late for lunch, if I stop any longer. Thanks for giving me the information I wanted. I always like to know everything about my new friends, and nothing about my old ones.'

'Where are you lunching, Harry?'

'At Aunt Agatha's. I have asked myself and Mr. Gray. He is her latest *protégé*.'

---

19 engagement: 약혼의 의미 외에 적과의 겨룸, 싸움의 의미도 있다.

20 capital: excellent.

21 steeplechase: 장애물 경마. Lord Fermor의 비유와 주고받고 있다.

22 와일드는 1832-83에 그리고 다음 해에 다시 미국을 방문한 적이 있다. 그는 pork-packers(pork barrel[연방 의회 의원이 선거구의 이익을 위해 정부 보조금을 획득하는 것 혹은 돼지고기 보존용 틀]과 같은 함축적 의미를 지니고 있음)와 정치(politics)와의 관계를 이해할 수 있을 정도로 미국에 관해서 잘 알고 있었다.

'Humph! tell your Aunt Agatha, Harry, not to bother me any more with her charity appeals. I am sick of them. Why, the good woman thinks that I have nothing to do but to write cheques for her silly fads.'

'All right, Uncle George, I'll tell her, but it won't have any effect. Philanthropic people lose all sense of humanity. It is their distinguishing characteristic.'

The old gentleman growled approvingly, and rang the bell for his servant. Lord Henry passed up the low arcade into Burlington Street, and turned his steps in the direction of Berkeley Square.[23]

So that was the story of Dorian Gray's parentage. Crudely as it had been told to him, it had yet stirred him by its suggestion of a strange, almost modern romance. A beautiful woman risking everything for a mad passion. A few wild weeks of happiness cut short by a hideous, treacherous crime. Months of voiceless agony, and then a child born in pain. The mother snatched away by death, the boy left to solitude and the tyranny of an old and loveless man. Yes; it was an interesting background. It posed the lad,[24] made him more perfect as it were. Behind every exquisite thing that existed, there was something tragic. Worlds had to be in travail, that the meanest flower might blow. . . . And how charming he had been at dinner the night before, as with startled eyes and lips parted in frightened pleasure he had sat opposite to him at the club, the red candleshades staining to a richer rose the wakening wonder of his face. Talking to him was like playing upon an exquisite violin. He answered to every touch and thrill of the bow. . . . There was something terribly enthralling in the exercise of influence.[25] No other activity was like it. To project one's soul into some gracious form, and let it tarry there for a moment; to hear one's own intellectual views echoed back to

23 런던에서 가장 멋있는 광장.

24 그것이 그 젊은이(도리언)로 하여금 자세(포즈)를 취하게 했다. 이러한 배경 때문에 도리언이 더 멋있는 사람이 되었다는 뜻.

25 도리언은 헨리의 호기심을 충족시켜주는 관찰과 해부의 대상이다. 헨리는 도리언을 자신이 관람하는 연극 속의 인물로 보기도 한다. 헨리는 삶에 참여하는 것보다 구경하는 사람(spectator)이 될 것을 주장한다.

one with all the added music of passion and youth; to convey one's temperament into another as though it were a subtle fluid or a strange perfume: there was a real joy in that—perhaps the most satisfying joy left to us in an age so limited and vulgar as our own, an age grossly carnal in its pleasures, and grossly common in its aims. . . . He was a marvellous type, too, this lad, whom by so curious a chance he had met in Basil's studio, or could be fashioned into a marvellous type, at any rate. Grace was his, and the white purity of boyhood, and beauty such as old Greek marbles kept for us. There was nothing that one could not do with him. He could be made a Titan[26] or a toy. What a pity it was that such beauty was destined to fade! . . . And Basil? From a psychological point of view, how interesting he was! The new manner in art, the fresh mode of looking at life, suggested so strangely by the merely visible presence of one who was and walked unseen in open field, suddenly showing herself, Dryad-like[27] and not afraid, because in his soul who sought for her there had been wakened that wonderful vision to which alone are wonderful things revealed; the mere shapes and patterns of things becoming, as it were, refined, and gaining a kind of symbolical value, as though they were themselves patterns of some other and more perfect form whose shadow they made real: how strange it all was! He remembered something like it in history. Was it not Plato, that artist in thought, who had first analyzed it? Was it not Buonarotti[28] who had carved it in the coloured marbles of a sonnet-sequence? But in our own century it was strange. . . . Yes; he would try to be to Dorian Gray what, without knowing it, the lad was to the painter who had fashioned the wonderful portrait. He would seek to dominate him—had already, indeed, half done so. He would make that wonderful spirit his own. There was

26 Titan: 티탄. 영어로는 타이탄. 제우스의 선조 신들. 제우스 등이 통치하기 전 지구를 다스렸다. 이들 중 크로노스(Cronos)가 지도자였는데 그의 아들 제우스에 의해서 폐위되었다. 거인 족.

27 Dryad-like: 나무의 요정처럼.

28 Buonarotti: Buonarotti가 아니고 Michelagniolo Buonarroti(1475-1564). 보통 미켈란젤로(Michelangelo)라 불린다. 르네상스 시대 플로렌스/피렌체 지역의 가장 유명한 시인이자, 조각가이자, 화가였다. 아마 지금 플로렌스(Florence)에 있는 대리석 조각인 다윗상(전에는 아폴로상이라 불렸음)을 가리키는 듯함.

something fascinating in this son of Love and Death.

Suddenly he stopped, and glanced up at the houses. He found that he had passed his aunt's some distance, and, smiling to himself, turned back. When he entered the somewhat sombre hall, the butler told him that they had gone in to lunch. He gave one of the footmen his hat and stick, and passed into the dining-room.

'Late as usual, Harry,' cried his aunt, shaking her head at him.

He invented a facile excuse, and having taken the vacant seat next to her, looked round to see who was there. Dorian bowed to him shyly from the end of the table, a flush of pleasure stealing into his cheek. Opposite was the Duchess of Harley, a lady of admirable good-nature and good temper, much liked by every one who knew her, and of those ample architectural proportions that in women who are not Duchesses are described by contemporary historians as stoutness. Next to her sat, on her right, Sir Thomas Burdon, a Radical member of Parliament,[29] who followed his leader in public life, and in private followed the best cooks, dining with the Tories, and thinking with the Liberals, in accordance with a wise and well-known rule. The post on her left was occupied by Mr. Erskine of Treadley, an old gentleman of considerable charm and culture, who had fallen, however, into bad habits of silence, having, as he explained once to Lady Agatha, said everything that he had to say before he was thirty. His own neighbour was Mrs. Vandeleur, one of his aunt's oldest friends, a perfect saint amongst women, but so dreadfully dowdy that she reminded one of a badly bound hymn-book. Fortunately for him she had on the other side Lord Faudel, a most intelligent middle-aged mediocrity, as bald as a Ministerial statement in the House of Commons,[30] with whom she was conversing in that intensely earnest manner which is the one unpardonable error, as he remarked once himself, that all

29 Radical member of Parliament: 자유당(Liberal Party) 좌파에 속하는 진보적 성향의 국회의원. 이 당시 자유당 대표는 글래드스톤(W. E. Gladstone)이었다.

30 as bald as a Ministerial statement in the House of Commons: 하원에서의 장관 발표문처럼 간단명료한. 장관들은 하원에서 미리 준비된, 보통은 짧은 발표문을 읽는다. bald: 꾸밈없는(unadorned). 노골적인(undisguised). 무뚝뚝한(blunt).

really good people fall into, and from which none of them ever quite escape.

'We are talking about poor Dartmoor, Lord Henry,' cried the Duchess, nodding pleasantly to him across the table. 'Do you think he will really marry this fascinating young person?'

'I believe she has made up her mind to propose to him, Duchess.'

'How dreadful!' exclaimed Lady Agatha. 'Really, some one should interfere.'

'I am told, on excellent authority, that her father keeps an American dry-goods[31] store,' said Sir Thomas Burdon, looking supercilious.

'My uncle has already suggested pork-packing, Sir Thomas.'

'Dry-goods! What are American dry-goods?' asked the Duchess, raising her large hands in wonder, and accentuating the verb.

'American novels,' answered Lord Henry, helping himself to some quail.

The Duchess looked puzzled.

'Don't mind him, my dear,' whispered Lady Agatha. 'He never means anything that he says.'

'When America was discovered,' said the Radical member, and he began to give some wearisome facts. Like all people who try to exhaust a subject, he exhausted his listeners. The Duchess sighed, and exercised her privilege of interruption. 'I wish to goodness it never had been discovered at all!' she exclaimed. 'Really, our girls have no chance nowadays. It is most unfair.'

'Perhaps, after all, America never has been discovered,' said Mr. Erskine; 'I myself would say that it had merely been detected.'

'Oh! but I have seen specimens of the inhabitants,' answered the Duchess, vaguely. 'I must confess that most of them are extremely pretty. And they dress well, too. They get all their dresses in Paris. I wish I could afford to do the same.'

'They say that when good Americans die they go to Paris,' chuck-

31 **dry-goods**: 미국에서 dry-goods는 옷감, 옷과 끈 단추 같은 잡화를 가리키지만 영국에서는 쌀, 옥수수 같은 것을 가리킨다.

led Sir Thomas, who had a large wardrobe of Humour's castoff clothes.

'Really! And where do bad Americans go to when they die?' inquired the Duchess.

'They go to America,' murmured Lord Henry.

Sir Thomas frowned. 'I am afraid that your nephew is prejudiced against that great country,' he said to Lady Agatha. 'I have travelled all over it, in cars provided by the directors, who, in such matters, are extremely civil. I assure you that it is an education to visit it.'

'But must we really see Chicago in order to be educated?' asked Mr. Erskine, plaintively. 'I don't feel up to the journey.'

Sir Thomas waved his hand. 'Mr. Erskine of Treadley has the world on his shelves.[32] We practical men like to see things, not to read about them. The Americans are an extremely interesting people. They are absolutely reasonable. I think that is their distinguishing characteristic. Yes, Mr. Erskine, an absolutely reasonable people. I assure you there is no nonsense about the Americans.'

'How dreadful!' cried Lord Henry. 'I can stand brute force, but brute reason is quite unbearable. There is something unfair about its use. It is hitting below the intellect.'

'I do not understand you,' said Sir Thomas, growing rather red.

'I do, Lord Henry,' murmured Mr. Erskine, with a smile.

'Paradoxes are all very well in their way . . .' rejoined the Baronet.

'Was that a paradox?' asked Mr. Erskine. 'I did not think so. Perhaps it was. Well, the way of paradoxes is the way of truth. To test Reality we must see it on the tight-rope.[33] When the Verities[34] become acrobats we can judge them.'

'Dear me!' said Lady Agatha, 'how you men argue! I am sure

32 the world on his shelves: 온 세계가 책꽂이에 꽂혀 있다. 아마 와일드가 위스망스(Huysmans)의 소설 『거꾸로』(*A Rebours*)의 주인공 데 자생트(Des Esseintes)를 염두에 두고 한 표현인 듯하다. 그는 시골에서 은둔생활을 하는데 자신의 집에 미술작품과 수많은 책들을 소장하고 지적, 심미적 명상을 하며 생을 보낸다. 그는 보들레르(Baudelaire)나 베를렌(Verlaine), 말라르메(Mallarmé) 같은 상징주의자들의 시를 높이 평가한다. 와일드가 영향을 받은 책이다. 영어로는 *Against the Grain*으로 번역되었다.

33 tight-rope: 곡예사(acrobat)가 균형을 맞추는 팽팽한 줄.

34 Verities: 여기서는 실체(reality), 기존 사실, 참된 진술, 학설, 의견 등을 가리킨다.

I never can make out what you are talking about. Oh! Harry, I am quite vexed with you. Why do you try to persuade our nice Mr. Dorian Gray to give up the East End?[35] I assure you he would be quite invaluable. They would love his playing.'

'I want him to play to me,' cried Lord Henry, smiling, and he looked down the table and caught a bright answering glance.

'But they are so unhappy in Whitechapel,' continued Lady Agatha.

'I can sympathize with everything, except suffering,' said Lord Henry, shrugging his shoulders. 'I cannot sympathize with that. It is too ugly, too horrible, too distressing. There is something terribly morbid in the modern sympathy with pain. One should sympathize with the colour, the beauty, the joy of life. The less said about life's sores the better.'

'Still, the East End is a very important problem,' remarked Sir Thomas, with a grave shake of the head.

'Quite so,' answered the young lord. 'It is the problem of slavery, and we try to solve it by amusing the slaves.'

The politician looked at him keenly. 'What change do you propose, then?' he asked.

Lord Henry laughed. 'I don't desire to change anything in England except the weather,' he answered. 'I am quite content with philosophic contemplation. But, as the nineteenth century has gone bankrupt through an over-expenditure of sympathy, I would suggest that we should appeal to Science to put us straight. The advantage of the emotions is that they lead us astray, and the advantage of Science is that it is not emotional.'

'But we have such grave responsibilities,' ventured Mrs. Vandeleur, timidly.

'Terribly grave,' echoed Lady Agatha.

Lord Henry looked over at Mr. Erskine. 'Humanity takes itself too seriously. It is the world's original sin. If the caveman had known

35 **East End**: 런던의 이스트 엔드는 가장 빈곤한 지역이다. 앞에 나왔던 **Whitechapel**도 이 지역에 속한다.

how to laugh, History would have been different.'

'You are really very comforting,' warbled the Duchess. 'I have always felt rather guilty when I came to see your dear aunt, for I take no interest at all in the East End. For the future I shall be able to look her in the face without a blush.'

'A blush is very becoming, Duchess,' remarked Lord Henry.

'Only when one is young,' she answered. 'When an old woman like myself blushes, it is a very bad sign. Ah! Lord Henry, I wish you would tell me how to become young again.'

He thought for a moment. 'Can you remember any great error that you committed in your early days, Duchess?' he asked, looking at her across the table.

'A great many, I fear,' she cried.

'Then commit them over again,' he said, gravely. 'To get back one's youth, one has merely to repeat one's follies.'

'A delightful theory!' she exclaimed. 'I must put it into practice.'

'A dangerous theory!' came from Sir Thomas's tight lips. Lady Agatha shook her head, but could not help being amused. Mr. Erskine listened.

'Yes,' he continued, 'that is one of the great secrets of life. Nowadays most people die of a sort of creeping common sense, and discover when it is too late that the only things one never regrets are one's mistakes.'

A laugh ran round the table.

He played with the idea, and grew wilful; tossed it into the air and transformed it; let it escape and recaptured it; made it iridescent with fancy, and winged it with paradox. The praise of folly, as he went on, soared into a philosophy, and Philosophy herself became young, and catching the mad music of Pleasure, wearing, one might fancy, her wine-stained robe and wreath of ivy, danced like a Bacchante[36] over the hills of life, and mocked the slow Silenus for

---

36 Bacchante: 술의 신 바카스의 여성 사제(priestess). 실레노스(Silenus)는 술의 신 바카스를 키워낸 반인 반수의 양아버지. 바카스 축제(Bacchanalia)는 술 마시고 떠들어대는 음주와 가무의 축제였다.

being sober. Facts fled before her like frightened forest things. Her white feet trod the huge press at which wise Omar[37] sits, till the seething grape-juice rose round her bare limbs in waves of purple bubbles, or crawled in red foam over the vat's black, dripping, sloping sides. It was an extraordinary improvisation. He felt that the eyes of Dorian Gray were fixed on him, and the consciousness that amongst his audience there was one whose temperament he wished to fascinate, seemed to give his wit keenness, and to lend colour to his imagination. He was brilliant, fantastic, irresponsible. He charmed his listeners out of themselves, and they followed his pipe laughing. Dorian Gray never took his gaze off him, but sat like one under a spell, smiles chasing each other over his lips, and wonder growing grave in his darkening eyes.

At last, liveried in the costume of the age, Reality entered the room in the shape of a servant to tell the Duchess that her carriage was waiting. She wrung her hands in mock despair. 'How annoying!' she cried. 'I must go. I have to call for my husband at the club, to take him to some absurd meeting at Willis's Rooms,[38] where he is going to be in the chair. If I am late he is sure to be furious, and I couldn't have a scene in this bonnet. It is far too fragile. A harsh word would ruin it. No, I must go, dear Agatha. Good-bye, Lord Henry, you are quite delightful, and dreadfully demoralizing. I am sure I don't know what to say about your views. You must come and dine with us some night. Tuesday? Are you disengaged Tuesday?'

'For you I would throw over anybody, Duchess,' said Lord Henry, with a bow.

'Ah! that is very nice, and very wrong of you,' she cried; 'so mind you come;' and she swept out of the room, followed by Lady Agatha and the other ladies.

---

37 Omar: Omar Khayyám. 11세기에 살았던 페르시아의 천문학자이자 시인. 그의 주요 작품은 에드워드 핏제랄드(Edward Fitzgerald)가 1859년 번역한 오마르 카얌의 루바이야트(*The Rubáiyát of Omar Khayyám*)로 독립된 4행시들로 연결되어 있다. 비록 많은 4행시들이 신비주의적이지만 또한 술의 쾌락과 현재를 위한 삶을 예찬하고 있다.

38 Willis's Rooms: St. James's의 King Street에 위치해 있는 레스토랑 겸 모임의 장소. 1863년까지는 Almack's라는 이름으로 불렸다. 이곳은 귀족들의 무도회로 유명했다.

When Lord Henry had sat down again, Mr. Erskine moved round, and taking a chair close to him, placed his hand upon his arm.

'You talk books away,' he said; 'why don't you write one?'

'I am too fond of reading books to care to write them, Mr. Erskine. I should like to write a novel certainly, a novel that would be as lovely as a Persian carpet and as unreal. But there is no literary public in England for anything except newspapers, primers, and encyclopædias. Of all people in the world the English have the least sense of the beauty of literature.'

'I fear you are right,' answered Mr. Erskine. 'I myself used to have literary ambitions, but I gave them up long ago. And now, my dear young friend, if you will allow me to call you so, may I ask if you really meant all that you said to us at lunch?'

'I quite forget what I said,' smiled Lord Henry. 'Was it all very bad?'

'Very bad indeed. In fact I consider you extremely dangerous, and if anything happens to our good Duchess we shall all look on you as being primarily responsible. But I should like to talk to you about life. The generation into which I was born was tedious. Some day, when you are tired of London, come down to Treadley, and expound to me your philosophy of pleasure over some admirable Burgundy I am fortunate enough to possess.'

'I shall be charmed. A visit to Treadley would be a great privilege. It has a perfect host, and a perfect library.'

'You will complete it,' answered the old gentleman, with a courteous bow. 'And now I must bid good-bye to your excellent aunt. I am due at the Athenæum.[39] It is the hour when we sleep there.'

'All of you, Mr. Erskine?'

'Forty of us, in forty arm-chairs. We are practising for an English Academy of Letters.'

Lord Henry laughed, and rose. 'I am going to the Park,' he cried.

As he was passing out of the door Dorian Gray touched him on

39 Athenæum: Pall Mall에 위치하고 있는 런던의 주요한 문학 클럽.

the arm. 'Let me come with you,' he murmured.

'But I thought you had promised Basil Hallward to go and see him,' answered Lord Henry.

'I would sooner come with you; yes, I feel I must come with you. Do let me. And you will promise to talk to me all the time? No one talks so wonderfully as you do.'

'Ah! I have talked quite enough for to-day,' said Lord Henry, smiling. 'All I want now is to look at life. You may come and look at it with me, if you care to.'

CHAPTER IV

ONE afternoon, a month later, Dorian Gray was reclining in a luxurious arm-chair, in the little library[1] of Lord Henry's house in Mayfair. It was, in its way, a very charming room, with its high panelled wainscoting of olive-stained oak, its cream-coloured frieze and ceiling of raised plaster-work, and its brickdust felt carpet strewn with silk long-fringed Persian rugs. On a tiny satin-wood table stood a statuette by Clodion,[2] and beside it lay a copy of 'Les Cent Nouvelles,'[3] bound for Margaret of Valois by Clovis Eve,[4] and powdered with the gilt daisies that Queen had selected for her device. Some large blue china[5] jars and parrot-tulips were ranged on the mantelshelf, and through the small leaded panes of the window streamed the apricot-coloured light of a summer day in London.

Lord Henry had not yet come in. He was always late on principle, his principle being that punctuality is the thief of time. So the lad was looking rather sulky, as with listless fingers he turned over the pages of an elaborately-illustrated edition of 'Manon Lescaut'[6] that he had found in one of the bookcases. The formal monotonous ticking of the Louis Quatorze clock[7] annoyed him. Once or twice he thought

1 헨리 경의 서재는 Chelsea의 Tite Street에 있는 오스카 와일드 집의 서재와 매우 유사하다.

2 프랑스 조각가인 Claude Michel Clodion(1738-1814)은 기사도, 박카스 등 고전적인 주제의 테라코타 작은 조상(彫像)으로 유명했다.

3 1462년에 출판된, 외설적인 이야기 모음집. 작자 미상의 초기 프랑스 문학 작품.

4 Margaret of Valois(1553-1615), Queen of Navarre는 그녀의 아름다움, 지식, 그리고 방탕한 행실로 유명했다. 그녀는 나중에 프랑스의 헨리 4세가 된 Henry of Navarre와 결혼하였다. Clovis Eve(1584-1635)는 프랑스 궁정의 제본공이자 삽화가로 소위 화려하고 사치스러운 팡파르(fanfare) 스타일의 제본을 도입하였다. 이 스타일은 작은 잎들과 데이지 같은 것을 이용하여 정교하게 제본하는 것으로 미학주의자들로부터 높은 점수를 받았다.

5 와일드는 옥스퍼드 대학의 그의 방에 예술작품인 청백색 문양의 도자기를 진열해 두었다. 그리고 다음과 같은 말을 한 것으로 유명하다: "내가 내 청색의 도자기 수준에 맞추어 살 수만 있다면!"(Oh! would that I could live up to my blue china!). 미학적인 삶을 살고 싶은 그의 욕망을 알 수 있다.

6 마농 레스꼬는 낭만적 사랑과 자기탐닉 사이의 갈등을 다루는 Abbé Antoine François Prévost의 소설의 여주인공. 거의 모든 프랑스 소설을 선정적인 것으로 평가하던 빅토리아 시대 독자들은 이 소설을 수치스러운 작품으로 여겼다.

7 프랑스 루이 14세(1643-1715)의 통치시대에 유행했던 화려하게 장식한 바로끄 양식의 시계.

of going away.

At last he heard a step outside, and the door opened. 'How late you are, Harry!' he murmured.

'I am afraid it is not Harry, Mr. Gray,' answered a shrill voice.

He glanced quickly round, and rose to his feet. 'I beg your pardon. I thought—'

'You thought it was my husband. It is only his wife. You must let me introduce myself. I know you quite well by your photographs. I think my husband has got seventeen of them.'

'Not seventeen, Lady Henry?'

'Well, eighteen, then. And I saw you with him the other night at the Opera.' She laughed nervously as she spoke, and watched him with her vague forget-me-not eyes. She was a curious woman, whose dresses always looked as if they had been designed in a rage and put on in a tempest. She was usually in love with somebody, and, as her passion was never returned, she had kept all her illusions. She tried to look picturesque, but only succeeded in being untidy. Her name was Victoria, and she had a perfect mania for going to church.[8]

'That was at "Lohengrin,"[9] Lady Henry, I think?'

'Yes; it was at dear "Lohengrin." I like Wagner's music better than anybody's. It is so loud that one can talk the whole time without other people hearing what one says. That is a great advantage: don't you think so, Mr. Gray?'

The same nervous staccato laugh broke from her thin lips, and her fingers began to play with a long tortoise-shell paper-knife.

Dorian smiled, and shook his head: 'I am afraid I don't think so, Lady Henry. I never talk during music—at least, during good music. If one hears bad music, it is one's duty to drown it in conversation.'

'Ah! that is one of Harry's views, isn't it, Mr. Gray? I always hear Harry's views from his friends. It is the only way I get to know of them. But you must not think I don't like good music. I adore

8 Victoria Wotton은 와일드의 아내 Constance를 모델로 했다고 한다.

9 *Lohengrin*은 와그너(Richard Wagner)의 오페라로 1850년에 처음으로 공연되었다. 로헨그린은 백조가 끄는 배를 타고 처녀를 구하기 위해 보내진 성배(Holy Grail)의 기사이다.

it, but I am afraid of it. It makes me too romantic. I have simply worshipped pianists—two at a time, sometimes, Harry tells me. I don't know what it is about them. Perhaps it is that they are foreigners. They all are, ain't they? Even those that are born in England become foreigners after a time, don't they? It is so clever of them, and such a compliment to art. Makes it quite cosmopolitan, doesn't it? You have never been to any of my parties, have you, Mr. Gray? You must come. I can't afford orchids, but I spare no expense in foreigners. They make one's rooms look so picturesque. But here is Harry!—Harry, I came in to look for you, to ask you something—I forget what it was—and I found Mr. Gray here. We have had such a pleasant chat about music. We have quite the same ideas. No; I think our ideas are quite different. But he has been most pleasant. I am so glad I've seen him.'

'I am charmed, my love, quite charmed,' said Lord Henry, elevating his dark crescent-shaped eyebrows and looking at them both with an amused smile. 'So sorry I am late, Dorian. I went to look after a piece of old brocade[10] in Wardour Street,[11] and had to bargain for hours for it. Nowadays people know the price of everything, and the value of nothing.'

'I am afraid I must be going,' exclaimed Lady Henry, breaking an awkward silence with her silly sudden laugh. 'I have promised to drive with the Duchess. Good-bye, Mr. Gray. Good-bye, Harry. You are dining out, I suppose? So am I. Perhaps I shall see you at Lady Thornbury's.'

'I dare say, my dear,' said Lord Henry, shutting the door behind her, as, looking like a bird of paradise that had been out all night in the rain, she flitted out of the room, leaving a faint odour of frangipanni.[12] Then he lit a cigarette, and flung himself down on the sofa.

'Never marry a woman with straw-coloured hair, Dorian,' he said, after a few puffs.

10 brocade: 수단(繡緞), 문직(紋織) (무늬가 돋아나오게 짠 옷감).

11 Wardour Street은 그 당시 골동품 가게가 즐비한 곳이었다.

12 frangipani 식물의 꽃에서 추출한 향수.

'Why, Harry?'

'Because they are so sentimental.'

'But I like sentimental people.'

'Never marry at all, Dorian. Men marry because they are tired; women, because they are curious: both are disappointed.'

'I don't think I am likely to marry, Harry. I am too much in love. That is one of your aphorisms. I am putting it into practice, as I do everything that you say.'

'Who are you in love with?' asked Lord Henry, after a pause.

'With an actress,' said Dorian Gray, blushing.

Lord Henry shrugged his shoulders. 'That is a rather commonplace *début*.'

'You would not say so if you saw her, Harry.'

'Who is she?'

'Her name is Sibyl Vane.'

'Never heard of her.'

'No one has. People will some day, however. She is a genius.'

'My dear boy, no woman is a genius. Women are a decorative sex. They never have anything to say, but they say it charmingly. Women represent the triumph of matter over mind, just as men represent the triumph of mind over morals.'

'Harry, how can you?'

'My dear Dorian, it is quite true. I am analyzing women at present, so I ought to know. The subject is not so abstruse[13] as I thought it was. I find that, ultimately, there are only two kinds of women, the plain and the coloured. The plain women are very useful. If you want to gain a reputation for respectability, you have merely to take them down to supper. The other women are very charming. They commit one mistake, however. They paint in order to try and look young. Our grandmothers painted in order to try and talk brilliantly. Rouge and esprit[14] used to go together. That is all over now. As long as

13 abstruse: 난해한, 심오한.

14 rouge(연지)와 esprit(재치). 아름다움과 재치의 결합. 신중하게 바른 연지와 재치의 결합은 세련된 사회에서 용납되지만 지나치게 화장을 하는 것은 그렇지 않다는 뜻.

a woman can look ten years younger than her own daughter, she is perfectly satisfied. As for conversation, there are only five women in London worth talking to, and two of these can't be admitted into decent society. However, tell me about your genius. How long have you known her?'

'Ah! Harry, your views terrify me.'

'Never mind that. How long have you known her?'

'About three weeks.'

'And where did you come across her?'

'I will tell you, Henry; but you mustn't be unsympathetic about it. After all, it never would have happened if I had not met you. You filled me with a wild desire to know everything about life.[15] For days after I met you, something seemed to throb in my veins. As I lounged in the Park, or strolled down Piccadilly, I used to look at every one who passed me, and wonder, with a mad curiosity, what sort of lives they led. Some of them fascinated me. Others filled me with terror. There was an exquisite poison in the air. I had a passion for sensations. . . . Well, one evening about seven o'clock, I determined to go out in search of some adventure. I felt that this grey, monstrous London of ours, with its myriads of people, its sordid sinners, and its splendid sins, as you once phrased it, must have something in store for me. I fancied a thousand things. The mere danger gave me a sense of delight. I remembered what you had said to me on that wonderful evening when we first dined together, about the search for beauty being the real secret of life. I don't know what I expected, but I went out and wandered eastward, soon losing my way in a labyrinth of grimy streets and black, grassless squares. About half-past eight I passed by an absurd little theatre, with great flaring gas-jets and gaudy play-bills. A hideous Jew, in the most amazing waistcoat I ever beheld in my life, was standing at the entrance, smoking a vile cigar. He had greasy ringlets, and an enormous diamond blazed in the centre of a soiled shirt. "Have a box, my Lord?" he said, when he saw me,

15 헨리의 지적인 호기심(intellectual curiosity)이 도리언에게도 보인다.

and he took off his hat with an air of gorgeous servility. There was something about him, Harry, that amused me. He was such a monster. You will laugh at me, I know, but I really went in and paid a whole guinea for the stage-box. To the present day I can't make out why I did so; and yet if I hadn't—my dear Harry, if I hadn't, I should have missed the greatest romance of my life. I see you are laughing. It is horrid of you!'

'I am not laughing, Dorian; at least I am not laughing at you. But you should not say the greatest romance of your life. You should say the first romance of your life. You will always be loved, and you will always be in love with love. A *grande passion* is the privilege of people who have nothing to do.[16] That is the one use of the idle classes of a country. Don't be afraid. There are exquisite things in store for you. This is merely the beginning.'

'Do you think my nature so shallow?' cried Dorian Gray, angrily.

'No; I think your nature so deep.'

'How do you mean?'

'My dear boy, the people who love only once in their lives are really the shallow people. What they call their loyalty, and their fidelity, I call either the lethargy of custom or their lack of imagination. Faithfulness is to the emotional life what consistency is to the life of the intellect—simply a confession of failure. Faithfulness! I must analyze it some day. The passion for property is in it. There are many things that we would throw away if we were not afraid that others might pick them up. But I don't want to interrupt you. Go on with your story.'

'Well, I found myself seated in a horrid little private box, with a vulgar drop-scene[17] staring me in the face. I looked out from behind the curtain, and surveyed the house. It was a tawdry affair, all Cupids

16 「예술가로서의 비평가」에서 길버트(Gilbert)는 "선택받은 자들이 존재하는 것은 아무 일도 하지 않기 위해서이다"(It is to do nothing that the elect exist)라고 하면서 '행동'(action)이 "제한적이고 상대적"인 반면, "편안하게 앉아서 지켜보는 자, 홀로 걷고 꿈꾸는 자"의 비전은 "무제한적이고 절대적"이라고 말한다.

17 drop-scene: 경치 등이 그려진 커튼. 그 당시에는 보통 경치나 정원 등이 그려져 있었다.

and cornucopias,[18] like a third-rate wedding-cake. The gallery and pit were fairly full, but the two rows of dingy stalls were quite empty, and there was hardly a person in what I suppose they called the dress-circle. Women went about with oranges and ginger-beer, and there was a terrible consumption of nuts going on.'

'It must have been just like the palmy[19] days of the British Drama.'

'Just like, I should fancy, and very depressing. I began to wonder what on earth I should do, when I caught sight of the play-bill. What do you think the play was, Harry?'

'I should think "The Idiot Boy, or Dumb but Innocent."[20] Our fathers used to like that sort of piece, I believe. The longer I live, Dorian, the more keenly I feel that whatever was good enough for our fathers is not good enough for us. In art, as in politics, *les grandpères ont toujours tort.*'[21]

'This play was good enough for us, Harry. It was "Romeo and Juliet." I must admit that I was rather annoyed at the idea of seeing Shakespeare done in such a wretched hole of a place. Still, I felt interested, in a sort of way. At any rate, I determined to wait for the first act. There was a dreadful orchestra, presided over by a young Hebrew who sat at a cracked piano, that nearly drove me away, but at last the drop-scene was drawn up, and the play began. Romeo was a stout elderly gentleman, with corked eyebrows, a husky tragedy voice, and a figure like a beer-barrel. Mercutio was almost as bad. He was played by the low-comedian, who had introduced gags of his own and was on most friendly terms with the pit.[22] They were both as grotesque as the scenery, and that looked as if it had come out of a country-booth. But Juliet! Harry, imagine a girl, hardly seventeen years of age, with a little flower-like face, a small Greek head

18 cornucopia: 그리스 신화에서 어린 Zeus 신에게 젖을 먹였다고 전해지는 염소의 뿔은 풍요의 뿔(horn of plenty)이라 하는데 그 모양을 본뜬 장식. 보통 뿔 속에 음식이 가득 담겨 있는 모양.

19 palmy: glorious, prosperous, or flourishing.

20 이 제목을 통해서 와일드는 19세기 중반에 인기의 정점에 달했고 1890년대에도 아직 중하층 관객에게 호소력이 있었던 시골풍의 멜로드라마에 대한 패러디를 하고 있다.

21 Grandfathers are always wrong. 매우 비 빅토리아적인 정서를 보이는 문장.

22 pit: 값싼 좌석의 관객들.

with plaited coils of dark-brown hair, eyes that were violet wells of passion, lips that were like the petals of a rose. She was the loveliest thing I had ever seen in my life.[23] You said to me once that pathos left you unmoved, but that beauty, mere beauty, could fill your eyes with tears. I tell you, Harry, I could hardly see this girl for the mist of tears that came across me. And her voice—I never heard such a voice. It was very low at first, with deep mellow notes, that seemed to fall singly upon one's ear. Then it became a little louder, and sounded like a flute or a distant hautbois.[24] In the garden-scene it had all the tremulous ecstasy that one hears just before dawn when nightingales are singing. There were moments, later on, when it had the wild passion of violins. You know how a voice can stir one. Your voice and the voice of Sibyl Vane are two things that I shall never forget. When I close my eyes, I hear them, and each of them says something different. I don't know which to follow. Why should I not love her? Harry, I do love her. She is everything to me in life. Night after night I go to see her play. One evening she is Rosalind, and the next evening she is Imogen.[25] I have seen her die in the gloom of an Italian tomb, sucking the poison from her lover's lips.[26] I have watched her wandering through the forest of Arden, disguised as a pretty boy in hose and doublet and dainty cap.[27] She has been mad, and has come into the presence of a guilty king, and given him rue to wear, and bitter herbs to taste of.[28] She has been innocent, and the black hands of jealousy have crushed her reed-like throat.[29] I have seen her in every age and in every costume. Ordinary women never

23 Sibyl Vane에 대한 도리언의 묘사는 와일드가 그의 미래 아내 Constance에 대해서 했던 묘사와 일치한다. 와일드는 친구였던 여배우 Lillie Langtry에게 1883년 12월에 다음과 같은 내용의 편지를 보냈다: " . . . a grave, slight, violet-eyed little Artemis, with great coils of heavy brown hair which make her flower-like head droop like a blossom. . . ."

24 hautbois: 오보에(oboe)에 대한 구식 이름. haut bois (high wood)에서 나온 말.

25 Imogen은 *Cymbeline*에서 Cymbeline의 딸. Rosalind는 *As You Like It*의 여주인공.

26 Juliet이 이렇게 죽는다.

27 Rosalind가 Arden의 숲을 걷는다.

28 *Hamlet*의 Ophelia 역. 오필리아가 꽃을 나누어주며 하는 대사 중에 "O, you must wear your rue with a difference"가 나온다. 여기서 rue는 노란색 꽃과 잎을 가진 식물로 약초로도 사용되었다. 후회, 연민, 비탄의 의미도 있다.

29 *Othello*의 Desdemona 역.

appeal to one's imagination. They are limited to their century. No glamour ever transfigures them. One knows their minds as easily as one knows their bonnets. One can always find them. There is no mystery in any of them. They ride in the Park in the morning, and chatter at tea-parties in the afternoon. They have their stereotyped smile, and their fashionable manner. They are quite obvious. But an actress! How different an actress is! Harry! why didn't you tell me that the only thing worth loving is an actress?'

'Because I have loved so many of them, Dorian.'

'Oh, yes, horrid people with dyed hair and painted faces.'

'Don't run down[30] dyed hair and painted faces. There is an extraordinary charm in them, sometimes,' said Lord Henry.

'I wish now I had not told you about Sibyl Vane.'

'You could not have helped[31] telling me, Dorian. All through your life you will tell me everything you do.'

'Yes, Harry, I believe that is true. I cannot help telling you things. You have a curious influence over me. If I ever did a crime, I would come and confess it to you. You would understand me.'

'People like you—the wilful sunbeams of life—don't commit crimes, Dorian.[32] But I am much obliged for the compliment, all the same. And now tell me—reach me the matches, like a good boy: thanks—what are your actual relations with Sibyl Vane?'

Dorian Gray leaped to his feet, with flushed cheeks and burning eyes. 'Harry! Sibyl Vane is sacred!'

'It is only the sacred things that are worth touching, Dorian,' said Lord Henry, with a strange touch of pathos in his voice. 'But why should you be annoyed? I suppose she will belong to you some day. When one is in love, one always begins by deceiving one's self, and one always ends by deceiving others. That is what the world calls a romance. You know her, at any rate, I suppose?'

30 run down: ~에 대해서 경멸하듯이 말하다. ~를 심하게 비판하다.

31 helped: avoided.

32 Dorian에 대한 헨리 경의 오판 중의 하나. 도리언에 대한 이 오판은 작품의 끝까지 지속된다. Dorian이 헨리 자신의 개인주의의 투사(projection)에 불과하다는 잘못된 믿음에서 기인한다.

'Of course I know her. On the first night I was at the theatre, the horrid old Jew came round to the box after the performance was over, and offered to take me behind the scenes and introduce me to her. I was furious with him, and told him that Juliet had been dead for hundreds of years, and that her body was lying in a marble tomb in Verona.[33] I think, from his blank look of amazement, that he was under the impression that I had taken too much champagne, or something.'

'I am not surprised.'

'Then he asked me if I wrote for any of the newspapers. I told him I never even read them. He seemed terribly disappointed at that, and confided to me that all the dramatic critics were in a conspiracy against him, and that they were every one of them to be bought.'

'I should not wonder if he was quite right there. But, on the other hand, judging from their appearance, most of them cannot be at all expensive.'

'Well, he seemed to think they were beyond his means,'[34] laughed Dorian. 'By this time, however, the lights were being put out in the theatre, and I had to go. He wanted me to try some cigars that he strongly recommended. I declined. The next night, of course, I arrived at the place again. When he saw me he made me a low bow, and assured me that I was a munificent[35] patron of art. He was a most offensive brute, though he had an extraordinary passion for Shakespeare. He told me once, with an air of pride, that his five bankruptcies were entirely due to "The Bard," as he insisted on calling him. He seemed to think it a distinction.'[36]

'It was a distinction, my dear Dorian—a great distinction. Most people become bankrupt through having invested too heavily in the prose of life. To have ruined one's self over poetry is an honour. But when did you first speak to Miss Sibyl Vane?'

33 Italy의 Verona에 가면 아직도 소위 "Juliet's tomb"을 볼 수 있다.
34 그에게는 너무 비싼. 연극비평가들을 매수하기에 너무 돈이 많이 든다는 뜻.
35 munificent: 아낌없이 주는, 손이 큰.
36 distinction: 그를 다른 사람들과 다르게 우월한 존재로 구별해 주는 특징.

'The third night. She had been playing Rosalind. I could not help going round. I had thrown her some flowers, and she had looked at me; at least I fancied that she had. The old Jew was persistent. He seemed determined to take me behind, so I consented. It was curious my not wanting to know her, wasn't it?'

'No; I don't think so.'

'My dear Harry, why?'

'I will tell you some other time. Now I want to know about the girl.'

'Sibyl? Oh, she was so shy, and so gentle. There is something of a child about her. Her eyes opened wide in exquisite wonder when I told her what I thought of her performance, and she seemed quite unconscious of her power. I think we were both rather nervous. The old Jew stood grinning at the doorway of the dusty greenroom,[37] making elaborate speeches about us both, while we stood looking at each other like children. He would insist on calling me "my Lord," so I had to assure Sibyl that I was not anything of that kind. She said quite simply to me, "You look more like a prince. I must call you Prince Charming."'

'Upon my word, Dorian, Miss Sibyl knows how to pay compliments.'

'You don't understand her, Harry. She regarded me merely as a person in a play. She knows nothing of life. She lives with her mother, a faded tired woman who played Lady Capulet[38] in a sort of magenta[39] dressing-wrapper on the first night, and looks as if she had seen better days.'

'I know that look. It depresses me,' murmured Lord Henry, examining his rings.

'The Jew wanted to tell me her history, but I said it did not interest me.'

'You were quite right. There is always something infinitely mean

37 green-room: 극장에서 배우들과 음악가들이 쉬거나 친구 등을 만날 수 있는 방.
38 *Romeo and Juliet*에서 Juliet의 어머니.
39 magenta: 자홍색의

about other people's tragedies.'

'Sibyl is the only thing I care about. What is it to me where she came from? From her little head to her little feet, she is absolutely and entirely divine. Every night of my life I go to see her act, and every night she is more marvellous.'

'That is the reason, I suppose, that you never dine with me now. I thought you must have some curious romance on hand. You have; but it is not quite what I expected.'

'My dear Harry, we either lunch or sup together every day, and I have been to the opera with you several times,' said Dorian, opening his blue eyes in wonder.

'You always come dreadfully late.'

'Well, I can't help going to see Sibyl play,' he cried, 'even if it is only for a single act. I get hungry for her presence; and when I think of the wonderful soul that is hidden away in that little ivory body, I am filled with awe.'

'You can dine with me to-night, Dorian, can't you?'

He shook his head. 'To-night she is Imogen,' he answered, 'and to-morrow night she will be Juliet.'

'When is she Sibyl Vane?'

'Never.'

'I congratulate you.'[40]

'How horrid you are! She is all the great heroines of the world in one. She is more than an individual. You laugh, but I tell you she has genius. I love her, and I must make her love me. You, who know all the secrets of life, tell me how to charm Sibyl Vane to love me! I want to make Romeo jealous. I want the dead lovers of the world to hear our laughter, and grow sad. I want a breath of our passion to stir their dust into consciousness, to wake their ashes into pain.

40 「예술가로서의 비평가」에서 길버트는 "삶에는 (아름다운) 형식이 심하게 부족하다"(Life is terribly deficient in form)고 하는데 이는 삶의 거칠고 누추함, 상스러움 등을 말하는 것이고, 이와 대조적으로 인간은 예술을 통해서만 완전성을 실현할 수 있고 삶의 위험으로부터 보호받을 수 있다고 주장한다. 시빌이 연극 속의 역할로서만 존재한다는 것은 삶의 영역에서 벗어나 예술의 영역 속에만 있다는 뜻이다. 도리언은 여성으로서의 시빌 보다는 그녀의 예술에 미적으로 매혹되었다고 볼 수 있다. 헨리는 이런 도리언을 장난삼아 축하한다고 조롱하고 있다.

My God, Harry, how I worship her!' He was walking up and down the room as he spoke. Hectic spots of red burned on his cheeks. He was terribly excited.

Lord Henry watched him with a subtle sense of pleasure. How different he was now from the shy, frightened boy he had met in Basil Hallward's studio! His nature had developed like a flower, had borne blossoms of scarlet flame. Out of its secret hiding-place had crept his Soul, and Desire had come to meet it on the way.

'And what do you propose to do?' said Lord Henry, at last.

'I want you and Basil to come with me some night and see her act. I have not the slightest fear of the result. You are certain to acknowledge her genius. Then we must get her out of the Jew's hands. She is bound to him for three years—at least for two years and eight months—from the present time. I shall have to pay him something, of course. When all that is settled, I shall take a West End theatre and bring her out[41] properly. She will make the world as mad as she has made me.'

'That would be impossible, my dear boy!'

'Yes, she will. She has not merely art, consummate art-instinct, in her, but she has personality also; and you have often told me that it is personalities, not principles, that move the age.'

'Well, what night shall we go?'

'Let me see. To-day is Tuesday. Let us fix to-morrow. She plays Juliet to-morrow.'

'All right. The Bristol[42] at eight o'clock; and I will get Basil.'

'Not eight, Harry, please. Half-past six. We must be there before the curtain rises. You must see her in the first act, where she meets Romeo.'

'Half-past six! What an hour! It will be like having a meat-tea,[43] or reading an English novel. It must be seven. No gentleman dines before seven. Shall you see Basil between this and then? Or shall

41 bring her out: 그녀를 세상에 내놓다. 세상에 소개하다.

42 The Bristol: Piccadilly에 있는 호화 호텔.

43 meat-tea: high tea. 오후 늦게 혹은 저녁 일찍 먹는 가벼운 식사. light supper와 비슷.

I write to him?'

'Dear Basil! I have not laid eyes on him for a week. It is rather horrid of me, as he has sent me my portrait in the most wonderful frame, specially designed by himself, and, though I am a little jealous of the picture for being a whole month younger than I am, I must admit that I delight in it. Perhaps you had better write to him. I don't want to see him alone. He says things that annoy me. He gives me good advice.'

Lord Henry smiled. 'People are very fond of giving away what they need most themselves. It is what I call the depth of generosity.'

'Oh, Basil is the best of fellows, but he seems to me to be just a bit of a Philistine.[44] Since I have known you, Harry, I have discovered that.'

'Basil, my dear boy, puts everything that is charming in him into his work. The consequence is that he has nothing left for life but his prejudices, his principles, and his common sense. The only artists I have ever known, who are personally delightful, are bad artists. Good artists exist simply in what they make, and consequently are perfectly uninteresting in what they are. A great poet, a really great poet, is the most unpoetical of all creatures.[45] But inferior poets are absolutely fascinating. The worse their rhymes are, the more picturesque they look. The mere fact of having published a book of second-rate sonnets makes a man quite irresistible. He lives the poetry that he cannot write. The others write the poetry that they dare not realize.'

'I wonder is that really so, Harry?' said Dorian Gray, putting some perfume on his handkerchief out of a large gold-topped bottle that stood on the table. 'It must be, if you say it. And now I am off. Imogen is waiting for me. Don't forget about to-morrow. Good-bye.'

As he left the room, Lord Henry's heavy eyelids drooped, and he began to think. Certainly few people had ever interested him so much as Dorian Gray, and yet the lad's mad adoration of some one

44 Philistine: uncultured person. 교양 없는 사람. 흔히 예술적, 문화적 가치에 무관심한 중산층 사람을 일컫는다.

45 John Keats가 1818년 10월 27일 Richard Woodhouse에게 보낸 편지 참조.

else caused him not the slightest pang of annoyance or jealousy.[46] He was pleased by it. It made him a more interesting study.[47] He had been always enthralled by the methods of natural science, but the ordinary subject-matter of that science had seemed to him trivial and of no import. And so he had begun by vivisecting himself, as he had ended by vivisecting others.[48] Human life—that appeared to him the one thing worth investigating. Compared to it there was nothing else of any value. It was true that as one watched life in its curious crucible of pain and pleasure, one could not wear over one's face a mask of glass, nor keep the sulphurous fumes from troubling the brain and making the imagination turbid with monstrous fancies and misshapen dreams.[49] There were poisons so subtle that to know their properties one had to sicken of them. There were maladies so strange that one had to pass through them if one sought to understand their nature.[50] And, yet, what a great reward one received! How wonderful the whole world became to one! To note the curious hard logic of passion, and the emotional coloured life of the intellect—to observe where they[51] met, and where they separated, at what point they were in unison, and at what point they were at discord—there was a delight in that! What matter what the cost was? One could never pay too high a price for any sensation.

He was conscious—and the thought brought a gleam of pleasure into his brown agate eyes—that it was through certain words of his,

---

46 바질과 달리 헨리는 도리언의 사랑에 대해 전혀 질투나 걱정 같은 감정적 반응을 보이지 않는다. 그것은 그가 인간사로부터 거리를 두고 구경꾼 혹은 관객(spectator)의 입장에서 바라보기 때문이다.

47 도리언은 헨리의 흥미로운 연구대상이 되었다.

48 헨리는 도리언의 과거를 조사하는 등 그를 해부하는 데에서 즐거움을 찾는다.

49 고통과 기쁨의 기묘한 용광로인 삶을 지켜볼 때 우리는 우리를 보호해 줄 가면을 쓸 수도 없고, 지옥 같은 독기가 생각을 어지럽게 하고 상상력을 끔찍한 환상과 흉한 꿈으로 혼란스럽게 하는 것을 막을 수도 없는 것이 사실이다. Crucible: 용광로. sulphurous fumes: 지옥 같은 연기. turbid: 혼란된, 어지러운. keep~ from . . . : ~을 …하지 못하도록 막다.

50 그 특성을 알면 역겨워질 정도로 너무 교묘하게 작용하는 독이 있었고, 그 본질을 알려면 경험을 해보아야 할 정도로 이상한 병폐들이 있었다. 그러나 헨리는 도리언이라는 관찰대상을 통해 지켜보기만 하면 되므로 얼마나 좋은가하고 생각하는 것이다. 그는 안전한 자리에서 간접경험을 한다. malady: 병, 병폐.

51 they는 감정(passion)과 지성(intellect)을 가리킨다. 인간의 삶에서 이 둘이 어떻게 만나고 헤어지며 어떤 시점에서 조화가 되는지 지켜보는 것이 즐겁다는 것.

musical words said with musical utterance, that Dorian Gray's soul had turned to this white girl[52] and bowed in worship before her. To a large extent the lad was his own creation.[53] He had made him premature. That was something. Ordinary people waited till life disclosed to them its secrets, but to the few, to the elect, the mysteries of life were revealed before the veil was drawn away. Sometimes this was the effect of art, and chiefly of the art of literature, which dealt immediately with the passions and the intellect. But now and then a complex personality took the place and assumed the office of art, was indeed, in its way, a real work of art, Life having its elaborate masterpieces, just as poetry has, or sculpture, or painting.[54]

Yes, the lad was premature. He was gathering his harvest while it was yet spring. The pulse and passion of youth were in him, but he was becoming self-conscious. It was delightful to watch him. With his beautiful face, and his beautiful soul, he was a thing to wonder at. It was no matter how it all ended, or was destined to end. He was like one of those gracious figures in a pageant or a play, whose joys seem to be remote from one, but whose sorrows stir one's sense of beauty, and whose wounds are like red roses.[55]

Soul and body, body and soul—how mysterious they were! There was animalism[56] in the soul, and the body had its moments of spirituality. The senses could refine, and the intellect could degrade. Who could say where the fleshly impulse ceased, or the psychical

52 같은 이름의 Whistler의 그림 참조. Swinburne이 이 그림에 토대를 두고 그의 시 "Before the Mirror"를 썼다.

53 his own creation: 그 자신의 영향력에 의해 만들어진 창조물.

54 이것은 와일드가 자주 옹호하는 미학론이지만, 도리언에 대한 헨리의 영향은 해로운 것이다. 왜냐하면 와일드의 철학에 따르면 헨리의 영향은 도리언의 자연적인 성장을 저해하기 때문이다. 헨리가 도리언의 삶의 방향/모습을 창조함으로써 예술가가 되겠다고 하는 꿈은 실패할 수밖에 없다. 와일드가 「예술가로서의 비평가」에서 쓰고 있듯이, "모든 종류의 행동은 [예술이 아닌] 윤리학의 영역에 속한다. 예술의 목적은 단순히 감정적 색조나 분위기(mood)를 창조하는 것이다". 예술은 도덕적 교훈을 주기 위해 존재하는 것도 아니고 행동에 영향을 미치기 위해서 존재하는 것도 아니라는 것이다. 그런데 예술을 옹호하는 헨리는 타인의 행동에 영향을 주고 있다.

55 도리언은 야외극이나 연극의 우아한 인물이고 헨리는 거리를 두고 지켜보는 관객이 되므로 그는 상처받지 않고 단지 미적 감각만 얻을 뿐이다. 그렇기 때문에 극중인물의 "상처는 붉은 장미와 같다".

56 animalism: 동물적 활동, 동물적 향락, 관능성.

impulse began? How shallow were the arbitrary definitions of ordinary psychologists! And yet how difficult to decide between the claims of the various schools! Was the soul a shadow seated in the house of sin? Or was the body really in the soul, as Giordano Bruno thought?[57] The separation of spirit from matter was a mystery, and the union of spirit with matter was a mystery also.

He began to wonder whether we could ever make psychology so absolute a science that each little spring of life would be revealed to us. As it was, we always misunderstood ourselves, and rarely understood others. Experience was of no ethical value. It was merely the name men gave to their mistakes. Moralists had, as a rule, regarded it as a mode of warning, had claimed for it a certain ethical efficacy in the formation of character, had praised it as something that taught us what to follow and showed us what to avoid. But there was no motive power in experience. It was as little of an active cause as conscience itself. All that it really demonstrated was that our future would be the same as our past, and that the sin we had done once, and with loathing, we would do many times, and with joy.

It was clear to him that the experimental method was the only method by which one could arrive at any scientific analysis of the passions; and certainly Dorian Gray was a subject made to his hand, and seemed to promise rich and fruitful results. His sudden mad love for Sibyl Vane was a psychological phenomenon of no small interest. There was no doubt that curiosity had much to do with it, curiosity and the desire for new experiences; yet it was not a simple but rather a very complex passion. What there was in it of the purely sensuous instinct of boyhood had been transformed by the workings of the imagination, changed into something that seemed to the lad himself to be remote from sense, and was for that very reason all the more dangerous. It was the passions about whose origin we deceived our-

57 as Giordano Bruno thought: 여기서 와일드는 페이터(Walter Pater)의 에세이 "Giordano Bruno"에 나온 아이디어를 반영하고 있다. 헨리는 이 에세이를 우호적으로 읽었고, 이탈리아 철학자였던 Bruno(1548-1600)를 글을 쓴 페이터 자신보다도 더 지지하는 것 같다. Bruno의 사상은 페이터와 조이스(James Joyce) 등에게 영향을 미쳤다.

selves that tyrannized most strongly over us. Our weakest motives were those of whose nature we were conscious. It often happened that when we thought we were experimenting on others we were really experimenting on ourselves.

While Lord Henry sat dreaming on these things, a knock came to the door, and his valet entered, and reminded him it was time to dress for dinner. He got up and looked out into the street. The sunset had smitten into scarlet gold the upper windows of the houses opposite. The panes glowed like plates of heated metal. The sky above was like a faded rose. He thought of his friend's young fiery-coloured life, and wondered how it was all going to end.

When he arrived home, about half-past twelve o'clock, he saw a telegram lying on the hall table. He opened it, and found it was from Dorian Gray. It was to tell him that he was engaged to be married to Sibyl Vane.

CHAPTER V

'MOTHER, mother, I am so happy!' whispered the girl, burying her face in the lap of the faded, tired-looking woman who, with back turned to the shrill intrusive light, was sitting in the one arm-chair that their dingy sitting-room contained. 'I am so happy!' she repeated, 'and you must be happy too!'

Mrs. Vane winced, and put her thin bismuth-whitened hands[1] on her daughter's head. 'Happy!' she echoed, 'I am only happy, Sibyl, when I see you act. You must not think of anything but your acting. Mr. Isaacs has been very good to us, and we owe him money.'

The girl looked up and pouted. 'Money, mother?' she cried, 'what does money matter? Love is more than money.'

'Mr. Isaacs has advanced us fifty pounds to pay off our debts, and to get a proper outfit for James. You must not forget that, Sibyl. Fifty pounds is a very large sum.[2] Mr. Isaacs has been most considerate.'

'He is not a gentleman, mother, and I hate the way he talks to me,' said the girl, rising to her feet, and going over to the window.

'I don't know how we could manage without him,' answered the elder woman, querulously.[3]

Sibyl Vane tossed her head and laughed. 'We don't want him any more, mother. Prince Charming[4] rules life for us now.' Then she paused. A rose shook in her blood, and shadowed her cheeks. Quick breath parted the petals of her lips. They trembled. Some southern wind of passion swept over her, and stirred the dainty folds of her dress. 'I love him,' she said, simply.

'Foolish child! foolish child!' was the parrot-phrase flung in

1 bismuth-whitened hands: 무대분장으로 하얗게 칠해진 손.

2 a very large sum: 50파운드는 2004년도 기준으로 3,500파운드, 미국 달러로는 6,000불 정도 된다.

3 querulously: 성마르게, 불평하듯이.

4 Prince Charming: 도리언은 시빌의 왕자가 되지만, 동화 속의 왕자의 역할을 뒤집은 셈이 되고 그것은 시빌의 운명도 마찬가지이다.

answer. The waving of crooked, false-jewelled fingers gave grotesqueness to the words.

The girl laughed again. The joy of a caged bird was in her voice. Her eyes caught the melody, and echoed it in radiance: then closed for a moment, as though to hide their secret. When they opened, the mist of a dream had passed across them.

Thin-lipped wisdom spoke at her from the worn chair, hinted at prudence, quoted from that book of cowardice whose author apes the name of common sense. She did not listen. She was free in her prison of passion. Her prince, Prince Charming, was with her. She had called on Memory to remake him. She had sent her soul to search for him, and it had brought him back. His kiss burned again upon her mouth. Her eyelids were warm with his breath.

Then Wisdom altered its method and spoke of espial[5] and discovery. This young man might be rich. If so, marriage should be thought of. Against the shell of her ear broke the waves of worldly cunning.[6] The arrows of craft shot by her. She saw the thin lips moving, and smiled.

Suddenly she felt the need to speak. The wordy silence troubled her. 'Mother, mother,' she cried, 'why does he love me so much? I know why I love him. I love him because he is like what Love himself should be. But what does he see in me? I am not worthy of him. And yet—why, I cannot tell—though I feel so much beneath him, I don't feel humble. I feel proud, terribly proud. Mother, did you love my father as I love Prince Charming?'

The elder woman grew pale beneath the coarse powder that daubed her cheeks, and her dry lips twitched with a spasm of pain. Sybil rushed to her, flung her arms round her neck, and kissed her. 'Forgive me, mother. I know it pains you to talk about our father. But it only pains you because you loved him so much. Don't look so sad. I am

5 espial: spying or detecting. 발견.

6 그녀의 귀(외이[外耳])에 세속적인 잔꾀의 파도가 밀려와서 부서졌다. 어머니의 말은 밀려와서 부서지는 파도에 불과했다. 도치된 문장. 다음 문장도 동일한 의미 잔꾀(craft)의 화살이 그녀를 맞히지 못하고 지나쳤다.

as happy to-day as you were twenty years ago. Ah! let me be happy for ever!'

'My child, you are far too young to think of falling in love. Besides, what do you know of this young man? You don't even know his name. The whole thing is most inconvenient, and really, when James is going away to Australia,[7] and I have so much to think of, I must say that you should have shown more consideration. However, as I said before, if he is rich . . .'

'Ah! mother, mother, let me be happy!'

Mrs. Vane glanced at her, and with one of those false theatrical gestures that so often become a mode of second nature to a stage-player, clasped her in her arms. At this moment the door opened, and a young lad with rough brown hair came into the room. He was thick-set of figure, and his hands and feet were large, and somewhat clumsy in movement. He was not so finely bred as his sister. One would hardly have guessed the close relationship that existed between them. Mrs. Vane fixed her eyes on him, and intensified her smile. She mentally elevated her son to the dignity of an audience. She felt sure that the *tableau*[8] was interesting.

'You might keep some of your kisses for me, Sibyl, I think,' said the lad, with a good-natured grumble.

'Ah! but you don't like being kissed, Jim,' she cried. 'You are a dreadful old bear.' And she ran across the room and hugged him.

James Vane looked into his sister's face with tenderness. 'I want you to come out with me for a walk, Sibyl. I don't suppose I shall ever see this horrid London again. I am sure I don't want to.'

'My son, don't say such dreadful things,' murmured Mrs. Vane, taking up a tawdry theatrical dress, with a sigh, and beginning to patch it. She felt a little disappointed that he had not joined the group. It

---

7 Australia: 호주는 1788년부터 1800년대까지 영국의 유형지 혹은 유배지로 지정되어 있었으나 일확천금을 노리는 사람들이나 저소득층 영국인들에게 인기 있는 곳이었다. 1823년에 금이 발견되어 골드 러시(gold rush)가 일어났으며 식민지행 무료 배표는 어렵지 않게 구할 수 있었다.

8 *tableau*: 어떤 광경(장면)을 배우가 정지된 자세로 보여주는 것으로 그 당시의 연극 팬들에게 인기가 있었다.

would have increased the theatrical picturesqueness of the situation.

'Why not, mother? I mean it.'

'You pain me, my son. I trust you will return from Australia in a position of affluence. I believe there is no society of any kind in the Colonies, nothing that I would call society; so when you have made your fortune you must come back and assert yourself in London.'

'Society!' muttered the lad. 'I don't want to know anything about that. I should like to make some money to take you and Sibyl off the stage. I hate it.'

'Oh, Jim!' said Sibyl, laughing, 'how unkind of you! But are you really going for a walk with me? That will be nice! I was afraid you were going to say good-bye to some of your friends—to Tom Hardy, who gave you that hideous pipe, or Ned Langton, who makes fun of you for smoking it. It is very sweet of you to let me have your last afternoon. Where shall we go? Let us go to the Park.'[9]

'I am too shabby,' he answered, frowning. 'Only swell[10] people go to the Park.'

'Nonsense, Jim,' she whispered, stroking the sleeve of his coat.

He hesitated for a moment. 'Very well,' he said at last, 'but don't be too long dressing.' She danced out of the door. One could hear her singing as she ran upstairs. Her little feet pattered overhead.

He walked up and down the room two or three times. Then he turned to the still figure in the chair. 'Mother, are my things ready?' he asked.

'Quite ready, James,' she answered, keeping her eyes on her work. For some months past she had felt ill at ease when she was alone with this rough, stern son of hers. Her shallow secret nature was troubled when their eyes met. She used to wonder if he suspected anything. The silence, for he made no other observation, became intolerable to her. She began to complain. Women defend themselves by attacking, just as they attack by sudden and strange surrenders. 'I hope you will

9 Park: Hyde Park.
10 swell: fashionable and wealthy. 유행하는 멋진 옷을 입고 부유한.

be contented, James, with your sea-faring life,' she said. 'You must remember that it is your own choice. You might have entered a solicitor's office. Solicitors[11] are a very respectable class, and in the country often dine with the best families.'

'I hate offices, and I hate clerks,' he replied. 'But you are quite right. I have chosen my own life. All I say is, watch over Sibyl. Don't let her come to any harm. Mother, you must watch over her.'

'James, you really talk very strangely. Of course I watch over Sibyl.'

'I hear a gentleman comes every night to the theatre, and goes behind to talk to her. Is that right? What about that?'

'You are speaking about things you don't understand, James. In the profession we are accustomed to receive a great deal of most gratifying attention. I myself used to receive many bouquets at one time. That was when acting was really understood. As for Sibyl, I do not know at present whether her attachment is serious or not. But there is no doubt that the young man in question is a perfect gentleman. He is always most polite to me. Besides, he has the appearance of being rich, and the flowers he sends are lovely.'

'You don't know his name, though,' said the lad, harshly.

'No,' answered his mother, with a placid expression in her face. 'He has not yet revealed his real name. I think it is quite romantic of him. He is probably a member of the aristocracy.'

James Vane bit his lip. 'Watch over Sibyl, mother,' he cried, 'watch over her.'

'My son, you distress me very much. Sibyl is always under my special care. Of course, if this gentleman is wealthy, there is no reason why she should not contract an alliance with him. I trust he is one of the aristocracy. He has all the appearance of it, I must say. It might be a most brilliant marriage for Sibyl. They would make a charming couple. His good looks are really quite remarkable; everybody notices

11 Solicitors: 보통 법정 변호사(barrister)에게 지시를 하는 사무 변호사들로 의사나 치과의사와 달리 사회적으로 후한 대접을 받는 계층이었다.

them.'

The lad muttered something to himself, and drummed on the window-pane with his coarse fingers. He had just turned round to say something, when the door opened, and Sibyl ran in.

'How serious you both are!' she cried. 'What is the matter?'

'Nothing,' he answered. 'I suppose one must be serious sometimes. Good-bye, mother; I will have my dinner at five o'clock. Everything is packed, except my shirts, so you need not trouble.'

'Good-bye, my son,' she answered, with a bow of strained stateliness.

She was extremely annoyed at the tone he had adopted with her, and there was something in his look that had made her feel afraid.

'Kiss me, mother,' said the girl. Her flower-like lips touched the withered cheek, and warmed its frost.

'My child! my child!' cried Mrs. Vane, looking up to the ceiling in search of an imaginary gallery.

'Come, Sibyl,' said her brother, impatiently. He hated his mother's affectations.

They went out into the flickering wind-blown sunlight, and strolled down the dreary Euston Road.[12] The passers-by glanced in wonder at the sullen, heavy youth, who, in coarse, ill-fitting clothes, was in the company of such a graceful, refined-looking girl. He was like a common gardener walking with a rose.

Jim frowned from time to time when he caught the inquisitive glance of some stranger. He had that dislike of being stared at which comes on geniuses late in life, and never leaves the commonplace. Sibyl, however, was quite unconscious of the effect she was producing. Her love was trembling in laughter on her lips. She was thinking of Prince Charming, and, that she might think of him all the more, she did not talk of him, but prattled on about the ship in which Jim was going to sail, about the gold he was certain to find, about the wonderful

12 이 거리에 있는 3개의 철로역으로 인해 이 지역에는 값싼 여인숙, 전당포, 중고물품 가게, 매음굴, 싸구려 극장 등이 많다.

heiress whose life he was to save from the wicked, red-shirted bushrangers.[13] For he was not to remain a sailor, or a super-cargo,[14] or whatever he was going to be. Oh, no! A sailor's existence was dreadful. Fancy being cooped up in a horrid ship, with the hoarse, hump-backed waves trying to get in, and a black wind blowing the masts down, and tearing the sails into long screaming ribands![15] He was to leave the vessel at Melbourne, bid a polite goodbye to the captain, and go off at once to the gold-fields. Before a week was over he was to come across a large nugget of pure gold, the largest nugget that had ever been discovered, and bring it down to the coast in a waggon guarded by six mounted policemen. The bush-rangers were to attack them three times, and be defeated with immense slaughter. Or no. He was not to go to the gold-fields at all. They were horrid places, where men got intoxicated, and shot each other in bar-rooms, and used bad language. He was to be a nice sheep-farmer, and one evening, as he was riding home, he was to see the beautiful heiress being carried off by a robber on a black horse, and give chase, and rescue her. Of course she would fall in love with him, and he with her, and they would get married, and come home, and live in an immense house in London. Yes, there were delightful things in store for him. But he must be very good, and not lose his temper, or spend his money foolishly. She was only a year older than he was, but she knew so much more of life. He must be sure, also, to write to her by every mail, and to say his prayers each night before he went to sleep. God was very good, and would watch over him. She would pray for him too, and in a few years he would come back quite rich and happy.

The lad listened sulkily to her, and made no answer. He was heart-sick at leaving home.

Yet it was not this alone that made him gloomy and morose. Inexperienced though he was, he had still a strong sense of the danger

13 bushrangers: 호주의 숲속에서 강도짓을 하며 살아가는 탈출한 기결수를 가리키는 방언.
14 super-cargo: 화물 관리인.
15 riband: 장식 리본.

of Sibyl's position. This young dandy who was making love to her could mean her no good. He was a gentleman, and he hated him for that, hated him through some curious race-instinct for which he could not account, and which for that reason was all the more dominant within him. He was conscious also of the shallowness and vanity of his mother's nature, and in that saw infinite peril for Sibyl and Sibyl's happiness. Children begin by loving their parents; as they grow older they judge them; sometimes they forgive them.

His mother! He had something on his mind to ask of her, something that he had brooded on for many months of silence. A chance phrase that he had heard at the theatre, a whispered sneer that had reached his ears one night as he waited at the stage-door, had set loose a train of horrible thoughts. He remembered it as if it had been the lash of a hunting-crop across his face. His brows knit together into a wedge-like furrow, and with a twitch of pain he bit his underlip.

'You are not listening to a word I am saying, Jim,' cried Sibyl, 'and I am making the most delightful plans for your future. Do say something.'

'What do you want me to say?'

'Oh! that you will be a good boy, and not forget us,' she answered, smiling at him.

He shrugged his shoulders. 'You are more likely to forget me, than I am to forget you, Sibyl.'

She flushed. 'What do you mean, Jim?' she asked.

'You have a new friend, I hear. Who is he? Why have you not told me about him? He means you no good.'

'Stop, Jim!' she exclaimed. 'You must not say anything against him. I love him.'

'Why, you don't even know his name,' answered the lad. 'Who is he? I have a right to know.'

'He is called Prince Charming. Don't you like the name. Oh! you silly boy! you should never forget it. If you only saw him, you would think him the most wonderful person in the world. Some day you will meet him: when you come back from Australia. You will like him so much. Everybody likes him, and I . . . love him. I wish you could come to the theatre to-night. He is going to be there, and I am to play Juliet. Oh! how I shall play it! Fancy, Jim, to be in love and play Juliet! To have him sitting there! To play for his delight! I am afraid I may frighten the company, frighten or enthrall them. To be in love is to surpass one's self. Poor dreadful Mr. Isaacs will be shouting "genius" to his loafers at the bar. He has preached me as a dogma; tonight he will announce me as a revelation. I feel it. And it is all his, his only, Prince Charming, my wonderful lover, my god of graces. But I am poor beside him. Poor? What does that matter? When poverty creeps in at the door, love flies in through the window. Our proverbs want re-writing. They were made in winter, and it is summer now; spring-time for me, I think, a very dance of blossoms in blue skies.'

'He is a gentleman,' said the lad, sullenly.

'A Prince!' she cried, musically. 'What more do you want?'

'He wants to enslave you.'

'I shudder at the thought of being free.'

'I want you to beware of him.'

'To see him is to worship him, to know him is to trust him.'

'Sibyl, you are mad about him.'

She laughed, and took his arm. 'You dear old Jim, you talk as if you were a hundred. Some day you will be in love yourself. Then you will know what it is. Don't look so sulky. Surely you should be glad to think that, though you are going away, you leave me happier than I have ever been before. Life has been hard for us both, terribly hard and difficult. But it will be different now. You are going to a new world, and I have found one. Here are two chairs; let us sit down and see the smart people go by.'

They took their seats amidst a crowd of watchers. The tulip-beds across the road flamed like throbbing rings of fire. A white dust, tremulous cloud of orris-root[16] it seemed, hung in the panting air.

16 orris-root: 오리스의 뿌리. 제비꽃의 향기를 내기 때문에 향료로 사용되었다.

The brightly-coloured parasols danced and dipped like monstrous butterflies.

She made her brother talk of himself, his hopes, his prospects. He spoke slowly and with effort. They passed words to each other as players at a game pass counters. Sibyl felt oppressed. She could not communicate her joy. A faint smile curving that sullen mouth was all the echo she could win. After some time she became silent. Suddenly she caught a glimpse of golden hair and laughing lips, and in an open carriage with two ladies Dorian Gray drove past.

She started to her feet. 'There he is!' she cried.

'Who?' said Jim Vane.

'Prince Charming,' she answered, looking after the victoria.[17]

He jumped up, and seized her roughly by the arm, 'Show him to me. Which is he? Point him out. I must see him!' he exclaimed; but at that moment the Duke of Berwick's four-in-hand[18] came between, and when it had left the space clear, the carriage had swept out of the Park.

'He is gone,' murmured Sibyl, sadly. 'I wish you had seen him.'

'I wish I had, for as sure as there is a God in heaven, if he ever does you any wrong, I shall kill him.'

She looked at him in horror. He repeated his words. They cut the air like a dagger. The people round began to gape. A lady standing close to her tittered.[19]

'Come away, Jim; come away,' she whispered. He followed her doggedly, as she passed through the crowd. He felt glad at what he had said.

Whey they reached the Achilles Statue[20] she turned round. There was pity in her eyes that became laughter on her lips. She shook her head at him. 'You are foolish, Jim, utterly foolish; a bad-tempered

17 victoria: 2인승 사륜마차.
18 four-in-hand: 네 필의 말이 끄는 1인승 마차.
19 tittered: 킥킥 웃다. 소리죽여 웃다.
20 Achilles Statue: Sir Richard Westmacott가 1822년에 Duke of Wellington의 승리를 기념하기 위해 만든 거대한 동상으로 하이드 공원(Hyde Park)의 남동쪽에 위치해 있다.

boy, that is all. How can you say such horrible things? You don't know what you are talking about. You are simply jealous and unkind. Ah! I wish you would fall in love. Love makes people good, and what you said was wicked.'

'I am sixteen,' he answered, 'and I know what I am about. Mother is no help to you. She doesn't understand how to look after you. I wish now that I was not going to Australia at all. I have a great mind to chuck the whole thing up.[21] I would, if my articles[22] hadn't been signed.'

'Oh, don't be so serious, Jim. You are like one of the heroes of those silly melodramas mother used to be so fond of acting in. I am not going to quarrel with you. I have seen him, and oh! to see him is perfect happiness. We won't quarrel. I know you would never harm any one I love, would you?'

'Not as long as you love him, I suppose,' was the sullen answer.

'I shall love him for ever!' she cried.

'And he?'

'For ever, too!'

'He had better.'

She shrank from him. Then she laughed and put her hand on his arm. He was merely a boy.

At the Marble Arch[23] they hailed an omnibus,[24] which left them close to their shabby home in the Euston Road. It was after five o'clock, and Sibyl had to lie down for a couple of hours before acting. Jim insisted that she should do so. He said that he would sooner part with her when their mother was not present. She would be sure to make a scene, and he detested scenes of every kind.

In Sybil's own room they parted. There was jealousy in the lad's heart, and a fierce, murderous hatred of the stranger who, as it seemed to him, had come between them. Yet, when her arms were flung round

---

21 chuck up: 내던지다. 단념하다. throw away.

22 articles: 배에서 일하겠다는 고용계약서

23 Marble Arch: 하이드 공원의 북동쪽 모퉁이에 있는 기념물.

24 omnibus: 정해진 경로를 따라 운행하며 요금을 받고 승객을 태우고 내려주는 대형 마차 버스.

his neck, and her fingers strayed through his hair, he softened, and kissed her with real affection. There were tears in his eyes as he went downstairs.

His mother was waiting for him below. She grumbled at his unpunctuality, as he entered. He made no answer, but sat down to his meagre meal. The flies buzzed round the table, and crawled over the stained cloth. Through the rumble of omnibuses, and the clatter of street-cabs, he could hear the droning voice devouring each minute that was left to him.[25]

After some time, he thrust away his plate, and put his head in his hands. He felt that he had a right to know. It should have been told to him before, if it was as he suspected. Leaden with fear, his mother watched him. Words dropped mechanically from her lips. A tattered lace handkerchief twitched in her fingers. When the clock struck six, he got up, and went to the door. Then he turned back, and looked at her. Their eyes met. In hers he saw a wild appeal for mercy. It enraged him.

'Mother, I have something to ask you,' he said. Her eyes wandered vaguely about the room. She made no answer. 'Tell me the truth. I have a right to know. Were you married to my father?'

She heaved a deep sigh. It was a sigh of relief. The terrible moment, the moment that night and day, for weeks and months, she had dreaded, had come at last, and yet she felt no terror. Indeed in some measure it was a disappointment to her. The vulgar directness of the question called for a direct answer. The situation had not been gradually led up to. It was crude. It reminded her of a bad rehearsal.

'No,' she answered, wondering at the harsh simplicity of life.

'My father was a scoundrel then!' cried the lad, clenching his fists.

She shook her head. 'I knew he was not free. We loved each other very much. If he had lived, he would have made provision for us. Don't speak against him, my son. He was your father, and a gentleman. Indeed he was highly connected.'

25 그에게 남겨진 짧은 시간을 삼켜버리는 어머니의 단조로운 목소리.

An oath broke from his lips. 'I don't care for myself,' he exclaimed, 'but don't let Sibyl . . . It is a gentleman, isn't it, who is in love with her, or says he is? Highly connected, too, I suppose.'

For a moment a hideous sense of humiliation came over the woman. Her head drooped. She wiped her eyes with shaking hands. 'Sibyl has a mother,' she murmured; 'I had none.'

The lad was touched. He went towards her, and stooping down he kissed her. 'I am sorry if I have pained you by asking about my father,' he said, 'but I could not help it. I must go now. Good-bye. Don't forget that you will have only one child now to look after, and believe me that if this man wrongs my sister, I will find out who he is, track him down, and kill him like a dog. I swear it.'

The exaggerated folly of the threat, the passionate gesture that accompanied it, the mad melodramatic words, made life seem more vivid to her. She was familiar with the atmosphere. She breathed more freely, and for the first time for many months she really admired her son. She would have liked to have continued the scene on the same emotional scale, but he cut her short. Trunks had to be carried down, and mufflers looked for. The lodging-house drudge bustled in and out. There was the bargaining with the cabman. The moment was lost in vulgar details. It was with a renewed feeling of disappointment that she waved the tattered lace handkerchief from the window, as her son drove away. She was conscious that a great opportunity had been wasted. She consoled herself by telling Sibyl how desolate she felt her life would be, now that she had only one child to look after. She remembered the phrase. It had pleased her. Of the threat she said nothing. It was vividly and dramatically expressed. She felt that they would all laugh at it some day.

CHAPTER VI

'I SUPPOSE you have heard the news, Basil?' said Lord Henry that evening, as Hallward was shown into a little private room at the Bristol where dinner had been laid for three.

'No, Harry,' answered the artist, giving his hat and coat to the bowing waiter. 'What is it? Nothing about politics, I hope? They don't interest me. There is hardly a single person in the House of Commons[1] worth painting; though many of them would be the better for a little whitewashing.'

'Dorian Gray is engaged to be married,' said Lord Henry, watching him as he spoke.

Hallward started, and then frowned. 'Dorian engaged to be married!' he cried. 'Impossible!'

'It is perfectly true.'

'To whom?'

'To some little actress or other.'

'I can't believe it. Dorian is far too sensible.'

'Dorian is far too wise not to do foolish things now and then, my dear Basil.'

'Marriage is hardly a thing that one can do now and then, Harry.'

'Except in America,' rejoined Lord Henry, languidly. 'But I didn't say he was married. I said he was engaged to be married. There is a great difference. I have a distinct remembrance of being married, but I have no recollection at all of being engaged. I am inclined to think that I never was engaged.'

'But think of Dorian's birth, and position, and wealth. It would be absurd for him to marry so much beneath him.'[2]

'If you want to make him marry this girl tell him that, Basil. He is sure to do it, then. Whenever a man does a thoroughly stupid thing,

1 House of Commons: 영국의 하원. 상원(House of Lords)과 달리 선출된 의원들로 이루어져 있다.
2 바질은 도리언이 신분에 맞는 여자와 결혼해야 한다는 말을 함으로써 그 당시 중산층의 관습을 따르고 있음을 보여준다.

it is always from the noblest motives.'

'I hope the girl is good, Harry. I don't want to see Dorian tied to some vile creature, who might degrade his nature and ruin his intellect.'

'Oh, she is better than good—she is beautiful,' murmured Lord Henry, sipping a glass of vermouth and orange-bitters.[3] 'Dorian says she is beautiful; and he is not often wrong about things of that kind. Your portrait of him has quickened his appreciation of the personal appearance of other people. It has had that excellent effect, amongst others. We are to see her to-night, if that boy doesn't forget his appointment.'

'Are you serious?'

'Quite serious, Basil. I should be miserable if I thought I should ever be more serious than I am at the present moment.'

'But do you approve of it, Harry?' asked the painter, walking up and down the room, and biting his lip. 'You can't approve of it, possibly. It is some silly infatuation.'

'I never approve, or disapprove, of anything now. It is an absurd attitude to take towards life. We are not sent into the world to air[4] our moral prejudices. I never take any notice of what common people say, and I never interfere with what charming people do. If a personality fascinates me, whatever mode of expression that personality selects is absolutely delightful to me. Dorian Gray falls in love with a beautiful girl who acts Juliet, and proposes to marry her. Why not? If he wedded Messalina[5] he would be none the less interesting. You know I am not a champion of marriage. The real drawback to marriage is that it makes one unselfish.[6] And unselfish people are colourless. They lack individuality. Still, there are certain temperaments that marriage makes more complex. They retain their egotism, and add to it

3 vermouth: 약초·강장제로 맛을 낸 흰 포도주. orange-bitters: 오렌지 껍질 등으로 만들어진 알코올음료.

4 air: 공적으로 발표하다. make known publicly. display.

5 Messalina: 로마 황제인 Claudius의 아내. AD 48년에 처형됨. 호색(lasciviousness)과 음란(incontinency)의 대명사.

6 와일드는 그의 에세이에서 "자기중심적인" 태도를 예술가가 지녀야 할 태도인 것으로 설명한다.

many other egos. They are forced to have more than one life. They become more highly organized, and to be highly organized is, I should fancy, the object of man's existence. Besides, every experience is of value, and, whatever one may say against marriage, it is certainly an experience. I hope that Dorian Gray will make this girl his wife, passionately adore her for six months, and then suddenly become fascinated by some one else. He would be a wonderful study.'

'You don't mean a single word of all that, Harry; you know you don't. If Dorian Gray's life were spoiled, no one would be sorrier than yourself. You are much better than you pretend to be.'

Lord Henry laughed. 'The reason we all like to think so well of others is that we are all afraid for ourselves. The basis of optimism is sheer terror. We think that we are generous because we credit our neighbour with the possession of those virtues that are likely to be a benefit to us. We praise the banker that we may overdraw our account, and find good qualities in the highwayman in the hope that he may spare our pockets. I mean everything that I have said. I have the greatest contempt for optimism. As for a spoiled life, no life is spoiled but one whose growth is arrested.[7] If you want to mar a nature, you have merely to reform it. As for marriage, of course that would be silly, but there are other and more interesting bonds between men and women. I will certainly encourage them. They have the charm of being fashionable. But here is Dorian himself. He will tell you more than I can.'

'My dear Harry, my dear Basil, you must both congratulate me!' said the lad, throwing off his evening cape with its satin-lined wings, and shaking each of his friends by the hand in turn. 'I have never been so happy. Of course it is sudden: all really delightful things are. And yet it seems to me to be the one thing I have been looking for all my life.' He was flushed with excitement and pleasure, and looked extraordinarily handsome.

'I hope you will always be very happy, Dorian,' said Hallward,

7 성장이 멈춘 경우를 제외하고는 망친 인생이란 없다.

'but I don't quite forgive you for not having let me know of your engagement. You let Harry know.'

'And I don't forgive you for being late for dinner,' broke in Lord Henry, putting his hand on the lad's shoulder, and smiling as he spoke. 'Come, let us sit down and try what the new chef here is like, and then you will tell us how it all came about.'

'There is really not much to tell,' cried Dorian, as they took their seats at the small round table. 'What happened was simply this. After I left you yesterday evening, Harry, I dressed, had some dinner at that little Italian restaurant in Rupert Street, you introduced me to, and went down at eight o'clock to the theatre. Sibyl was playing Rosalind. Of course the scenery was dreadful, and the Orlando absurd. But Sibyl! You should have seen her! When she came on in her boy's clothes she was perfectly wonderful. She wore a mosscoloured velvet jerkin[8] with cinnamon sleeves, slim brown cross-gartered hose, a dainty little green cap with a hawk's feather caught in a jewel, and a hooded cloak lined with dull red. She had never seemed to me more exquisite. She had all the delicate grace of that Tanagra figurine[9] that you have in your studio, Basil. Her hair clustered round her face like dark leaves round a pale rose. As for her acting—well, you shall see her to-night. She is simply a born artist. I sat in the dingy box absolutely enthralled. I forgot that I was in London and in the nineteenth century. I was away with my love in a forest that no man had ever seen. After the performance was over I went behind, and spoke to her. As we were sitting together, suddenly there came into her eyes a look that I had never seen there before. My lips moved towards hers. We kissed each other. I can't describe to you what I felt at that moment. It seemed to me that all my life had been narrowed to one perfect point of rose-coloured joy. She trembled all over, and shook like a white narcissus. Then she flung herself on her knees and kissed my hands. I feel that I should not tell you all this, but

8 jerkin: vest. 조끼. 셰익스피어 극에서 젊은 여자들이 대부분 젊은 남자들로 변장한다.

9 Tanagra figurine: 테라코타(terracotta)로 만들어진 매우 섬세한 고대 그리스의 작은 조상(彫像)으로 붉은색 진흙으로 빚어진다.

I can't help it. Of course our engagement is a dead secret.[10] She has not even told her own mother. I don't know what my guardians will say. Lord Radley is sure to be furious. I don't care. I shall be of age in less than a year, and then I can do what I like. I have been right, Basil, haven't I, to take my love out of poetry, and to find my wife in Shakespeare's plays? Lips that Shakespeare taught to speak have whispered their secret in my ear. I have had the arms of Rosalind around me, and kissed Juliet on the mouth.'

'Yes, Dorian, I suppose you were right,' said Hallward, slowly.

'Have you seen her to-day?' asked Lord Henry.

Dorian Gray shook his head. 'I left her in the forest of Arden, I shall find her in an orchard in Verona.'[11]

Lord Henry sipped his champagne in a meditative manner. 'At what particular point did you mention the word marriage, Dorian? And what did she say in answer? Perhaps you forgot all about it.'

'My dear Harry, I did not treat it as a business transaction, and I did not make any formal proposal. I told her that I loved her, and she said she was not worthy to be my wife. Not worthy! Why, the whole world is nothing to me compared with her.'

'Women are wonderfully practical,' murmured Lord Henry,—'much more practical than we are. In situations of that kind, we often forget to say anything about marriage, and they always remind us.'

Hallward laid his hand upon his arm. 'Don't Harry. You have annoyed Dorian. He is not like other men. He would never bring misery upon any one. His nature is too fine for that.'

Lord Henry looked across the table. 'Dorian is never annoyed with me,' he answered. 'I asked the question for the best reason possible, for the only reason, indeed, that excuses one for asking any question—simple curiosity. I have a theory that it is always the women who propose to us, and not we who propose to the women. Except, of course, in middle-class life. But then the middle classes are not

10 dead secret: 절대 비밀. dead: absolute.

11 다시 말해서 시빌은 전날 밤 작품 *As You Like It*에서 연기했고 오늘 밤에는 작품 *Romio and Juliet*에서 연기할 것이다.

modern.'

Dorian Gray laughed, and tossed his head. 'You are quite incorrigible, Harry; but I don't mind. It is impossible to be angry with you. When you see Sibyl Vane you will feel that the man who could wrong her would be a beast, a beast without a heart. I cannot understand how any one can wish to shame the thing he loves. I love Sibyl Vane. I want to place her on a pedestal of gold, and to see the world worship the woman who is mine. What is marriage? An irrevocable vow. You mock at it for that. Ah! don't mock. It is an irrevocable vow that I want to take. Her trust makes me faithful, her belief makes me good. When I am with her, I regret all that you have taught me. I become different from what you have known me to be. I am changed, and the mere touch of Sibyl Vane's hand makes me forget you and all your wrong, fascinating, poisonous, delightful theories.'[12]

'And those are . . .?' asked Lord Henry, helping himself to some salad.

'Oh, your theories about life, your theories about love, your theories about pleasure. All your theories, in fact, Harry.'

'Pleasure is the only thing worth having a theory about;' he answered, in his slow, melodious voice. 'But I am afraid I cannot claim my theory as my own. It belongs to Nature, not to me. Pleasure is Nature's test, her sign of approval. When we are happy we are always good, but when we are good we are not always happy.'

'Ah, but what do you mean by good?' cried Basil Hallward.

'Yes,' echoed Dorian, leaning back in his chair, and looking at Lord Henry over the heavy clusters of purple-lipped irises that stood in the centre of the table, 'what do you mean by good, Harry?'

'To be good is to be in harmony with one's self,' he replied, touching the thin stem of his glass with his pale, fine-pointed fingers. 'Discord is to be forced to be in harmony with others. One's own life—that is the important thing. As for the lives of one's neighbours,

12 시빌 베인은 바질과 마찬가지로 도리언에게 도덕적 영향을 미친다. 그녀의 영향이 강해지면 반대편에 있는 헨리의 영향력이 약해진다.

if one wishes to be a prig[13] or a Puritan, one can flaunt one's moral views about them, but they are not one's concern. Besides, Individualism has really the higher aim.[14] Modern morality consists in accepting the standard of one's age. I consider that for any man of culture to accept the standard of his age is a form of the grossest immorality.'

'But, surely, if one lives merely for one's self, Harry, one pays a terrible price for doing so?' suggested the painter.[15]

'Yes, we are overcharged[16] for everything nowadays. I should fancy that the real tragedy of the poor is that they can afford nothing but self-denial.[17] Beautiful sins, like beautiful things, are the privilege of the rich.'

'One has to pay in other ways but money.'

'What sort of ways, Basil?'

'Oh! I should fancy in remorse, in suffering, in . . . well, in the consciousness of degradation.'

Lord Henry shrugged his shoulders. 'My dear fellow, mediæval art is charming, but mediæval emotions are out of date. One can use them in fiction, of course. But then the only things that one can use in fiction are the things that one has ceased to use in fact. Believe me, no civilized man ever regrets a pleasure, and no uncivilized man ever knows what a pleasure is.'

'I know what pleasure is,' cried Dorian Gray. 'It is to adore some one.'

'That is certainly better than being adored,' he answered, toying with some fruits. 'Being adored is a nuisance. Women treat us just as Humanity treats its gods. They worship us, and are always bothering us to do something for them.'

---

13 prig: 따분하게 할 정도로 도덕 예절 등에 융통성이 없는 사람. 학자 혹은 도덕가인 체 하는 사람.

14 헨리는 청교도주의를 비판하며 개인주의를 지지한다. 그렇기 때문에 다른 사람들에 대한 관심보다 자기 개발에 관심을 가질 것을 권고한다.

15 바질은 죄를 지으면 벌을 받는다는 도덕관을 지니고 있다.

16 overcharge: 부당하게 너무 많은 값을 지불하게 한다. 앞에 "pay a terrible price"라는 표현이 나왔기 때문에 사용된 단어.

17 청교도주의에 반대하는 헨리의 입장에서 자기부정(self-denial)이나 절제처럼 개인주의에 반대되는 요소는 비극적인 것이다.

'I should have said that whatever they ask for they had first given to us,' murmured the lad, gravely. 'They create Love in our natures. They have a right to demand it back.'

'That is quite true, Dorian,' cried Hallward.

'Nothing is ever quite true,' said Lord Henry.

'This is,' interrupted Dorian. 'You must admit, Harry, that women give to men the very gold of their lives.'

'Possibly,' he sighed, 'but they invariably want it back in such very small change. That is the worry. Women, as some witty Frenchman once put it, inspire us with the desire to do masterpieces, and always prevent us from carrying them out.'

'Harry, you are dreadful! I don't know why I like you so much.'

'You will always like me, Dorian,' he replied. 'Will you have some coffee, you fellows?—Waiter, bring coffee, and *fine-champagne*,[18] and some cigarettes. No: don't mind the cigarettes; I have some. Basil, I can't allow you to smoke cigars. You must have a cigarette. A cigarette is the perfect type of a perfect pleasure. It is exquisite, and it leaves one unsatisfied. What more can one want? Yes, Dorian, you will always be fond of me. I represent to you all the sins you have never had the courage to commit.'

'What nonsense you talk, Harry!' cried the lad, taking a light from a fire-breathing silver dragon that the waiter had placed on the table. 'Let us go down to the theatre. When Sibyl comes on the stage you will have a new ideal of life. She will represent something to you that you have never known.'

'I have known everything,' said Lord Henry, with a tired look in his eyes, 'but I am always ready for a new emotion. I am afraid, however, that, for me at any rate, there is no such thing. Still, your wonderful girl may thrill me. I love acting. It is so much more real than life. Let us go. Dorian, you will come with me. I am so sorry, Basil, but there is only room for two in the brougham.[19] You must

18 *fine-champagne:* French liqueur brandy.
19 brougham: 이륜 혹은 사륜마차.

follow us in a hansom.'

They got up and put on their coats, sipping their coffee standing. The painter was silent and pre-occupied. There was a gloom over him. He could not bear this marriage, and yet it seemed to him to be better than many other things that might have happened. After a few minutes, they all passed downstairs. He drove off by himself, as had been arranged, and watched the flashing lights of the little brougham in front of him. A strange sense of loss came over him. He felt that Dorian Gray would never again be to him all that he had been in the past. Life had come between them . . . . His eyes darkened, and the crowded, flaring streets became blurred to his eyes. When the cab drew up at the theatre, it seemed to him that he had grown years older.

CHAPTER VII

FOR some reason or other, the house was crowded that night, and the fat Jew manager who met them at the door was beaming from ear to ear with an oily, tremulous smile. He escorted them to their box with a sort of pompous humility, waving his fat jewelled hands, and talking at the top of his voice. Dorian Gray loathed him more than ever. He felt as if he had come to look for Miranda[1] and had been met by Caliban. Lord Henry, upon the other hand, rather liked him. At least he declared he did, and insisted on shaking him by the hand, and assuring him that he was proud to meet a man who had discovered a real genius and gone bankrupt over a poet. Hallward amused himself with watching the faces in the pit.[2] The heat was terribly oppressive, and the huge sunlight[3] flamed like a monstrous dahlia with petals of yellow fire. The youths in the gallery had taken off their coats and waistcoats and hung them over the side. They talked to each other across the theatre, and shared their oranges with the tawdry girls who sat beside them. Some women were laughing in the pit. Their voices were horribly shrill and discordant. The sound of the popping of corks came from the bar.

'What a place to find one's divinity[4] in!' said Lord Henry.

'Yes!' answered Dorian Gray. 'It was here I found her, and she is divine beyond all living things. When she acts you will forget everything. These common, rough people, with their coarse faces and brutal gestures, become quite different when she is on the stage. They sit silently and watch her. They weep and laugh as she wills them to do. She makes them as responsive as a violin. She spiritualizes them, and one feels that they are of the same flesh and blood as one's

1 Miranda: 셰익스피어의 희곡 *The Tempest*에 나오는 망명한 밀라노의 공작 프로스페로(Prospero)의 딸. 그녀가 사는 섬에서는 요정인 에어리얼(Ariel)과 야만적인 하인인 캘리반(Caliban)만이 그녀가 어울릴 수 있는 존재였다. 야수와 미녀의 모티프가 작품에 계속되고 있음에 유의할 것.

2 pit: 극장의 일층.

3 sunlight: skylight. 천장에 낸 채광창.

4 이런 허술한 데서 신을 발견하다니 정도의 의미. 신은 시빌을 가리킨다.

self.'

'The same flesh and blood as one's self! Oh, I hope not!'[5] exclaimed Lord Henry, who was scanning the occupants of the gallery through his opera-glass.

'Don't pay any attention to him, Dorian,' said the painter. 'I understand what you mean, and I believe in this girl. Any one you love must be marvellous, and any girl that has the effect you describe must be fine and noble. To spiritualize one's age—that is something worth doing. If this girl can give a soul to those who have lived without one, if she can create the sense of beauty in people whose lives have been sordid and ugly, if she can strip them of their selfishness and lend them tears for sorrows that are not their own, she is worthy of all your adoration, worthy of the adoration of the world. This marriage is quite right. I did not think so at first, but I admit it now. The gods made Sibyl Vane for you. Without her you would have been incomplete.'

'Thanks, Basil,' answered Dorian Gray, pressing his hand. 'I knew that you would understand me. Harry is so cynical, he terrifies me. But here is the orchestra. It is quite dreadful, but it only lasts for about five minutes. Then the curtain rises, and you will see the girl to whom I am going to give all my life, to whom I have given everything that is good in me.'

A quarter of an hour afterwards, amidst an extraordinary turmoil of applause, Sibyl Vane stepped on to the stage. Yes, she was certainly lovely to look at—one of the loveliest creatures, Lord Henry thought, that he had ever seen. There was something of the fawn[6] in her shy grace and startled eyes. A faint blush, like the shadow of a rose in a mirror of silver, came to her cheeks as she glanced at the crowded, enthusiastic house. She stepped back a few paces, and her lips seemed

5 와일드가 「거짓말하기의 쇠퇴」에서 쓴 다음과 같은 말을 상기시킨다. "상류사회 사람들이 흥미로운 것은 그들 각각이 쓰고 있는 가면 때문이지 가면 뒤에 숨겨져 있는 실체 때문이 아니다. 창피한 고백이지만 우리는 모두 동일한 재료로 만들어졌다". 인간은 본질적으로 동일하고 단지 옷이나 목소리의 어조 등에서 다를 뿐이라는 것.

6 fawn: 새끼 사슴.

to tremble. Basil Hallward leaped to his feet and began to applaud. Motionless, and as one in a dream, sat Dorian Gray, gazing at her. Lord Henry peered through his glasses, murmuring, 'Charming! charming!'

The scene was the hall of Capulet's house, and Romeo in his pilgrim's dress had entered with Mercutio and his other friends. The band, such as it was, struck up a few bars of music, and the dance began. Through the crowd of ungainly, shabbily-dressed actors, Sibyl Vane moved like a creature from a finer world. Her body swayed, while she danced, as a plant sways in the water. The curves of her throat were the curves of a white lily. Her hands seemed to be made of cool ivory.

Yet she was curiously listless. She showed no sign of joy when her eyes rested on Romeo. The few words she had to speak—

Good pilgrim, you do wrong your hand too much,
Which mannerly devotion shows in this;
For Saints have hands that pilgrims' hands do touch,
And palm to palm is holy palmers' kiss—[7]

with the brief dialogue that follows, were spoken in a thoroughly artificial manner. The voice was exquisite, but from the point of view of tone it was absolutely false. It was wrong in colour. It took away all the life from the verse. It made the passion unreal.

Dorian Gray grew pale as he watched her. He was puzzled and anxious. Neither of his friends dared to say anything to him. She seemed to them to be absolutely incompetent. They were horribly disappointed.

Yet they felt that the true test of any Juliet is the balcony scene of the second act. They waited for that. If she failed there, there was nothing in her.

She looked charming as she came out in the moonlight. That could

7 셰익스피어의 *Romeo and Juliet* 1.5.97-100.

not be denied. But the staginess[8] of her acting was unbearable, and grew worse as she went on. Her gestures became absurdly artificial. She over-emphasized everything that she had to say. The beautiful passage—

Thou knowest the mask of night is on my face,
Else would a maiden blush bepaint my cheek
For that which thou hast heard me speak to-night—[9]

was declaimed with the painful precision of a school-girl who has been taught to recite by some second-rate professor of elocution. When she leaned over the balcony and came to those wonderful lines—

Although I joy in thee,
I have no joy of this contract to-night:
It is too rash, too unadvised, too sudden;
Too like the lightning, which doth cease to be
Ere one can say, 'It lightens.' Sweet, good-night!
This bud of love by summer's ripening breath
May prove a beauteous flower when next we meet—[10]

she spoke the words as though they conveyed no meaning to her. It was not nervousness. Indeed, so far from being nervous, she was absolutely self-contained. It was simply bad art. She was a complete failure.

Even the common, uneducated audience of the pit and gallery lost their interest in the play. They got restless, and began to talk loudly and to whistle. The Jew manager, who was standing at the back of the dress-circle, stamped and swore with rage. The only person unmoved was the girl herself.

When the second act was over there came a storm of hisses, and

8 staginess: 부자연스러움.
9 *Romeo and Juliet* 2.2.85-87.
10 *Romeo and Juliet* 2.2.116-22.

Lord Henry got up from his chair and put on his coat. 'She is quite beautiful, Dorian,' he said, 'but she can't act. Let us go.'

'I am going to see the play through,' answered the lad, in a hard, bitter voice. 'I am awfully sorry that I have made you waste an evening, Harry. I apologize to you both.'

'My dear Dorian, I should think Miss Vane was ill,' interrupted Hallward. 'We will come some other night.'

'I wish she were ill,' he rejoined. 'But she seems to me to be simply callous and cold. She has entirely altered. Last night she was a great artist. This evening she is merely a common-place, mediocre actress.'

'Don't talk like that about any one you love, Dorian. Love is a more wonderful thing than Art.'

'They are both simply forms of imitation,' remarked Lord Henry. 'But do let us go. Dorian, you must not stay here any longer. It is not good for one's morals to see bad acting. Besides, I don't suppose you will want your wife to act. So what does it matter if she plays Juliet like a wooden doll? She is very lovely, and if she knows as little about life as she does about acting, she will be a delightful experience. There are only two kinds of people who are really fascinating— people who know absolutely everything, and people who know absolutely nothing. Good heavens, my dear boy, don't look so tragic! The secret of remaining young is never to have an emotion that is unbecoming. Come to the club with Basil and myself. We will smoke cigarettes and drink to the beauty of Sibyl Vane. She is beautiful. What more can you want?'

'Go away, Harry,' cried the lad. 'I want to be alone. Basil, you must go. Ah! can't you see that my heart is breaking?' The hot tears came to his eyes. His lips trembled, and, rushing to the back of the box, he leaned up against the wall, hiding his face in his hands.

'Let us go, Basil,' said Lord Henry, with a strange tenderness in his voice; and the two young men passed out together.

A few moments afterwards the footlights flared up, and the curtain rose on the third act. Dorian Gray went back to his seat. He looked pale, and proud, and indifferent. The play dragged on, and seemed interminable. Half of the audience went out, tramping in heavy boots, and laughing. The whole thing was a fiasco. The last act was played to almost empty benches. The curtain went down on a titter, and some groans.

As soon as it was over, Dorian Gray rushed behind the scenes into the greenroom. The girl was standing there alone, with a look of triumph on her face. Her eyes were lit with an exquisite fire. There was a radiance about her. Her parted lips were smiling over some secret of their own.

When he entered, she looked at him, and an expression of infinite joy came over her. 'How badly I acted to-night, Dorian!' she cried.

'Horribly!' he answered, gazing at her in amazement—'horribly! It was dreadful. Are you ill? You have no idea what it was. You have no idea what I suffered.'

The girl smiled. 'Dorian,' she answered, lingering over his name with long-drawn music in her voice, as though it were sweeter than honey to the red petals of her mouth—'Dorian, you should have understood. But you understand now, don't you?'

'Understand what?' he asked, angrily.

'Why I was so bad to-night. Why I shall always be bad. Why I shall never act well again.'

He shrugged his shoulders. 'You are ill, I suppose. When you are ill you shouldn't act. You make yourself ridiculous. My friends were bored. I was bored.'

She seemed not to listen to him. She was transfigured with joy. An ecstasy of happiness dominated her.

'Dorian, Dorian,' she cried, 'before I knew you, acting was the one reality of my life. It was only in the theatre that I lived. I thought that it was all true. I was Rosalind one night, and Portia the other. The joy of Beatrice was my joy, and the sorrows of Cordelia were mine also. I believed in everything.[11] The common people who acted

11 Portia, Beatrice, Cordelia 는 각각 셰익스피어의 *The Merchant of Venice*, *Much Ado About Nothing*, *King Lear*에 나오는 여주인공.

with me seemed to me to be godlike. The painted scenes were my world. I knew nothing but shadows, and I thought them real. You came—oh, my beautiful love!—and you freed my soul from prison. You taught me what reality really is. To-night, for the first time in my life, I saw through the hollowness, the sham, the silliness of the empty pageant in which I had always played. To-night, for the first time, I became conscious that the Romeo was hideous, and old, and painted, that the moonlight in the orchard was false, that the scenery was vulgar, and that the words I had to speak were unreal, were not my words, were not what I wanted to say. You had brought me something higher, something of which all art is but a reflection.[12] You had made me understand what love really is. My love! my love! Prince Charming! Prince of life! I have grown sick of shadows.[13] You are more to me than all art can ever be. What have I to do with the puppets of a play? When I came on to-night, I could not understand how it was that everything had gone from me. I thought that I was going to be wonderful. I found that I could do nothing. Suddenly it dawned on my soul what it all meant.[14] The knowledge was exquisite to me. I heard them hissing, and I smiled. What could they know of love such as ours? Take me away, Dorian—take me away with you, where we can be quite alone. I hate the stage. I might mimic a passion that I do not feel, but I cannot mimic one that burns me like fire.[15] Oh, Dorian, Dorian, you understand now what it signifies? Even if I could do it, it would be profanation[16] for me to play at being in love. You have made me see that.'

12 당신은 좀 더 귀중한 것을 가져다주었는데, 모든 예술은 단지 그것의 그림자에 불과했어요.

13 Tennyson의 시 "The Lady of Shalott"에 대한 인유. 샬롯 성의 여인은 세상을 직접 보지 못하고 거울을 통해서 세상의 그림자를 볼 수 있도록 되어 있다. 하지만. 이 시에서 여인은 거울 속의 그림자 대신 미남의 기사로 상징되는 세상을 직접 바라봄으로써 예술(art)의 세계에서 삶(life)의 세계로 돌아선다. 여인은 "나는 그림자가 싫어"(I am half sick of shadows)라고 말한다.

14 갑자기 내 영혼이 그 모든 것이 무엇을 의미하는지를 깨닫기 시작했다.

15 시빌의 선언은 와일드의 예술론을 상기시킨다. 즉 예술은 불가능한 것을 실현하는 것(the realization of the impossible)인데 자연적인 감정을 실현하는 것은 예술이 아니다. 시빌이 자신의 감정을 실현해 보임으로써 그녀는 예술의 영역에서 멀어지고 있다. 와일드에게 현실적으로 실제로 일어나는 것은 예술의 가치를 망치는 것이다. 연극 속의 감정은 흉내를 낼 수 있어도 실제로 불꽃처럼 타오르는 감정은 흉내를 낼 수 없다.

16 profanation: 신성 모독.

He flung himself down on the sofa, and turned away his face. 'You have killed my love,' he muttered.

She looked at him in wonder, and laughed. He made no answer. She came across to him, and with her little fingers stroked his hair. She knelt down and pressed his hands to her lips. He drew them away, and a shudder ran through him.

Then he leaped up, and went to the door. 'Yes,' he cried, 'you have killed my love. You used to stir my imagination. Now you don't even stir my curiosity. You simply produce no effect. I loved you because you were marvellous, because you had genius and intellect, because you realized the dreams of great poets and gave shape and substance to the shadows of art. You have thrown it all away. You are shallow and stupid. My God! how mad I was to love you! What a fool I have been! You are nothing to me now. I will never see you again. I will never think of you. I will never mention your name. You don't know what you were to me, once. Why, once . . . Oh, I can't bear to think of it! I wish I had never laid eyes upon you! You have spoiled the romance of my life. How little you can know of love, if you say it mars your art! Without your art you are nothing. I would have made you famous, splendid, magnificent. The world would have worshipped you, and you would have borne my name. What are you now? A third-rate actress with a pretty face.'

The girl grew white, and trembled. She clenched her hands together, and her voice seemed to catch in her throat.[17] 'You are not serious, Dorian?' she murmured. 'You are acting.'

'Acting! I leave that to you.[18] You do it so well,' he answered, bitterly.

She rose from her knees, and, with a piteous expression of pain in her face, came across the room to him. She put her hand upon his arm, and looked into his eyes. He thrust her back. 'Don't touch me!' he cried.

---

17 목이 메다.
18 연기는 당신한테 맡긴다(위임한다).

A low moan broke from her, and she flung herself at his feet, and lay there like a trampled flower. 'Dorian, Dorian, don't leave me!' she whispered. 'I am so sorry I didn't act well. I was thinking of you all the time. But I will try —indeed, I will try. It came so suddenly across me, my love for you. I think I should never have known it if you had not kissed me—if we had not kissed each other. Kiss me again, my love. Don't go away from me. I couldn't bear it. Oh! don't go away from me. My brother . . . No; never mind. He didn't mean it. He was in jest. . . . But you, oh! can't you forgive me for to-night? I will work so hard, and try to improve. Don't be cruel to me because I love you better than anything in the world. After all, it is only once that I have not pleased you. But you are quite right, Dorian. I should have shown myself more of an artist. It was foolish of me; and yet I couldn't help it. Oh, don't leave me, don't leave me.' A fit of passionate sobbing choked her. She crouched on the floor like a wounded thing, and Dorian Gray, with his beautiful eyes, looked down at her, and his chiselled lips curled in exquisite disdain. There is always something ridiculous about the emotions of people whom one has ceased to love. Sibyl Vane seemed to him to be absurdly melodramatic. Her tears and sobs annoyed him.

'I am going,' he said at last, in his calm, clear voice. 'I don't wish to be unkind, but I can't see you again. You have disappointed me.'

She wept silently, and made no answer, but crept nearer. Her little hands stretched blindly out, and appeared to be seeking for him. He turned on his heel, and left the room. In a few moments he was out of the theatre.

Where he went to he hardly knew. He remembered wandering through dimly-lit streets, past gaunt black-shadowed archways and evil-looking houses. Women with hoarse voices and harsh laughter had called after him. Drunkards had reeled by cursing, and chattering to themselves like monstrous apes. He had seen grotesque children huddled upon doorsteps, and heard shrieks and oaths from gloomy courts.

As the dawn was just breaking he found himself close to Covent

Garden.[19] The darkness lifted, and, flushed with faint fires, the sky hollowed itself into a perfect pearl. Huge carts filled with nodding lilies rumbled slowly down the polished empty street. The air was heavy with the perfume of the flowers, and their beauty seemed to bring him an anodyne[20] for his pain. He followed into the market, and watched the men unloading their waggons. A white-smocked carter[21] offered him some cherries. He thanked him, wondered why he refused to accept any money for them,[22] and began to eat them listlessly. They had been plucked at midnight, and the coldness of the moon had entered into them. A long line of boys carrying crates of striped tulips, and of yellow and red roses, defiled in front of him, threading their way through the huge jade-green piles of vegetables. Under the portico, with its grey sun-bleached pillars, loitered a troop of draggled bareheaded girls, waiting for the auction to be over. Others crowded round the swinging doors of the coffee-house in the Piazza. The heavy cart-horses slipped and stamped upon the rough stones, shaking their bells and trappings. Some of the drivers were lying asleep on a pile of sacks. Iris-necked, and pink-footed, the pigeons ran about picking up seeds.

After a little while, he hailed a hansom, and drove home. For a few moments he loitered upon the doorstep, looking round at the silent Square[23] with its blank close-shuttered windows, and its staring blinds. The sky was pure opal now, and the roofs of the houses glistened like silver against it. From some chimney opposite a thin wreath of smoke was rising. It curled, a violet riband, through the nacre-coloured[24] air.

In the huge gilt Venetian lantern, spoil of some Doge's[25] barge,

19 이 유명한 극장은 트라팔가 광장(Trafalga Square) 근처에 위치해 있었고 또한 이 부근에 야외시장이 있었다.

20 anodyne: 진통제.

21 carter: 마차를 운전하는 사람.

22 them과 다음 줄의 them, they는 모두 cherries를 가리킨다.

23 도리언의 런던 저택이 있는 Grosvenor Square.

24 nacre는 진주층(mother-of-pearl).

25 Doge는 이전의 Venetian Republic의 치안판사장.

that hung from the ceiling of the great oak-panelled hall of entrance, lights were still burning from three flickering jets: thin blue petals of flame they seemed, rimmed with white fire. He turned them out, and, having thrown his hat and cape on the table, passed through the library towards the door of his bedroom, a large octagonal chamber on the ground floor that, in his new-born feeling for luxury, he had just had decorated for himself, and hung with some curious Renaissance tapestries that had been discovered stored in a disused attic at Selby Royal.[26] As he was turning the handle of the door, his eye fell upon the portrait Basil Hallward had painted of him. He started back as if in surprise. Then he went on into his own room, looking somewhat puzzled. After he had taken the buttonhole out of his coat, he seemed to hesitate. Finally he came back, went over to the picture, and examined it. In the dim arrested light that struggled through the cream-coloured silk blinds, the face appeared to him to be a little changed. The expression looked different. One would have said that there was a touch of cruelty in the mouth. It was certainly strange.

He turned round, and, walking to the window, drew up the blind. The bright dawn flooded the room, and swept the fantastic shadows into dusky corners, where they lay shuddering. But the strange expression that he had noticed in the face of the portrait seemed to linger there, to be more intensified even. The quivering, ardent sunlight showed him the lines of cruelty round the mouth as clearly as if he had been looking into a mirror after he had done some dreadful thing.

He winced, and, taking up from the table an oval glass framed in ivory Cupids, one of Lord Henry's many presents to him, glanced hurriedly into its polished depths. No line like that warped his red lips. What did it mean?

He rubbed his eyes, and came close to the picture, and examined it again. There were no signs of any change when he looked into the actual painting, and yet there was no doubt that the whole expression had altered. It was not a mere fancy of his own. The thing

26 도리언의 시골저택.

was horribly apparent.

He threw himself into a chair, and began to think. Suddenly there flashed across his mind what he had said in Basil Hallward's studio the day the picture had been finished. Yes, he remembered it perfectly. He had uttered a mad wish that he himself might remain young, and the portrait grow old; that his own beauty might be untarnished, and the face on the canvas bear the burden of his passions and his sins; that the painted image might be seared with the lines of suffering and thought, and that he might keep all the delicate bloom and loveliness of his then just conscious boyhood. Surely his wish had not been fulfilled? Such things were impossible. It seemed monstrous even to think of them. And, yet, there was the picture before him, with the touch of cruelty in the mouth.

Cruelty! Had he been cruel? It was the girl's fault, not his. He had dreamed of her as a great artist, had given his love to her because he had thought her great. Then she had disappointed him. She had been shallow and unworthy. And, yet, a feeling of infinite regret came over him, as he thought of her lying at his feet sobbing like a little child. He remembered with what callousness he had watched her. Why had he been made like that? Why had such a soul been given to him? But he had suffered also. During the three terrible hours that the play had lasted, he had lived centuries of pain, æon upon æon of torture. His life was well worth hers. She had marred him for a moment, if he had wounded her for an age. Besides, women were better suited to bear sorrow than men. They lived on their emotions. They only thought of their emotions.[27] When they took lovers, it was merely to have some one with whom they could have scenes.[28] Lord Henry had told him that, and Lord Henry knew what women were. Why should he trouble about Sibyl Vane? She was nothing to him now.

But the picture? What was he to say of that? It held the secret

---

27 헨리는 삶의 현실에 감정적으로 말려들지 않고 그것으로부터 거리를 둔 삶을 원했기 때문에 여성의 감정적 측면은 그가 싫어한 것이었다.

28 여자들에게 애인은 소란스럽게 감정을 분출시킬 상대로서 필요하다는 말. 시빌이 극장에서 그에게 소란을 피운 것을 생각하는 듯함.

of his life, and told his story. It had taught him to love his own beauty. Would it teach him to loathe his own soul? Would he ever look at it again?

No; it was merely an illusion wrought on the troubled senses. The horrible night that he had passed had left phantoms behind it. Suddenly there had fallen upon his brain that tiny scarlet speck that makes men mad. The picture had not changed. It was folly to think so.

Yet it was watching him, with its beautiful marred face and its cruel smile. Its bright hair gleamed in the early sunlight. Its blue eyes met his own. A sense of infinite pity, not for himself, but for the painted image of himself, came over him. It had altered already, and would alter more. Its gold would wither into grey. Its red and white roses would die. For every sin that he committed, a stain would fleck and wreck its fairness.[29] But he would not sin. The picture, changed or unchanged, would be to him the visible emblem of conscience. He would resist temptation. He would not see Lord Henry any more—would not, at any rate, listen to those subtle poisonous theories that in Basil Hallward's garden had first stirred within him the passion for impossible things. He would go back to Sibyl Vane, make her amends, marry her, try to love her again. Yes, it was his duty to do so. She must have suffered more than he had. Poor child! He had been selfish and cruel to her. The fascination that she had exercised over him would return. They would be happy together. His life with her would be beautiful and pure.

He got up from his chair, and drew a large screen right in front of the portrait, shuddering as he glanced at it. 'How horrible!' he murmured to himself, and he walked across to the window and opened it. When he stepped out on to the grass, he drew a deep breath. The fresh morning air seemed to drive away all his sombre passions. He thought only of Sibyl. A faint echo of his love came back to him. He repeated her name over and over again. The birds that were singing in the dew-drenched garden seemed to be telling the flowers about her.

29 그가 죄를 지을 때마다 오점이 그 아름다움을 얼룩지게 하고 파괴할 것이다.

CHAPTER VIII

IT was long past noon when he awoke. His valet had crept several times on tiptoe into the room to see if he was stirring, and had wondered what made his young master sleep so late. Finally his bell sounded, and Victor came in softly with a cup of tea, and a pile of letters, on a small tray of old Sèvres china,[1] and drew back the olive-satin curtains, with their shimmering blue lining, that hung in front of the three tall windows.

'Monsieur has well slept this morning,' he said, smiling.

'What o'clock is it, Victor?' asked Dorian Gray, drowsily.

'One hour and a quarter, Monsieur.'

How late it was! He sat up, and, having sipped some tea, turned over his letters. One of them was from Lord Henry, and had been brought by hand that morning. He hesitated for a moment, and then put it aside. The others he opened listlessly. They contained the usual collection of cards, invitations to dinner, tickets for private views,[2] programmes of charity concerts, and the like, that are showered on fashionable young men every morning during the season. There was a rather heavy bill, for a chased silver Louis-Quinze[3] toilet-set, that he had not yet had the courage to send on to his guardians, who were extremely old-fashioned people and did not realize that we live in an age when unnecessary things are our only necessities; and there were several very courteously worded communications from Jermyn Street[4] moneylenders offering to advance any sum of money at a moment's notice and at the most reasonable rates of interest.

After about ten minutes he got up, and, throwing on an elaborate

1 Sèvres china: 1760년 이래로 프랑스 파리 교외의 Sèvres 지역에서 만들어진 우아한 도자기.

2 private views: 초대전. 일반 대중에게 공개되기 전에 초대된 사람들에게만 관람이 허용된 미술 전시회.

3 "chased"는 부조 세공으로 장식되어 있거나 돋이 새겨진 물건을 가리킨다. "Louis-Quinze"는 18세기 중엽 프랑스에서 루이 15세의 통치기간 동안 유행한 로코코 양식을 가리키는 것으로 우아, 환상, 사치의 의미를 나타낸다.

4 Jermyn Street: 런던의 웨스터민스터(Westerminster) 구역에 위치해 있는 거리.

dressing-gown of silk-embroidered cashmere wool, passed into the onyx-paved bath-room. The cool water refreshed him after his long sleep. He seemed to have forgotten all that he had gone through. A dim sense of having taken part in some strange tragedy came to him once or twice, but there was the unreality of a dream about it.

As soon as he was dressed, he went into the library and sat down to a light French breakfast,[5] that had been laid out for him on a small round table close to the open window. It was an exquisite day. The warm air seemed laden with spices. A bee flew in, and buzzed round the blue-dragon bowl[6] that, filled with sulphur-yellow roses, stood before him. He felt perfectly happy.

Suddenly his eye fell on the screen that he had placed in front of the portrait, and he started.

'Too cold for Monsieur?' asked his valet, putting an omelette on the table. 'I shut the window?'

Dorian shook his head. 'I am not cold,' he murmured.

Was it all true? Had the portrait really changed? Or had it been simply his own imagination that had made him see a look of evil where there had been a look of joy? Surely a painted canvas could not alter? The thing was absurd. It would serve as a tale to tell Basil some day. It would make him smile.

And, yet, how vivid was his recollection of the whole thing! First in the dim twilight, and then in the bright dawn, he had seen the touch of cruelty round the warped lips. He almost dreaded his valet leaving the room. He knew that when he was alone he would have to examine the portrait. He was afraid of certainty. When the coffee and cigarettes had been brought and the man turned to go, he felt a wild desire to tell him to remain. As the door was closing behind him he called him back. The man stood waiting for his orders. Dorian looked at him for a moment. 'I am not at home to any one, Victor,' he said, with a sigh. The man bowed and retired.

---

5 아마 커피와 페이스트리(pastry) 혹은 토스트.

6 blue-dragon bowl: 청룡이 장식되어 있는 중국 명나라 시대의 도자기로 이 시기에 유행했다.

Then he rose from the table, lit a cigarette, and flung himself down on a luxuriously-cushioned couch that stood facing the screen. The screen was an old one, of gilt Spanish leather, stamped and wrought with a rather florid Louis-Quatorze pattern. He scanned it curiously, wondering if ever before it had concealed the secret of a man's life.

Should he move it aside, after all? Why not let it stay there? What was the use of knowing? If the thing was true, it was terrible. If it was not true, why trouble about it? But what if, by some fate or deadlier chance, eyes other than his spied behind, and saw the horrible change? What should he do if Basil Hallward came and asked to look at his own picture? Basil would be sure to do that. No; the thing had to be examined, and at once. Anything would be better than this dreadful state of doubt.

He got up, and locked both doors. At least he would be alone when he looked upon the mask of his shame. Then he drew the screen aside, and saw himself face to face. It was perfectly true. The portrait had altered.

As he often remembered afterwards, and always with no small wonder, he found himself at first gazing at the portrait with a feeling of almost scientific interest. That such a change should have taken place was incredible to him. And yet it was a fact. Was there some subtle affinity between the chemical atoms, that shaped themselves into form and colour on the canvas, and the soul that was within him? Could it be that what that soul thought, they realized?—that what it dreamed, they made true?[7] Or was there some other, more terrible reason? He shuddered, and felt afraid, and, going back to the couch, lay there, gazing at the picture in sickened horror.

One thing, however, he felt that it had done for him. It had made him conscious how unjust, how cruel, he had been to Sibyl Vane. It was not too late to make reparation for that. She could still be his wife. His unreal and selfish love would yield to some higher influ-

7 (캔버스 위의 형체와 색체로 형상화된) 화학적 원자들이 그의 영혼이 생각한 것을 실현한 것일까—이 화학적 원자들이 그 영혼이 꿈꾼 것을 현실화한 것일까?: 그의 영혼의 모습이 화폭에 찍힌 이유를 과학적으로 분석해 본 것.

ence, would be transformed into some nobler passion, and the portrait that Basil Hallward had painted of him would be a guide to him through life, would be to him what holiness is to some, and conscience to others, and the fear of God to us all.[8] There were opiates for remorse, drugs that could lull the moral sense to sleep. But here was a visible symbol of the degradation of sin. Here was an ever-present sign of the ruin men brought upon their souls.

Three o'clock struck, and four, and the half-hour rang its double chime, but Dorian Gray did not stir. He was trying to gather up the scarlet threads of life, and to weave them into a pattern; to find his way through the sanguine labyrinth of passion through which he was wandering.[9] He did not know what to do, or what to think. Finally, he went over to the table and wrote a passionate letter to the girl he had loved, imploring her forgiveness, and accusing himself of madness.

He covered page after page with wild words of sorrow, and wilder words of pain. There is a luxury in self-reproach. When we blame ourselves we feel that no one else has a right to blame us. It is the confession, not the priest, that gives us absolution. When Dorian had finished the letter, he felt that he had been forgiven.

Suddenly there came a knock to the door, and he heard Lord Henry's voice outside. 'My dear boy, I must see you. Let me in at once. I can't bear your shutting yourself up like this.'

He made no answer at first, but remained quite still. The knocking still continued, and grew louder. Yes, it was better to let Lord Henry in, and to explain to him the new life he was going to lead, to quarrel with him if it became necessary to quarrel, to part if parting was inevitable. He jumped up, drew the screen hastily across the picture, and unlocked the door.

---

8 초상화는 그에게 다른 사람들의 신성함에 해당되는 것, 다른 사람들의 양심에 해당되는 것, 우리 모두의 신에 대한 두려움에 해당되는 것이 될 것이다.

9 그는 생명의 붉은 실들을 주워 모아 짜서 무늬를 만들려고 애썼다. 그것은 그가 헤매고 있는 수난의 붉은 미로를 빠져나가기 위한 것이었다. scarlet thread of life: "생명의 붉은 줄"로도 번역됨. 구약 여호수와 2:18 참조. sanguine: 붉은, 붉은 핏빛의. passion: 고난, 수난.

'I am so sorry for it all, Dorian,' said Lord Henry, as he entered. 'But you must not think too much about it.'

'Do you mean about Sibyl Vane?' asked the lad.

'Yes, of course,' answered Lord Henry, sinking into a chair, and slowly pulling off his yellow gloves. 'It is dreadful, from one point of view, but it was not your fault. Tell me, did you go behind and see her, after the play was over?'

'Yes.'

'I felt sure you had. Did you make a scene with her?'

'I was brutal, Harry—perfectly brutal. But it is all right now. I am not sorry for anything that has happened. It has taught me to know myself better.'

'Ah, Dorian, I am so glad you take it in that way! I was afraid I would find you plunged in remorse, and tearing that nice curly hair of yours.'

'I have got through all that,' said Dorian, shaking his head, and smiling. 'I am perfectly happy now. I know what conscience is, to begin with. It is not what you told me it was. It is the divinest thing in us. Don't sneer at it, Harry, any more—at least not before me. I want to be good. I can't bear the idea of my soul being hideous.'

'A very charming artistic basis for ethics, Dorian! I congratulate you on it. But how are you going to begin?'

'By marrying Sibyl Vane.'

'Marrying Sibyl Vane!' cried Lord Henry, standing up, and looking at him in perplexed amazement. 'But, my dear Dorian—'

'Yes, Harry, I know what you are going to say. Something dreadful about marriage. Don't say it. Don't ever say things of that kind to me again. Two days ago I asked Sibyl to marry me. I am not going to break my word to her. She is to be my wife.'

'Your wife! Dorian! . . . Didn't you get my letter? I wrote to you this morning, and sent the note down, by my own man.'

'Your letter? Oh, yes, I remember. I have not read it yet, Harry. I was afraid there might be something in it that I wouldn't like. You cut life to pieces with your epigrams.'

'You know nothing then?'

'What do you mean?'

Lord Henry walked across the room, and, sitting down by Dorian Gray, took both his hands in his own, and held them tightly. 'Dorian,' he said, 'my letter—don't be frightened—was to tell you that Sibyl Vane is dead.'

A cry of pain broke from the lad's lips, and he leaped to his feet, tearing his hands away from Lord Henry's grasp. 'Dead! Sibyl dead! It is not true! It is a horrible lie! How dare you say it?'

'It is quite true, Dorian,' said Lord Henry, gravely. 'It is in all the morning papers. I wrote down to you to ask you not to see any one till I came. There will have to be an inquest, of course, and you must not be mixed up in it. Things like that make a man fashionable in Paris. But in London people are so prejudiced. Here, one should never make one's *début* with a scandal. One should reserve that to give an interest to one's old age. I suppose they don't know your name at the theatre? If they don't, it is all right. Did any one see you going round to her room? That is an important point.'

Dorian did not answer for a few moments. He was dazed with horror. Finally he stammered, in a stifled voice, 'Harry, did you say an inquest? What did you mean by that? Did Sibyl——? Oh, Harry, I can't bear it! But be quick. Tell me everything at once.'

'I have no doubt it was not an accident, Dorian, though it must be put in that way to the public. It seems that as she was leaving the theatre with her mother, about half-past twelve or so, she said she had forgotten something upstairs. They waited some time for her, but she did not come down again. They ultimately found her lying dead on the floor of her dressing-room. She had swallowed something by mistake, some dreadful thing they use at theatres. I don't know what it was, but it had either prussic acid or white lead in it. I should fancy it was prussic acid, as she seems to have died instantaneously.'

'Harry, Harry, it is terrible!' cried the lad.

'Yes; it is very tragic, of course, but you must not get yourself mixed up in it. I see by *The Standard*[10] that she was seventeen. I should have thought she was almost younger than that. She looked such a child, and seemed to know so little about acting. Dorian, you mustn't let this thing get on your nerves.[11] You must come and dine with me, and afterwards we will look in at the Opera. It is a Patti[12] night, and everybody will be there. You can come to my sister's box. She has got some smart women with her.'

'So I have murdered Sibyl Vane,' said Dorian Gray, half to himself —'murdered her as surely as if I had cut her little throat with a knife. Yet the roses are not less lovely for all that. The birds sing just as happily in my garden. And to-night I am to dine with you, and then go on to the Opera, and sup somewhere, I suppose, afterwards. How extraordinarily dramatic life is! If I had read all this in a book, Harry, I think I would have wept over it. Somehow, now that it has happened actually, and to me, it seems far too wonderful for tears.[13] Here is the first passionate love-letter I have ever written in my life. Strange, that my first passionate love-letter should have been addressed to a dead girl. Can they feel, I wonder, those white silent people we call the dead? Sibyl! Can she feel, or know, or listen? Oh, Harry, how I loved her once! It seems years ago to me now. She was everything to me. Then came that dreadful night—was it really only last night?— when she played so badly, and my heart almost broke. She explained it all to me. It was terribly pathetic. But I was not moved a bit. I thought her shallow. Suddenly something happened that made me afraid. I can't tell you what it was, but it was terrible. I said I would go back to her. I felt I had done wrong. And now she is dead. My God! my God! Harry, what shall I do? You don't know the danger I am in, and there is nothing to keep me straight. She would have done that for me. She had no right to kill herself. It was selfish of

---

10 *The Standard*: 정치적으로 보수적인 런던 조간신문.

11 get on one's nerves: ~의 신경을 건드리다.

12 Adelina Patti(1843-1919)는 그 시대의 가장 유명한 오페라 가수(소프라노) 중 한 명이었다. 그녀는 스페인의 마드리드(Madrid)에서 태어난 후 미국에서 자랐는데, 그녀의 공연은 가히 전설적이라고 할 만한 것이었다.

13 도리언은 시빌의 자살로부터 거리를 두고 예술작품의 관객이 된다. 그것은 동정의 눈물을 흘리기에는 너무 훌륭한 작품처럼 보인다.

her.'

'My dear Dorian,' answered Lord Henry, taking a cigarette from his case, and producing a gold-latten[14] matchbox, 'the only way a woman can ever reform a man is by boring him so completely that he loses all possible interest in life. If you had married this girl you would have been wretched. Of course you would have treated her kindly. One can always be kind to people about whom one cares nothing. But she would have soon found out that you were absolutely indifferent to her. And when a woman finds that out about her husband, she either becomes dreadfully dowdy,[15] or wears very smart bonnets that some other woman's husband has to pay for. I say nothing about the social mistake, which would have been abject, which, of course, I would not have allowed, but I assure you that in any case the whole thing would have been an absolute failure.'

'I suppose it would,' muttered the lad, walking up and down the room, and looking horribly pale. 'But I thought it was my duty. It is not my fault that this terrible tragedy has prevented my doing what was right. I remember your saying once that there is a fatality about good resolutions—that they are always made too late. Mine certainly were.'

'Good resolutions are useless attempts to interfere with scientific laws. Their origin is pure vanity. Their result is absolutely nil. They give us, now and then, some of those luxurious sterile emotions that have a certain charm for the weak. That is all that can be said for them. They are simply cheques that men draw on a bank where they have no account.'

'Harry,' cried Dorian Gray, coming over and sitting down beside him, 'why is it that I cannot feel this tragedy as much as I want to? I don't think I am heartless. Do you?'

'You have done too many foolish things during the last fortnight to be entitled to give yourself that name, Dorian,' answered Lord

---

14 gold-latten: 금도금한, 금박을 한.
15 dowdy: 단정치 못한, 맵시 없는.

Henry, with his sweet, melancholy smile.

The lad frowned. 'I don't like that explanation, Harry,' he rejoined, 'but I am glad you don't think I am heartless. I am nothing of the kind. I know I am not. And yet I must admit that this thing that has happened does not affect me as it should. It seems to me to be simply like a wonderful ending to a wonderful play. It has all the terrible beauty of a Greek tragedy, a tragedy in which I took a great part, but by which I have not been wounded.'[16]

'It is an interesting question,' said Lord Henry, who found an exquisite pleasure in playing on the lad's unconscious egotism —'an extremely interesting question. I fancy that the true explanation is this. It often happens that the real tragedies of life occur in such an inartistic manner that they hurt us by their crude violence, their absolute incoherence, their absurd want of meaning, their entire lack of style.[17] They affect us just as vulgarity affects us. They give us an impression of sheer brute force, and we revolt against that. Sometimes, however, a tragedy that possesses artistic elements of beauty crosses our lives. If these elements of beauty are real, the whole thing simply appeals to our sense of dramatic effect. Suddenly we find that we are no longer the actors, but the spectators of the play. Or rather we are both. We watch ourselves, and the mere wonder of the spectacle enthralls us. In the present case, what is it that has really happened? Some one has killed herself for love of you. I wish that I had ever had such an experience. It would have made me in love with love for the rest of my life. The people who have adored me—there have not been very many, but there have been some—have always insisted on living on, long after I had ceased to care for them, or they to care for me. They have become stout and tedious, and when I meet them they go in at once for reminiscences.[18] That awful memory of woman!

16 도리언은 헨리의 영향으로 삶에 참여하는 자가 아니라 구경꾼이 되고 있다. 시빌의 자살에 큰 영향을 받지 않을 뿐만 아니라 멋있는 연극의 멋있는 끝장면 같다고 해석할 정도이다. 와일드는 「예술가로서의 비평가」에서 연극의 관객 같은 삶을 살면 상처받지 않고 안전하다고 말한다.

17 「예술가로서의 비평가」에서 도리언은 길버트의 입을 빌려서 "삶에는 형식이 심하게 부족하다"(Life is terribly deficient in form)라고 함으로써 형식, 디자인, 스타일이 부족한 삶 및 자연과 예술(Art)을 대조시키면서 후자를 우위에 둔다.

What a fearful thing it is! And what an utter intellectual stagnation it reveals! One should absorb the colour of life, but one should never remember its details. Details are always vulgar.'

'I must sow poppies[19] in my garden,' sighed Dorian.

'There is no necessity,' rejoined his companion. 'Life has always poppies in her hands. Of course, now and then things linger. I once wore nothing but violets all through one season, as a form of artistic mourning for a romance that would not die. Ultimately, however, it did die. I forget what killed it. I think it was her proposing to sacrifice the whole world for me. That is always a dreadful moment. It fills one with the terror of eternity. Well—would you believe it?—a week ago, at Lady Hampshire's, I found myself seated at dinner next the lady in question, and she insisted on going over the whole thing again, and digging up the past, and raking up the future. I had buried my romance in a bed of asphodel.[20] She dragged it out again, and assured me that I had spoiled her life. I am bound to state that she ate an enormous dinner, so I did not feel any anxiety. But what a lack of taste she showed! The one charm of the past is that it is the past. But women never know when the curtain has fallen. They always want a sixth act, and as soon as the interest of the play is entirely over they propose to continue it. If they were allowed their own way, every comedy would have a tragic ending, and every tragedy would culminate in a farce. They are charmingly artificial, but they have no sense of art. You are more fortunate than I am. I assure you, Dorian, that not one of the women I have known would have done for me what Sibyl Vane did for you. Ordinary women always console themselves. Some of them do it by going in for sentimental colours.[21] Never trust a woman who wears mauve, whatever her age may be, or a woman over thirty-five who is fond of pink ribbons. It always

18 그들을 만났을 때 그들은 즉시 추억 찾기에 돌입한다. go in for: ~에 특별한 흥미를 느끼다. 어떤 일을 특기처럼 하다.

19 poppies: 양귀비는 망각과 마약에 취한 잠을 상징한다. 여기서는 시빌의 비극을 잊어버려야겠다는 뜻.

20 asphodel: 백합과의 식물 애스퍼델은 죽음과 지하세계를 상징한다. bed: 화단.

21 어떤 여자들은 감상적인 색의 옷이나 장식구 등을 통해 자신을 위로한다.

means that they have a history. Others find a great consolation in suddenly discovering the good qualities of their husbands. They flaunt their conjugal felicity in one's face, as if it were the most fascinating of sins. Religion consoles some. Its mysteries have all the charm of a flirtation, a woman once told me; and I can quite understand it. Besides, nothing makes one so vain as being told that one is a sinner. Conscience makes egotists of us all.[22] Yes; there is really no end to the consolations that women find in modern life. Indeed, I have not mentioned the most important one.'

'What is that, Harry?' said the lad, listlessly.

'Oh, the obvious consolation. Taking some one else's admirer when one loses one's own. In good society that always whitewashes a woman. But really, Dorian, how different Sibyl Vane must have been from all the women one meets! There is something to me quite beautiful about her death. I am glad I am living in a century when such wonders happen. They make one believe in the reality of the things we all play with, such as romance, passion, and love.'[23]

'I was terribly cruel to her. You forget that.'

'I am afraid that women appreciate cruelty, downright cruelty, more than anything else. They have wonderfully primitive instincts. We have emancipated them, but they remain slaves looking for their masters, all the same. They love being dominated. I am sure you were splendid. I have never seen you really and absolutely angry, but I can fancy how delightful you looked. And, after all, you said something to me the day before yesterday that seemed to me at the time to be merely fanciful, but that I see now was absolutely true, and it holds the key to everything.'

'What was that, Harry?'

'You said to me that Sibyl Vane represented to you all the heroines of romance—that she was Desdemona one night, and Ophelia the other; that if she died as Juliet, she came to life as Imogen.'

---

22 "양심은 우리 모두를 비겁자로 만든다"(*Hamlet* 3.1.84)는 햄릿의 한탄을 변형한 것이다.
23 시빌의 자살처럼 연극 같은 경이로운 일은 로맨스, 열애, 사랑 같은 것들의 실체를 믿게 만든다.

'She will never come to life again now,' muttered the lad, burying his face in his hands.

'No, she will never come to life. She has played her last part. But you must think of that lonely death in the tawdry dressing-room simply as a strange lurid fragment from some Jacobean tragedy, as a wonderful scene from Webster, or Ford, or Cyril Tourneur.[24] The girl never really lived, and so she has never really died. To you at least she was always a dream, a phantom that flitted through Shakespeare's plays and left them lovelier for its presence, a reed through which Shakespeare's music sounded richer and more full of joy. The moment she touched actual life, she marred it, and it marred her, and so she passed away.[25] Mourn for Ophelia, if you like. Put ashes on your head because Cordelia was strangled. Cry out against Heaven because the daughter of Brabantio died.[26] But don't waste your tears over Sibyl Vane. She was less real than they are.'

There was a silence. The evening darkened in the room. Noiselessly, and with silver feet, the shadows crept in from the garden. The colours faded wearily out of things.

After some time Dorian Gray looked up. 'You have explained me to myself, Harry,' he murmured, with something of a sigh of relief. 'I felt all that you have said, but somehow I was afraid of it, and I could not express it to myself. How well you know me! But we will not talk again of what has happened. It has been a marvellous experience. That is all. I wonder if life has still in store for me anything as marvellous.'

'Life has everything in store for you, Dorian. There is nothing that you, with your extraordinary good looks, will not be able to do.'

'But suppose, Harry, I became haggard, and old, and wrinkled? What then?'

---

24 Weber, Ford, Tourneur은 17세기 초의 영국 극작가들이었다.

25 도리언에게 시빌은 예술의 영역에 존재함으로써 의미가 있었는데 그녀가 현실세계에 도달하는 순간 모든 것을 망쳐버렸다.

26 헨리 경은 셰익스피어의 *Othello*에 나오는 데스데모나(Desdemona)의 죽음을 가리키고 있다. Brabantio는 데스데모나의 아버지.

'Ah, then,' said Lord Henry, rising to go—'then, my dear Dorian, you would have to fight for your victories. As it is, they are brought to you. No, you must keep your good looks. We live in an age that reads too much to be wise, and that thinks too much to be beautiful. We cannot spare you. And now you had better dress, and drive down to the club. We are rather late, as it is.'

'I think I shall join you at the Opera, Harry. I feel too tired to eat anything. What is the number of your sister's box?'

'Twenty-seven, I believe. It is on the grand tier. You will see her name on the door. But I am sorry you won't come and dine.'

'I don't feel up to it,' said Dorian, listlessly. 'But I am awfully obliged to you for all that you have said to me. You are certainly my best friend. No one has ever understood me as you have.'

'We are only at the beginning of our friendship, Dorian,' answered Lord Henry, shaking him by the hand. 'Good-bye. I shall see you before nine-thirty, I hope. Remember, Patti is singing.'

As he closed the door behind him, Dorian Gray touched the bell, and in a few minutes Victor appeared with the lamps and drew the blinds down. He waited impatiently for him to go. The man seemed to take an interminable time over everything.

As soon as he had left, he rushed to the screen, and drew it back. No; there was no further change in the picture. It had received the news of Sibyl Vane's death before he had known of it himself. It was conscious of the events of life as they occurred. The vicious cruelty that marred the fine lines of the mouth had, no doubt, appeared at the very moment that the girl had drunk the poison, whatever it was. Or was it indifferent to results? Did it merely take cognizance of what passed within the soul? He wondered, and hoped that some day he would see the change taking place before his very eyes, shuddering as he hoped it.

Poor Sibyl! what a romance it had all been! She had often mimicked death on the stage. Then Death himself had touched her, and taken her with him. How had she played that dreadful last scene? Had she cursed him, as she died? No; she had died for love of him, and love would always be a sacrament[27] to him now. She had atoned for[28] everything, by the sacrifice she had made of her life. He would not think any more of what she had made him go through, on that horrible night at the theatre. When he thought of her, it would be as a wonderful tragic figure sent on to the world's stage to show the supreme reality of Love. A wonderful tragic figure? Tears came to his eyes as he remembered her childlike look and winsome fanciful ways and shy tremulous grace. He brushed them away hastily, and looked again at the picture.

He felt that the time had really come for making his choice. Or had his choice already been made? Yes, life had decided that for him—life, and his own infinite curiosity about life. Eternal youth, infinite passion, pleasures subtle and secret, wild joys and wilder sins—he was to have all these things. The portrait was to bear the burden of his shame: that was all.

A feeling of pain crept over him as he thought of the desecration that was in store for the fair face on the canvas. Once, in boyish mockery of Narcissus,[29] he had kissed, or feigned to kiss, those painted lips that now smiled so cruelly at him. Morning after morning he had sat before the portrait wondering at its beauty, almost enamoured of it,[30] as it seemed to him at times. Was it to alter now with every mood to which he yielded? Was it to become a monstrous and loathsome thing, to be hidden away in a locked room, to be shut out from the sunlight that had so often touched to brighter gold the waving wonder of its hair? The pity of it! the pity of it![31]

For a moment he thought of praying that the horrible sympathy that existed between him and the picture might cease. It had changed in answer to a prayer; perhaps in answer to a prayer it might remain unchanged. And, yet, who, that knew anything about Life, would sur-

27 sacrament: 신비한 것, 신성한 것.
28 atone for: 속죄하다.
29 Narcissus: 그리스 신화에서 물속에 비친 자신의 모습과 사랑에 빠져 죽음에 이르게 된 미소년.
30 거의 그것에 반해.
31 *Othello* 4.1.195-96에서 Othello가 Iago에게 한 핵심적인 말.

render the chance of remaining always young, however fantastic that chance might be, or with what fateful consequences it might be fraught? Besides, was it really under his control? Had it indeed been prayer that had produced the substitution?[32] Might there not be some curious scientific reason for it all? If thought could exercise its influence upon a living organism, might not thought exercise an influence upon dead and inorganic things? Nay, without thought or conscious desire, might not things external to ourselves vibrate in unison with our moods and passions, atom calling to atom in secret love or strange affinity?[33] But the reason was of no importance. He would never again tempt by a prayer any terrible power. If the picture was to alter, it was to alter. That was all. Why inquire too closely into it?

For there would be a real pleasure in watching it. He would be able to follow his mind into its secret places. This portrait would be to him the most magical of mirrors. As it had revealed to him his own body, so it would reveal to him his own soul. And when winter came upon it, he would still be standing where spring trembles on the verge of summer. When the blood crept from its face, and left behind a pallid mask of chalk with leaden[34] eyes, he would keep the glamour of boyhood. Not one blossom of his loveliness would ever fade. Not one pulse of his life would ever weaken. Like the gods of the Greeks, he would be strong, and fleet[35], and joyous[36]. What did it matter what happened to the coloured image on the canvas? He would be safe. That was everything.

He drew the screen back into its former place in front of the picture, smiling as he did so, and passed into his bedroom, where his valet was already waiting for him. An hour later he was at the Opera, and Lord Henry was leaning over his chair.

---

32 이런 변화가 일어나게 했던 것은 진정 기도였던가?

33 우리가 생각하거나 의식적으로 욕망하지 않고도 우리의 외부에 있는 사물들이 은밀한 사랑과 기묘한 공감으로 원자가 원자를 불러 우리의 기분 및 감정과 조화하여 공명할 수 없을까?

34 leaden: dull. 흐린.

35 fleet: swift.

36 joyous: joyful.

CHAPTER IX

AS he was sitting at breakfast next morning, Basil Hallward was shown into the room.

'I am so glad I have found you, Dorian,' he said, gravely. 'I called last night, and they told me you were at the Opera. Of course I knew that was impossible. But I wish you had left word where you had really gone to. I passed a dreadful evening, half afraid that one tragedy might be followed by another. I think you might have telegraphed for me when you heard of it first. I read of it quite by chance in a late edition of *The Globe*,[1] that I picked up at the club. I came here at once, and was miserable at not finding you. I can't tell you how heart-broken I am about the whole thing. I know what you must suffer. But where were you? Did you go down and see the girl's mother? For a moment I thought of following you there. They gave the address in the paper. Somewhere in the Euston Road, isn't it? But I was afraid of intruding upon a sorrow that I could not lighten. Poor woman! What a state she must be in! And her only child, too! What did she say about it all?'

'My dear Basil, how do I know?' murmured Dorian Gray, sipping some pale-yellow wine from a delicate gold-beaded bubble of Venetian glass, and looking dreadfully bored. 'I was at the Opera. You should have come on there. I met Lady Gwendolen, Harry's sister, for the first time. We were in her box. She is perfectly charming; and Patti sang divinely. Don't talk about horrid subjects. If one doesn't talk about a thing, it has never happened. It is simply expression, as Harry says, that gives reality to things. I may mention that she was not the woman's only child. There is a son, a charming fellow, I believe. But he is not on the stage. He is a sailor, or something. And now, tell me about yourself and what you are painting.'

'You went to the Opera?' said Hallward, speaking very slowly,

1 *The Globe*: 셜록 홈즈(Sherlock Holmes)도 구독했다는 석간.

and with a strained touch of pain in his voice. 'You went to the Opera while Sibyl Vane was lying dead in some sordid lodging? You can talk to me of other women being charming, and of Patti singing divinely, before the girl you loved has even the quiet of a grave to sleep in? Why, man, there are horrors in store for that little white body of hers!'

'Stop, Basil! I won't hear it!' cried Dorian, leaping to his feet. 'You must not tell me about things. What is done is done. What is past is past.'

'You call yesterday the past?'

'What has the actual lapse of time got to do with it? It is only shallow people who require years to get rid of an emotion. A man who is master of himself can end a sorrow as easily as he can invent a pleasure. I don't want to be at the mercy of my emotions. I want to use them, to enjoy them, and to dominate them.'

'Dorian, this is horrible! Something has changed you completely. You look exactly the same wonderful boy who, day after day, used to come down to my studio to sit for his picture. But you were simple, natural, and affectionate then. You were the most unspoiled creature in the whole world. Now, I don't know what has come over you. You talk as if you had no heart, no pity in you. It is all Harry's influence. I see that.'

The lad flushed up, and, going to the window, looked out for a few moments on the green, flickering, sun-lashed garden. 'I owe a great deal to Harry, Basil,' he said, at last—'more than I owe to you. You only taught me to be vain.'

'Well, I am punished for that, Dorian—or shall be some day.'

'I don't know what you mean, Basil,' he exclaimed, turning round. 'I don't know what you want. What do you want?'

'I want the Dorian Gray I used to paint,' said the artist, sadly.

'Basil,' said the lad, going over to him, and putting his hand on his shoulder, 'you have come too late. Yesterday when I heard that Sibyl Vane had killed herself——'

'Killed herself! Good heavens! is there no doubt about that?' cried

Hallward, looking up at him with an expression of horror.

'My dear Basil! Surely you don't think it was a vulgar accident? Of course she killed herself.'

The elder man buried his face in his hands. 'How fearful,' he muttered, and a shudder ran through him.

'No,' said Dorian Gray, 'there is nothing fearful about it. It is one of the great romantic tragedies of the age. As a rule, people who act lead the most commonplace lives. They are good husbands, or faithful wives, or something tedious. You know what I mean—middleclass virtue, and all that kind of thing. How different Sibyl was! She lived her finest tragedy. She was always a heroine. The last night she played—the night you saw her—she acted badly because she had known the reality of love. When she knew its unreality, she died, as Juliet might have died. She passed again into the sphere of art. There is something of the martyr about her. Her death has all the pathetic uselessness of martyrdom, all its wasted beauty. But, as I was saying, you must not think I have not suffered. If you had come in yesterday at a particular moment—about half-past five, perhaps, or a quarter to six—you would have found me in tears. Even Harry, who was here, who brought me the news, in fact, had no idea what I was going through. I suffered immensely. Then it passed away. I cannot repeat an emotion. No one can, except sentimentalists. And you are awfully unjust, Basil. You come down here to console me. That is charming of you. You find me consoled, and you are furious. How like a sympathetic person! You remind me of a story Harry told me about a certain philanthropist who spent twenty years of his life in trying to get some grievance redressed,[2] or some unjust law altered —I forget exactly what it was. Finally he succeeded, and nothing could exceed his disappointment. He had absolutely nothing to do, almost died of *ennui*,[3] and became a confirmed misanthrope.[4] And besides, my dear old Basil, if you really want to console me, teach me rather

2 get some grievance redressed: 잘못을 시정하다.

3 *ennui*: 권태감.

4 misanthrope: 인간을 싫어하는 사람. 염세가.

to forget what has happened, or to see it from a proper artistic point of view. Was it not Gautier who used to write about *la consolation des arts*?[5] I remember picking up a little vellum-covered book in your studio one day and chancing on[6] that delightful phrase. Well, I am not like that young man you told me of when we were down at Marlow[7] together, the young man who used to say that yellow satin could console one for all the miseries of life. I love beautiful things that one can touch and handle. Old brocades, green bronzes, lacquer-work, carved ivories, exquisite surroundings, luxury, pomp, there is much to be got from all these. But the artistic temperament that they create, or at any rate reveal, is still more to me. To become the spectator of one's own life, as Harry says, is to escape the suffering of life. I know you are surprised at my talking to you like this. You have not realized how I have developed. I was a schoolboy when you knew me. I am a man now. I have new passions, new thoughts, new ideas. I am different, but you must not like me less. I am changed, but you must always be my friend. Of course I am very fond of Harry. But I know that you are better than he is. You are not stronger—you are too much afraid of life—but you are better. And how happy we used to be together! Don't leave me, Basil, and don't quarrel with me. I am what I am. There is nothing more to be said.'

The painter felt strangely moved. The lad was infinitely dear to him, and his personality had been the great turning-point in his art. He could not bear the idea of reproaching him any more. After all, his indifference was probably merely a mood that would pass away. There was so much in him that was good, so much in him that was noble.

'Well, Dorian,' he said, at length, with a sad smile. 'I won't speak to you again about this horrible thing, after to-day. I only trust your

5 Théophile Gautier(1811-72)는 시인이자 소설가로 유미주의(Aestheticism) 창시자 중 한 사람이고 "예술을 위한 예술"(art for art's sake)을 주창했던 사람이다. 와일드는 "예술의 위안"이 고티에의 시의 요점이라고 생각했다.

6 chancing on: finding accidently.

7 Marlow: 런던으로부터 서쪽으로 30마일쯤 되는 곳, 템즈 강변에 위치해 있는 역사적 도시.

name won't be mentioned in connection with it. The inquest is to take place this afternoon. Have they summoned you?'

Dorian shook his head, and a look of annoyance passed over his face at the mention of the word 'inquest.' There was something so crude and vulgar about everything of the kind. 'They don't know my name,' he answered.

'But surely she did?'

'Only my Christian name,[8] and that I am quite sure she never mentioned to any one. She told me once that they were all rather curious to learn who I was, and that she invariably told them my name was Prince Charming. It was pretty of her. You must do me a drawing of Sibyl, Basil. I should like to have something more of her than the memory of a few kisses and some broken pathetic words.'

'I will try and do something, Dorian, if it would please you. But you must come and sit to me yourself again. I can't get on without you.'

'I can never sit to you again, Basil. It is impossible!' he exclaimed, starting back.

The painter stared at him. 'My dear boy, what nonsense!' he cried. 'Do you mean to say you don't like what I did of you? Where is it? Why have you pulled the screen in front of it? Let me look at it. It is the best thing I have ever done. Do take the screen away, Dorian. It is simply disgraceful of your servant hiding my work like that. I felt the room looked different as I came in.'

'My servant has nothing to do with it, Basil. You don't imagine I let him arrange my room for me? He settles my flowers for me sometimes—that is all. No; I did it myself. The light was too strong on the portrait.'

'Too strong! Surely not, my dear fellow? It is an admirable place for it. Let me see it.' And Hallward walked towards the corner of the room.

A cry of terror broke from Dorian Gray's lips, and he rushed

8 Christian name: first name 혹은 given name. 이름.

between the painter and the screen. 'Basil,' he said, looking very pale, 'you must not look at it. I don't wish you to.'

'Not look at my own work! you are not serious. Why shouldn't I look at it?' exclaimed Hallward, laughing.

'If you try to look at it, Basil, on my word of honour I will never speak to you again as long as I live. I am quite serious. I don't offer any explanation, and you are not to ask for any. But, remember, if you touch this screen, everything is over between us.'

Hallward was thunderstruck. He looked at Dorian Gray in absolute amazement. He had never seen him like this before. The lad was actually pallid with rage. His hands were clenched, and the pupils of his eyes were like discs of blue fire. He was trembling all over.

'Dorian!'

'Don't speak!'

'But what is the matter? Of course I won't look at it if you don't want me to,' he said, rather coldly, turning on his heel, and going over towards the window. 'But, really, it seems rather absurd that I shouldn't see my own work, especially as I am going to exhibit it in Paris in the autumn. I shall probably have to give it another coat of varnish before that, so I must see it some day, and why not to-day?'

'To exhibit it! You want to exhibit it?' exclaimed Dorian Gray, a strange sense of terror creeping over him. Was the world going to be shown his secret? Were people to gape at the mystery of his life? That was impossible. Something—he did not know what—had to be done at once.

'Yes; I don't suppose you will object to that. Georges Petit is going to collect all my best pictures for a special exhibition in the Rue de Sèze,[9] which will open the first week in October. The portrait will only be away a month. I should think you could easily spare it for that time. In fact, you are sure to be out of town. And if you

9 Rue de Sèze: Petit가 1882년에 전시 화랑을 세운 파리의 거리 이름으로, 이곳은 프랑스 인상주의 화가들의 그림을 전문적으로 전시한 것으로 유명하다.

keep it always behind a screen, you can't care much about it.'

Dorian Gray passed his hand over his forehead. There were beads of perspiration there. He felt that he was on the brink of a horrible danger. 'You told me a month ago that you would never exhibit it,' he cried. 'Why have you changed your mind? You people who go in for being consistent have just as many moods as others have. The only difference is that your moods are rather meaningless. You can't have forgotten that you assured me most solemnly that nothing in the world would induce you to send it to any exhibition. You told Harry exactly the same thing.' He stopped suddenly, and a gleam of light came into his eyes. He remembered that Lord Henry had said to him once, half seriously and half in jest, 'If you want to have a strange quarter of an hour, get Basil to tell you why he won't exhibit your picture. He told me why he wouldn't, and it was a revelation to me.' Yes, perhaps Basil, too, had his secret. He would ask him and try.

'Basil,' he said, coming over quite close, and looking him straight in the face, 'we have each of us a secret. Let me know yours, and I shall tell you mine. What was your reason for refusing to exhibit my picture?'

The painter shuddered in spite of himself. 'Dorian, if I told you, you might like me less than you do, and you would certainly laugh at me. I could not bear your doing either of those two things. If you wish me never to look at your picture again, I am content. I have always you to look at. If you wish the best work I have ever done to be hidden from the world, I am satisfied. Your friendship is dearer to me than any fame or reputation.'

'No, Basil, you must tell me,' insisted Dorian Gray. 'I think I have a right to know.' His feeling of terror had passed away, and curiosity had taken its place. He was determined to find out Basil Hallward's mystery.

'Let us sit down, Dorian,' said the painter, looking troubled. 'Let us sit down. And just answer me one question. Have you noticed in the picture something curious?—something that probably at first did not strike you, but that revealed itself to you suddenly?'

'Basil!' cried the lad, clutching the arms of his chair with trembling hands, and gazing at him with wild, startled eyes.

'I see you did. Don't speak. Wait till you hear what I have to say. Dorian, from the moment I met you, your personality had the most extraordinary influence over me. I was dominated, soul, brain, and power by you. You became to me the visible incarnation of that unseen ideal whose memory haunts us artists like an exquisite dream. I worshipped you. I grew jealous of every one to whom you spoke. I wanted to have you all to myself. I was only happy when I was with you. When you were away from me you were still present in my art. . . . Of course I never let you know anything about this. It would have been impossible. You would not have understood it. I hardly understood it myself. I only knew that I had seen perfection face to face, and that the world had become wonderful to my eyes—too wonderful, perhaps, for in such mad worships there is peril, the peril of losing them, no less than the peril of keeping them. . . . Weeks and weeks went on, and I grew more and more absorbed in you. Then came a new development. I had drawn you as Paris in dainty armour, and as Adonis with huntsman's cloak and polished boar-spear. Crowned with heavy lotus-blossoms you had sat on the prow of Adrian's barge, gazing across the green turbid Nile.[10] You had leant over the still pool of some Greek woodland, and seen in the water's silent silver the marvel of your own face. And it had all been what art should be, unconscious, ideal, and remote. One day, a fatal day I sometimes think, I determined to paint a wonderful portrait of you as you actually are, not in the costume of dead ages, but in your own dress and in your own time. Whether it was the Realism of the method, or the mere wonder of your own personality, thus directly presented to me

10 그리스의 전설에서 Paris는 트로이(Troy)의 왕 Priam과 Hecuba 사이에서 탄생한 아들이었다. 그가 Menelaus의 아내 Helen을 유괴함으로써 트로이 전쟁이 일어났는데 이것이 Homer의 *Iliad*의 주제가 되었다. 그리스의 신화에서 Adonis는 아름다운 청년으로 Aphrodite(Venus)와 Persephone(Proserpina)의 사랑을 받았다. Antinoüs는 로마 황제 Hadrian(여기서는 Adrian으로 표기됨)이 총애하던 아름다운 청년으로 A.D. 130년경에 알 수 없는 이유로 나일강에서 익사했다.

without mist or veil, I cannot tell. But I know that as I worked at it, every flake and film of colour seemed to me to reveal my secret. I grew afraid that others would know of my idolatry. I felt, Dorian, that I had told too much, that I had put too much of myself into it. Then it was that I resolved never to allow the picture to be exhibited. You were a little annoyed; but then you did not realize all that it meant to me. Harry, to whom I talked about it, laughed at me. But I did not mind that. When the picture was finished, and I sat alone with it, I felt that I was right. . . . Well, after a few days the thing left my studio, and as soon as I had got rid of the intolerable fascination of its presence it seemed to me that I had been foolish in imagining that I had seen anything in it, more than that you were extremely good-looking and that I could paint. Even now I cannot help feeling that it is a mistake to think that the passion one feels in creation is ever really shown in the work one creates. Art is always more abstract than we fancy. Form and colour tell us of form and colour—that is all. It often seems to me that art conceals the artist far more completely than it ever reveals him. And so when I got this offer from Paris I determined to make your portrait the principal thing in my exhibition. It never occurred to me that you would refuse. I see now that you were right. The picture cannot be shown.

You must not be angry with me, Dorian, for what I have told you. As I said to Harry, once, you are made to be worshipped.'

Dorian Gray drew a long breath. The colour came back to his cheeks, and a smile played about his lips. The peril was over. He was safe for the time. Yet he could not help feeling infinite pity for the painter who had just made this strange confession to him, and wondered if he himself would ever be so dominated by the personality of a friend. Lord Henry had the charm of being very dangerous. But that was all. He was too clever and too cynical to be really fond of. Would there ever be some one who would fill him with a strange idolatry? Was that one of the things that life had in store?

'It is extraordinary to me, Dorian,' said Hallward, 'that you should have seen this in the portrait. Did you really see it?'

'I saw something in it,' he answered, 'something that seemed to me very curious.'

'Well, you don't mind my looking at the thing now?'

Dorian shook his head. 'You must not ask me that, Basil. I could not possibly let you stand in front of that picture.'

'You will some day, surely?'

'Never.'

'Well, perhaps you are right. And now good-bye, Dorian. You have been the one person in my life who has really influenced my art. Whatever I have done that is good, I owe to you. Ah! you don't know what it cost me to tell you all that I have told you.'

'My dear Basil,' said Dorian, 'what have you told me? Simply that you felt that you admired me too much. That is not even a compliment.'

'It was not intended as a compliment. It was a confession. Now that I have made it, something seems to have gone out of me. Perhaps one should never put one's worship into words.'

'It was a very disappointing confession.'

'Why, what did you expect, Dorian? You didn't see anything else in the picture, did you? There was nothing else to see?'

'No; there was nothing else to see. Why do you ask? But you mustn't talk about worship. It is foolish. You and I are friends, Basil, and we must always remain so.'

'You have got Harry,' said the painter, sadly.

'Oh, Harry!' cried the lad, with a ripple of laughter. 'Harry spends his days in saying what is incredible, and his evenings in doing what is improbable. Just the sort of life I would like to lead. But still I don't think I would go to Harry if I were in trouble. I would sooner[11] go to you, Basil.'

'You will sit to me again?'

'Impossible!'

'You spoil my life as an artist by refusing, Dorian. No man came

11 I would sooner: I would prefer to.

across two ideal things. Few come across one.'[12]

'I can't explain it to you, Basil, but I must never sit to you again. There is something fatal about a portrait. It has a life of its own. I will come and have tea with you. That will be just as pleasant.'

'Pleasanter for you, I am afraid,' murmured Hallward, regretfully. 'And now good-bye. I am sorry you won't let me look at the picture once again. But that can't be helped. I quite understand what you feel about it.'

As he left the room, Dorian Gray smiled to himself. Poor Basil! how little he knew of the true reason! And how strange it was that, instead of having been forced to reveal his own secret, he had succeeded, almost by chance, in wresting a secret from his friend! How much that strange confession explained to him! The painter's absurd fits of jealousy, his wild devotion, his extravagant panegyrics, his curious reticences—he understood them all now, and he felt sorry. There seemed to him to be something tragic in a friendship so coloured by romance.

He sighed, and touched the bell. The portrait must be hidden away at all costs. He could not run such a risk of discovery again. It had been mad of him to have allowed the thing to remain, even for an hour, in a room to which many of his friends had access.

---

12 이상적인 대상을 두 번 만나는 사람은 아무도 없고 한 번 만나는 사람도 드물다. come across: meet or find by chance.

CHAPTER X

WHEN his servant entered, he looked at him steadfastly, and wondered if he had thought of peering behind the screen. The man was quite impassive, and waited for his orders. Dorian lit a cigarette, and walked over to the glass and glanced into it. He could see the reflection of Victor's face perfectly. It was like a placid mask of servility. There was nothing to be afraid of, there. Yet he thought it best to be on his guard.

Speaking very slowly, he told him to tell the housekeeper that he wanted to see her, and then to go to the frame-maker and ask him to send two of his men round at once. It seemed to him that as the man left the room his eyes wandered in the direction of the screen. Or was that merely his own fancy?

After a few moments, in her black silk dress, with old-fashioned thread mittens on her wrinkled hands, Mrs. Leaf bustled into the library. He asked her for the key of the schoolroom.

'The old schoolroom, Mr. Dorian?' she exclaimed. 'Why, it is full of dust. I must get it arranged, and put straight before you go into it. It is not fit for you to see, sir. It is not, indeed.'

'I don't want it put straight, Leaf. I only want the key.'

'Well, sir, you'll be covered with cobwebs if you go into it. Why, it hasn't been opened for nearly five years, not since his lordship died.'

He winced at the mention of his grandfather. He had hateful memories of him. 'That does not matter,' he answered. 'I simply want to see the place—that is all. Give me the key.'

'And here is the key, sir,' said the old lady, going over the contents of her bunch with tremulously uncertain hands. 'Here is the key. I'll have it off the bunch in a moment. But you don't think of living up there, sir, and you so comfortable here?'

'No, no,' he cried, petulantly. 'Thank you, Leaf. That will do.'

She lingered for a few moments, and was garrulous over some detail of the household. He sighed, and told her to manage things as she thought best. She left the room, wreathed in smiles.

As the door closed, Dorian put the key in his pocket, and looked round the room. His eye fell on a large purple satin coverlet heavily embroidered with gold, a splendid piece of late seventeenth-century Venetian work that his grandfather had found in a convent near Bologna. Yes, that would serve to wrap the dreadful thing in. It had perhaps served often as a pall for the dead. Now it was to hide something that had a corruption of its own, worse than the corruption of death itself—something that would breed horrors and yet would never die. What the worm was to the corpse, his sins would be to the painted image on the canvas. They would mar its beauty, and eat away its grace. They would defile it, and make it shameful. And yet the thing would still live on. It would be always alive.

He shuddered, and for a moment he regretted that he had not told Basil the true reason why he had wished to hide the picture away. Basil would have helped him to resist Lord Henry's influence, and the still more poisonous influences that came from his own temperament. The love that he bore him —for it was really love— had nothing in it that was not noble and intellectual. It was not that mere physical admiration of beauty that is born of the senses, and that dies when the senses tire. It was such love as Michael Angelo had known, and Montaigne, and Winckelmann, and Shakespeare himself.[13] Yes, Basil could have saved him. But it was too late now. The past could always be annihilated. Regret, denial, or forgetfulness could do that. But the future was inevitable. There were passions in him that would find their terrible outlet, dreams that would make the shadow of their evil real.

He took up from the couch the great purple-and-gold texture that covered it, and, holding it in his hands, passed behind the screen.

13 여기서 말하는 사랑이란 Alfred Douglas의 시 "Two Loves"에 나오는 "감히 이름을 말할 수 없는 사랑"(the love that dare not speak its name)으로 와일드의 두 번째 재판 당시 논란이 되었고 와일드가 직접 옹호했던 사랑이다. 와일드는 이러한 사랑이 다윗(David)과 요나단(Jonathan) 사이에 있었던 사랑이고, 셰익스피어의 소넷(sonnet)과 미켈란젤로(Michaelangelo)의 그림에 나오는 사랑이라고 말했다. 프랑스 에세이스트인 Michel Montaigne(1533-92)와 독일 고고학자이자 예술사가인 Johann Winckelmann(1717-68)은 동성연애자로 알려져 있다.

Was the face on the canvas viler than before? It seemed to him that it was unchanged; and yet his loathing of it was intensified. Gold hair, blue eyes, and rose-red lips—they all were there. It was simply the expression that had altered. That was horrible in its cruelty. Compared to what he saw in it of censure or rebuke, how shallow Basil's reproaches about Sibyl Vane had been!—how shallow, and of what little account! His own soul was looking out at him from the canvas and calling him to judgment. A look of pain came across him, and he flung the rich pall over the picture. As he did so, a knock came to the door. He passed out as his servant entered.

'The persons are here, Monsieur.'

He felt that the man must be got rid of at once. He must not be allowed to know where the picture was being taken to. There was something sly about him, and he had thoughtful, treacherous eyes. Sitting down at the writing-table, he scribbled a note to Lord Henry, asking him to send him round something to read, and reminding him that they were to meet at eight-fifteen that evening.

'Wait for an answer,' he said, handing it to him, 'and show the men in here.'

In two or three minutes there was another knock, and Mr. Hubbard himself, the celebrated frame-maker of South Audley Street, came in with a somewhat rough-looking young assistant. Mr. Hubbard was a florid, red-whiskered little man, whose admiration for art was considerably tempered by the inveterate impecuniosity of most of the artists who dealt with him. As a rule, he never left his shop. He waited for people to come to him. But he always made an exception in favour of Dorian Gray. There was something about Dorian that charmed everybody. It was a pleasure even to see him.

'What can I do for you, Mr. Gray?' he said, rubbing his fat freckled hands. 'I thought I would do myself the honour of coming round in person. I have just got a beauty of a frame, sir. Picked it up at a sale. Old Florentine. Came from Fonthill,[14] I believe. Admirably suited

14 바이런(Byron)이 좋아했던 고딕소설 *Vathek*의 저자 William Beckford는 Fonthill Wood에 고딕

for a religious subject, Mr. Gray.'

'I am so sorry you have given yourself the trouble of coming round, Mr. Hubbard. I shall certainly drop in and look at the frame—though I don't go in much at present for religious art—but to-day I only want a picture carried to the top of the house for me. It is rather heavy, so I thought I would ask you to lend me a couple of your men.'

'No trouble at all, Mr. Gray. I am delighted to be of any service to you. Which is the work of art, sir?'

'This,' replied Dorian, moving the screen back. 'Can you move it, covering and all, just as it is? I don't want it to get scratched going upstairs.'

'There will be no difficulty, sir,' said the genial frame-maker, beginning, with the aid of his assistant, to unhook the picture from the long brass chains by which it was suspended. 'And, now, where shall we carry it to, Mr. Gray?'

'I will show you the way, Mr. Hubbard, if you will kindly follow me. Or perhaps you had better go in front. I am afraid it is right at the top of the house. We will go up by the front staircase, as it is wider.'

He held the door open for them, and they passed out into the hall and began the ascent. The elaborate character of the frame had made the picture extremely bulky, and now and then, in spite of the obsequious protests of Mr. Hubbard, who had the true tradesman's spirited dislike of seeing a gentleman doing anything useful, Dorian put his hand to it so as to help them.

'Something of a load to carry, sir,' gasped the little man, when they reached the top landing. And he wiped his shiny forehead.

'I am afraid it is rather heavy,' murmured Dorian, as he unlocked the door that opened into the room that was to keep for him the curious secret of his life and hide his soul from the eyes of men.

He had not entered the place for more than four years—not, indeed,

맨션을 건축했다. 아마 이 그림틀(frame)은 1822년에 있었던 경매에서 나온 물건일 것이다.

since he had used it first as a play-room when he was a child, and then as a study when he grew somewhat older. It was a large, well-proportioned room, which had been specially built by the last Lord Kelso for the use of the little grandson whom, for his strange likeness to his mother, and also for other reasons, he had always hated and desired to keep at a distance. It appeared to Dorian to have but little changed. There was the huge Italian *cassone*,[15] with its fantastically-painted panels and its tarnished gilt mouldings, in which he had so often hidden himself as a boy. There the satinwood bookcase filled with his dog-eared schoolbooks. On the wall behind it was hanging the same ragged Flemish tapestry where a faded king and queen were playing chess in a garden, while a company of hawkers rode by, carrying hooded birds on their gauntleted wrists. How well he remembered it all! Every moment of his lonely childhood came back to him as he looked round. He recalled the stainless purity of his boyish life, and it seemed horrible to him that it was here the fatal portrait was to be hidden away. How little he had thought, in those dead days, of all that was in store for him!

But there was no other place in the house so secure from prying eyes as this. He had the key, and no one else could enter it. Beneath its purple pall, the face painted on the canvas could grow bestial, sodden, and unclean. What did it matter? No one could see it. He himself would not see it. Why should he watch the hideous corruption of his soul? He kept his youth—that was enough. And, besides, might not his nature grow finer, after all? There was no reason that the future should be so full of shame. Some love might come across his life, and purify him, and shield him from those sins that seemed to be already stirring in spirit and in flesh—those curious unpictured sins whose very mystery lent them their subtlety and their charm. Perhaps, some day, the cruel look would have passed away from the scarlet sensitive mouth, and he might show to the world Basil Hallward's masterpiece.

15 *cassone*: 르네상스 시대의 커다란 이탈리아 장식장.

No; that was impossible. Hour by hour, and week by week, the thing upon the canvas was growing old. It might escape the hideousness of sin, but the hideousness of age was in store for it. The cheeks would become hollow or flaccid. Yellow crow's-feet[16] would creep round the fading eyes and make them horrible. The hair would lose its brightness, the mouth would gape or droop, would be foolish or gross, as the mouths of old men are. There would be the wrinkled throat, the cold, blue-veined hands, the twisted body, that he remembered in the grandfather who had been so stern to him in his boyhood. The picture had to be concealed. There was no help for it.

'Bring it in, Mr. Hubbard, please,' he said, wearily, turning round. 'I am sorry I kept you so long. I was thinking of something else.'

'Always glad to have a rest, Mr. Gray,' answered the frame-maker, who was still gasping for breath. 'Where shall we put it, sir?'

'Oh, anywhere. Here: this will do. I don't want to have it hung up. Just lean it against the wall. Thanks.'

'Might one look at the work of art, sir?'

Dorian started. 'It would not interest you, Mr. Hubbard,' he said, keeping his eye on the man. He felt ready to leap upon him and fling him to the ground if he dared to lift the gorgeous hanging that concealed the secret of his life. 'I shan't trouble you any more now. I am much obliged for your kindness in coming round.'

'Not at all, not at all, Mr. Gray. Ever ready to do anything for you, sir.' And Mr. Hubbard tramped downstairs, followed by the assistant, who glanced back at Dorian with a look of shy wonder in his rough, uncomely face. He had never seen any one so marvellous.

When the sound of their footsteps had died away, Dorian locked the door, and put the key in his pocket. He felt safe now. No one would ever look upon the horrible thing. No eye but his would ever see his shame.

On reaching the library he found that it was just after five o'clock,

16 crow's-feet: 눈가의 주름.

and that the tea had been already brought up. On a little table of dark perfumed wood thickly incrusted with nacre, a present from Lady Radley, his guardian's wife, a pretty professional invalid, who had spent the preceding winter in Cairo, was lying a note from Lord Henry, and beside it was a book bound in yellow paper,[17] the cover slightly torn and the edges soiled. A copy of the third edition of *The St. James's Gazette*[18] had been placed on the tea-tray. It was evident that Victor had returned. He wondered if he had met the men in the hall as they were leaving the house, and had wormed[19] out of them what they had been doing. He would be sure to miss the picture—had no doubt missed it already, while he had been laying the tea-things. The screen had not been set back, and a blank space was visible on the wall. Perhaps some night he might find him creeping upstairs and trying to force the door of the room. It was a horrible thing to have a spy in one's house. He had heard of rich men who had been blackmailed all their lives by some servant who had read a letter, or overheard a conversation, or picked up a card with an address, or found beneath a pillow a withered flower or a shred of crumpled lace.

He sighed, and, having poured himself out some tea, opened Lord Henry's note. It was simply to say that he sent him round the evening paper, and a book that might interest him, and that he would be at the club at eight-fifteen. He opened *The St. James's* languidly, and looked through it. A red pencil-mark on the fifth page caught his eye. It drew attention to the following paragraph:

'INQUEST ON AN ACTRESS.—An inquest was held this morning at the Bell Tavern, Hoxton Road, by Mr. Danby, the District

---

17 도리언의 이 노란 책이 무엇인지는 문학사에서 가장 유명한 수수께끼 중의 하나이다. 상상적인 책이겠지만 부분적으로 그 시대의 전형적인 퇴폐주의 문학가인 위스망스(J. K. Huysmans)의 소설 『거꾸로』(*A Rebours*)의 영향을 받은 책으로 보인다. 출판 시에는 지워졌지만 원고에는 책 제목이 *Le Secret de Raoul*로, 이 책의 저자는 Catulle Sarrazin으로 되어 있다. 아마 이 이름은 프랑스 작가이자 비평가인 Gabriel Sarrazin과 시인인 Catulle Mendes의 이름을 합성한 것일 것이다.

18 *The St. James's Gazette*: 와일드와 주위 인물들이 읽었던 런던 신문 중의 하나. 와일드는 이 신문에 때때로 서평을 썼고 칼럼에서 예술과 도덕성의 문제를 다루었다.

19 worm: 비밀 등을 교묘히 알아내다.

Coroner, on the body of Sibyl Vane, a young actress recently engaged at the Royal Theatre, Holborn. A verdict of death by misadventure was returned. Considerable sympathy was expressed for the mother of the deceased, who was greatly affected during the giving of her own evidence, and that of Dr. Birrell, who had made the post-mortem examination of the deceased.'

He frowned, and, tearing the paper in two went across the room and flung the pieces away. How ugly it all was! And how horribly real ugliness made things! He felt a little annoyed with Lord Henry for having sent him the report. And it was certainly stupid of him to have marked it with red pencil. Victor might have read it. The man knew more than enough English for that.

Perhaps he had read it, and had begun to suspect something. And, yet, what did it matter? What had Dorian Gray to do with Sibyl Vane's death? There was nothing to fear. Dorian Gray had not killed her.

His eye fell on the yellow book that Lord Henry had sent him. What was it, he wondered. He went towards the little pearl-coloured octagonal stand, that had always looked to him like the work of some strange Egyptian bees that wrought in silver, and taking up the volume, flung himself into an armchair, and began to turn over the leaves. After a few minutes he became absorbed. It was the strangest book that he had ever read. It seemed to him that in exquisite raiment,[20] and to the delicate sound of flutes, the sins of the world were passing in dumb show before him. Things that he had dimly dreamed of were suddenly made real to him. Things of which he had never dreamed were gradually revealed.

It was a novel without a plot, and with only one character, being, indeed, simply a psychological study of a certain young Parisian, who spent his life trying to realize in the nineteenth century all the passions and modes of thought that belonged to every century except his own, and to sum up, as it were, in himself the various moods through which

20 raiment: 복장, 의복.

the world-spirit had ever passed, loving for their mere artificiality those renunciations that men have unwisely called virtue, as much as those natural rebellions that wise men still call sin. The style in which it was written was that curious jewelled style, vivid and obscure at once, full of argot[21] and of archaisms, of technical expressions and of elaborate paraphrases, that characterizes the work of some of the finest artists of the French school of Symbolistes.[22] There were in it metaphors as monstrous as orchids, and as subtle in colour. The life of the senses was described in the terms of mystical philosophy. One hardly knew at times whether one was reading the spiritual ecstasies of some mediæval saint or the morbid confessions of a modern sinner. It was a poisonous book. The heavy odour of incense seemed to cling about its pages and to trouble the brain. The mere cadence of the sentences, the subtle monotony of their music, so full as it was of complex refrains and movements elaborately repeated, produced in the mind of the lad, as he passed from chapter to chapter, a form of reverie, a malady of dreaming, that made him unconscious of the falling day and creeping shadows.

Cloudless, and pierced by one solitary star, a copper-green sky gleamed through the windows. He read on by its wan light till he could read no more. Then, after his valet had reminded him several times of the lateness of the hour, he got up, and, going into the next room, placed the book on the little Florentine table that always stood at his bedside, and began to dress for dinner.

It was almost nine o'clock before he reached the club, where he found Lord Henry sitting alone, in the morning-room, looking very much bored.

'I am so sorry, Harry,' he cried, 'but really it is entirely your

21 argot: slang or contemporary jargon

22 Symbolistes: 주로 프랑스 시인들로 이루어져 있고 사상이나 감정을 직접적으로 표현 하는 대신 간접적으로 암시하고자 하는데, 따라서 특정 사물, 낱말, 음에 상징적 의미를 부여한다. Baudelaire, Rimbaud, Mallarmé, Verlaine, Villiers d l'Isle Adam 등이 있다. 또한 이 부류에 속한 작가로는 낭만주의를 믿었을 뿐만 아니라 리얼리즘을 거부하고 중산층의 가치관을 무시한 위스망스(Huysmans)와 Pierre Loüys가 있다. 영국에서는 Arthur Symons가 *The Symbolist Movement in Literature* (1899)를 출판함으로써 상징주의를 대중화하는데 일조했다.

fault. That book you sent me so fascinated me that I forgot how the time was going.'

'Yes: I thought you would like it,' replied his host, rising from his chair.

'I didn't say I liked it, Harry. I said it fascinated me. There is a great difference.'

'Ah, you have discovered that?' murmured Lord Henry. And they passed into the dining-room.

CHAPTER XI

FOR years, Dorian Gray could not free himself from the influence of this book. Or perhaps it would be more accurate to say that he never sought to free himself from it. He procured from Paris no less than nine large-paper copies of the first edition, and had them bound in different colours, so that they might suit his various moods and the changing fancies of a nature over which he seemed, at times, to have almost entirely lost control. The hero, the wonderful young Parisian, in whom the romantic and the scientific temperaments were so strangely blended,[1] became to him a kind of prefiguring type of himself. And, indeed, the whole book seemed to him to contain the story of his own life, written before he had lived it.[2]

In one point he was more fortunate than the novel's fantastic hero. He never knew—never indeed, had any cause to know—that somewhat grotesque dread of mirrors, and polished metal surfaces, and still water, which came upon the young Parisian so early in his life, and was occasioned by the sudden decay of a beauty that had once, apparently, been so remarkable. It was with an almost cruel joy—and perhaps in nearly every joy, as certainly in every pleasure, cruelty has its place—that he used to read the latter part of the book, with its really tragic, if somewhat over-emphasized, account of the sorrow and despair of one who had himself lost what in others, and in the world, he had most dearly valued.

For the wonderful beauty that had so fascinated Basil Hallward, and many others besides him, seemed never to leave him. Even those who had heard the most evil things against him, and from time to time strange rumours about his mode of life crept through London

1 Walter Pater의 *The Renaissance: Studies in Art and Poetry* 중 제6장 Leonardo da Vinci의 *Mona Lisa*에 대한 묘사를 다루는 부분을 암시한다.

2 와일드에게 예언적인 문장. 1890년 *Lippincott's Monthly Magazine*에 이 작품이 실린 후 그는 Lord Alfred Douglas를 만나게 되었다. 와일드와 더글라스의 관계는 둘 모두에게 파멸을 가져왔다. 와일드는 감옥에 갇히고 파산하였으며 망명해야 했고 마침내 죽음을 맞이했다. 더글라스는 이 일로 인해 사회적으로 낙인이 찍혔다.

and became the chatter of the clubs, could not believe anything to his dishonour when they saw him. He had always the look of one who had kept himself unspotted from the world. Men who talked grossly became silent when Dorian Gray entered the room. There was something in the purity of his face that rebuked them. His mere presence seemed to recall to them the memory of the innocence that they had tarnished. They wondered how one so charming and graceful as he was could have escaped the stain of an age that was at once sordid and sensual.

Often, on returning home from one of those mysterious and prolonged absences that gave rise to such strange conjecture among those who were his friends, or thought that they were so, he himself would creep upstairs to the locked room, open the door with the key that never left him now, and stand, with a mirror, in front of the portrait that Basil Hallward had painted of him, looking now at the evil and aging face on the canvas, and now at the fair young face that laughed back at him from the polished glass. The very sharpness of the contrast used to quicken his sense of pleasure. He grew more and more enamoured of his own beauty, more and more interested in the corruption of his own soul. He would examine with minute care, and sometimes with a monstrous and terrible delight, the hideous lines that seared the wrinkling forehead or crawled around the heavy sensual mouth, wondering sometimes which were the more horrible, the signs of sin or the signs of age. He would place his white hands beside the coarse bloated hands of the picture, and smile. He mocked the misshapen body and the failing limbs.

There were moments, indeed, at night, when, lying sleepless in his own delicately-scented chamber, or in the sordid room of the little ill-famed tavern near the Docks,[3] which, under an assumed name, and in disguise, it was his habit to frequent, he would think of the ruin he had brought upon his soul, with a pity that was all the more poignant

3 the London Docks: 런던의 악명 높은 지역으로 도리언처럼 명망 있는 사람이 이 지역에서 발견되면 그는 즉시 비난을 받고 심지어는 사교계로부터 따돌림을 받을 수 있었다. “Chinatown”이라고도 불리었던 이곳에는 아편을 할 수 있는 많은 아편굴들이 있었다.

because it was purely selfish. But moments such as these were rare. That curiosity about life which Lord Henry had first stirred in him, as they sat together in the garden of their friend, seemed to increase with gratification. The more he knew, the more he desired to know. He had mad hungers that grew more ravenous as he fed them.

Yet he was not really reckless, at any rate in his relations to society. Once or twice every month during the winter, and on each Wednesday evening while the season lasted,[4] he would throw open to the world his beautiful house and have the most celebrated musicians of the day to charm his guests with the wonders of their art. His little dinners, in the settling of which Lord Henry always assisted him, were noted as much for the careful selection and placing of those invited, as for the exquisite taste shown in the decoration of the table, with its subtle symphonic arrangements of exotic flowers, and embroidered cloths, and antique plate of gold and silver. Indeed, there were many, especially among the very young men, who saw, or fancied that they saw, in Dorian Gray the true realization of a type of which they had often dreamed in Eton or Oxford days, a type that was to combine something of the real culture of the scholar with all the grace and distinction and perfect manner of a citizen of the world. To them he seemed to be of the company of those whom Dante describes as having sought to 'make themselves perfect by the worship of beauty.' Like Gautier, he was one for whom 'the visible world existed.'[5]

And, certainly, to him Life itself was the first, the greatest, of the arts, and for it all the other arts seemed to be but a preparation. Fashion, by which what is really fantastic becomes for a moment universal, and Dandyism,[6] which, in its own way, is an attempt to assert the absolute modernity of beauty, had, of course, their fascination for him. His mode of dressing, and the particular styles that from time

4 와일드는 수요일 저녁에 손님을 맞곤 했다. 런던의 사교 시즌은 5월부터 7월까지였다.

5 Gautier가 1832년에 출판한 시집 *Albertus*의 서문에 나오는 구절. "나는 바깥세상이 나를 위해서 존재하는 사람이다"(I am a man for whom the outside world exists).

6 Dandyism: 우아한 매너와 의상을 입어야 한다는 철학으로 당대의 관습과 인간 조건에 대해 비판적이면서 위트 있는 시각을 견지한다. 댄디가 보여주는 인위성은 위선과 독선에 대한 항의의 표시이다. 오스카 와일드는 대표적인 댄디로 알려져 있다.

to time he affected, had their marked influence on the young exquisites of the Mayfair balls and Pall Mall club[7] windows, who copied him in everything that he did, and tried to reproduce the accidental charm of his graceful, though to him only half-serious, fopperies.

For, while he was but too ready to accept the position that was almost immediately offered to him on his coming of age, and found, indeed, a subtle pleasure in the thought that he might really become to the London of his own day what to imperial Neronian Rome the author of the '*Satyricon*'[8] once had been, yet in his inmost heart he desired to be something more than a mere *arbiter elegantiarum*, to be consulted on the wearing of a jewel, or the knotting of a necktie, or the conduct of a cane. He sought to elaborate some new scheme of life that would have its reasoned philosophy and its ordered principles, and find in the spiritualizing of the senses its highest realization.

The worship of the senses has often, and with much justice, been decried, men feeling a natural instinct of terror about passions and sensations that seem stronger than themselves, and that they are conscious of sharing with the less highly organized forms of existence. But it appeared to Dorian Gray that the true nature of the senses had never been understood, and that they had remained savage and animal merely because the world had sought to starve them into submission or to kill them by pain, instead of aiming at making them elements of a new spirituality, of which a fine instinct for beauty was to be the dominant characteristic. As he looked back upon man moving through History, he was haunted by a feeling of loss. So much had been surrendered! and to such little purpose! There had been mad wilful rejections, monstrous forms of self-torture and self-denial,

7 St James Palace 근처에 위치해 있는 Pall Mall은 런던에서 가장 유명하고 명망 있는 곳으로 신사들의 클럽이 모여 있는 거리이다.

8 *Satyricon*: Tacitus가 Arbiter elegantiarum(우아함의 감식가란 의미)라는 이름을 붙여주었던 Gaius Petronius의 작품이다. 로마 네로 황제(Emperor Nero) 시대의 사치, 죄악, 사회적 풍습 등을 적나라하게 그리고 있는 책. Petronius 자신이 황제와 친했고 퇴폐적 행위에 참여한 사람이었지만 그러한 죄악, 풍습 등에 대해서는 풍자적이었다. 네로의 처형을 피하기 위해 자살했다고 알려져 있다. 위스망스(Huysmans)가 『거꾸로』(*A Rebours*)에서 이 책을 어느 정도 자세히 묘사하고 있다.

whose origin was fear, and whose result was a degradation infinitely more terrible than that fancied degradation from which, in their ignorance, they had sought to escape, Nature, in her wonderful irony, driving out the anchorite to feed with the wild animals of the desert and giving to the hermit the beasts of the field as his companions.

Yes: there was to be, as Lord Henry had prophesied, a new Hedonism[9] that was to recreate life, and to save it from that harsh, uncomely puritanism that is having, in our own day, its curious reviva l.[10] It was to have its service of the intellect, certainly; yet, it was never to accept any theory or system that would involve the sacrifice of any mode of passionate experience.[11] Its aim, indeed, was to be experience itself, and not the fruits of experience, sweet or bitter as they might be. Of the asceticism that deadens the senses, as of the vulgar profligacy that dulls them, it was to know nothing.[12] But it was to teach man to concentrate himself upon the moments of a life that is itself but a moment.[13]

There are few of us who have not sometimes wakened before dawn, either after one of those dreamless nights that make us almost enamoured of death, or one of those nights of horror and misshapen joy, when through the chambers of the brain sweep phantoms more terrible than reality itself, and instinct with that vivid life that lurks in all grotesques, and that lends to Gothic art[14] its enduring vitality, this art being, one might fancy, especially the art of those whose minds have been troubled with the malady of reverie. Gradually white fingers creep through the curtains, and they appear to tremble. In black fantas-

9 new Hedonism: 이 보다 앞 선 형태가 19세기 미학주의자의 신댄디즘(new Dandyism)이었다면 new Hedonism은 Pater가 *The Renaissance*의 결론에서 그리고, 그의 소설 *Marius the Epicurean*에서 "New Cyrenaicism"으로 주장한 철학을 와일드가 변형한 것이다.

10 우리시대에 이상하게 부활한 저 가혹하고 보기 흉한 청교도주의로부터 삶을 구해내는 것. 헨리의 자아 개발에 대한 주장은 곧 욕망을 억압하는 청교도주의에 대한 반대였다.

11 이 이론은 그것이 어떤 형태의 것이든 감각적인 경험의 희생을 포함하는 이론이나 체계는 수용하지 않는다.

12 Of the asceticism . . . that dulls them은 nothing 이후에 붙여서 해석할 것. 이 이론이 감각을 둔하게 하는 천박한 방탕과 다르듯이, 감각을 죽이는 극기주의와도 공통점이 전혀 없다.

13 그 자체가 순간에 불과한 인생, 그 인생의 순간들에 집중하도록 가르치는 것.

14 Gothic art: 서유럽에서 12세기부터 16세기까지 유행한 건축양식으로 끝이 뾰족한 아치가 주요한 특징이다.

tic shapes, dumb shadows crawl into the corners of the room, and crouch there. Outside, there is the stirring of birds among the leaves, or the sound of men going forth to their work, or the sigh and sob of the wind coming down from the hills, and wandering round the silent house, as though it feared to wake the sleepers, and yet must needs call forth sleep from her purple cave. Veil after veil of thin dusky gauze is lifted, and by degrees the forms and colours of things are restored to them, and we watch the dawn remaking the world in its antique pattern. The wan mirrors get back their mimic life. The flameless tapers stand where we had left them, and beside them lies the half-cut book that we had been studying,[15] or the wired flower that we had worn at the ball, or the letter that we had been afraid to read, or that we had read too often. Nothing seems to us changed. Out of the unreal shadows of the night comes back the real life that we had known. We have to resume it where we had left off, and there steals over us a terrible sense of the necessity for the continuance of energy in the same wearisome round of stereotyped habits, or a wild longing, it may be, that our eyelids might open some morning upon a world that had been refashioned anew in the darkness for our pleasure, a world in which things would have fresh shapes and colours, and be changed, or have other secrets, a world in which the past would have little or no place, or survive, at any rate, in no conscious form of obligation or regret, the remembrance even of joy having its bitterness, and the memories of pleasure their pain.

It was the creation of such worlds as these that seemed to Dorian Gray to be the true object, or amongst the true objects, of life; and in his search for sensations that would be at once new and delightful, and possess that element of strangeness that is so essential to romance, he would often adopt certain modes of thought that he knew to be really alien to his nature, abandon himself to their subtle influences, and then, having, as it were, caught their colour and satisfied his

15 half-cut book: 손으로 만든 책에서 큰 종이가 몇 등분으로 나뉘어 각 페이지를 이루는데 어떤 페이지는 가장자리가 잘리지 않은 채 남아있어서 독자가 종이칼로 잘라서 열어야 한다.

intellectual curiosity, leave them with that curious indifference that is not incompatible with a real ardour of temperament, and that indeed, according to certain modern psychologists,[16] is often a condition of it.

It was rumoured of him once that he was about to join the Roman Catholic communion;[17] and certainly the Roman ritual had always a great attraction for him. The daily sacrifice, more awful really than all the sacrifices of the antique world, stirred him as much by its superb rejection of the evidence of the senses as by the primitive simplicity of its elements and the eternal pathos of the human tragedy that it sought to symbolize. He loved to kneel down on the cold marble pavement, and watch the priest, in his stiffflowered dalmatic,[18] slowly and with white hands moving aside the veil of the tabernacle,[19] or raising aloft the jewelled lantern-shaped monstrance[20] with that pallid wafer that at times, one would fain think, is indeed the '*panis cælestis*,' the bread of angels, or, robed in the garments of the Passion of Christ, breaking the Host into the chalice, and smiting his breast for his sins. The fuming censers, that the grave boys, in their lace and scarlet, tossed into the air like great gilt flowers, had their subtle fascination for him. As he passed out, he used to look with wonder at the black confessionals, and long to sit in the dim shadow of one of them and listen to men and women whispering through the worn grating the true story of their lives.

But he never fell into the error of arresting his intellectual development by any formal acceptance of creed or system, or of mistaking,

16 아마 Wilhelm Wundt(1832-1920), Herbert Spencer(1820-1903), William James(1842-1910) 등을 가리킬 것이다. 새로운 과학에 대한 이들의 영향력은 확실했고, 이들의 사상은 헨리, 도리언, 서술자가 심리학, 생리학, 도덕 간의 관계에 대해 생각할 때 그들의 생각에 반영되어 나타난다.

17 참고로 와일드는 거의 40여 년 동안 개종을 생각했지만 임종을 맞이할 때에야 가톨릭교를 받아들였다.

18 dalmatic: (가톨릭) 달마티카 (제의(祭衣)의 일종). 소매가 넓은 외투로 미사 때 부제, 주교, 추기경 등이 입는다. 와일드는 원래 (성체) 강복식(降福式)(benediction) 때 입는 옷으로 cope라는 단어를 썼지만 1891년 판에서는 dalmatic으로 바꾸었다. 사실은 cope이 맞는 단어이다.

19 tabernacle: 감실 (龕室 tabernacle). 성체(예수의 몸)를 담은 성합(聖盒)을 넣어 보관하는 곳으로 성당의 중심이다.

20 monstrance: (가톨릭) 성체 안치기(聖體安置器).

for a house in which to live, an inn that is but suitable for the sojourn of a night, or for a few hours of a night in which there are no stars and the moon is in travail. Mysticism, with its marvellous power of making common things strange to us, and the subtle antinomianism[21] that always seems to accompany it, moved him for a season; and for a season he inclined to the materialistic doctrines of the *Darwinismus* movement in Germany,[22] and found a curious pleasure in tracing the thoughts and passions of men to some pearly cell in the brain, or some white nerve in the body, delighting in the conception of the absolute dependence of the spirit on certain physical conditions, morbid or healthy, normal or diseased. Yet, as has been said of him before, no theory of life seemed to him to be of any importance compared with life itself. He felt keenly conscious of how barren all intellectual speculation is when separated from action and experiment. He knew that the senses, no less than the soul, have their spiritual mysteries to reveal.

And so he would now study perfumes,[23] and the secrets of their manufacture, distilling heavily-scented oils, and burning odorous gums from the East. He saw that there was no mood of the mind that had not its counterpart in the sensuous life, and set himself to discover their true relations, wondering what there was in frankincense that made one mystical, and in ambergris that stirred one's passions, and in violets that woke the memory of dead romances, and in musk that troubled the brain, and in champak[24] that stained the imagination; and seeking often to elaborate a real psychology of perfumes, and to estimate the several influences of sweet-smelling roots, and scented pollen-laden flowers, of aromatic balms, and of dark and fragrant

21 antinomianism: 도덕률 폐기론. 은총으로 인해 도덕률의 규제로부터 자유로워졌다는 이단적 믿음. 더 나아가서, 도덕률과 교회의 가르침을 거부하는 사람들을 가리킬 때 사용되기도 한다.

22 독일에서 다윈주의를 대표하는 사람은 생물학자 Ernst Heinrich Haeckel(1834-1919)로서 다윈 자신도 진화론의 확산을 그의 공으로 돌렸다. 독일에서는 다윈 이론을 다른 학문에 활발하게 응용하였다. 와일드는 그 시대의 가장 영향력 있는 사람들로 다윈과 프랑스 사회철학자 르낭(Ernst Renan, 1823-92)을 꼽았다.

23 와일드는 향수에 대한 아이디어를 위스망스(Huysmans)의 『거꾸로』(*A Rebours*) 제10장에서 얻었다. 이 책의 주인공인 데 제상트(Des Esseintes)는 향수의 과학을 연구한다.

24 champak: 『거꾸로』의 데 제상트에 의하면 속치마의 향기를 내는 추출액.

woods, of spikenard[25] that sickens, of hovenia[26] that makes men mad, and of aloes that are said to be able to expel melancholy from the soul.

At another time he devoted himself entirely to music, and in a long latticed room, with a vermilion-and-gold ceiling and walls of olive-green lacquer, he used to give curious concerts in which mad gypsies tore wild music from little zithers, or grave yellow-shawled Tunisians plucked at the strained strings of monstrous lutes, while grinning negroes beat monotonously upon copper drums, and, crouching upon scarlet mats, slim turbaned Indians blew through long pipes of reed or brass, and charmed, or feigned to charm, great hooded snakes and horrible horned adders. The harsh intervals and shrill discords of barbaric music stirred him at times when Schubert's grace, and Chopin's beautiful sorrows, and the mighty harmonies of Beethoven himself, fell unheeded on his ear.[27] He collected together from all parts of the world the strangest instruments that could be found, either in the tombs of dead nations or among the few savage tribes that have survived contact with Western civilizations, and loved to touch and try them. He had the mysterious *juruparis* of the Rio Negro Indians,[28] that women are not allowed to look at, and that even youths may not see till they have been subjected to fasting and scourging, and the earthen jars of the Peruvians that have the shrill cries of birds, and flutes of human bones such as Alfonso de Ovalle[29] heard in Chili, and the sonorous green jaspers that are found near Cuzco and give forth a note of singular sweetness. He had painted gourds filled with

25 spikenard: 인디안 식물로부터 만들어진 향기 나는 연고.

26 hovenia: 데 제상트에 의하면 Japanese hovenia는 시트론(citron), 정향(clove), 등화유(橙花油, neroli)등을 혼합하여 만들어진다.

27 Franz Peter Schubert(1797-1828): 오스트리아 작곡가. Frédéric Chopin(1810-49): 프랑스-폴란드 작곡가 겸 피아니스트. Ludwig van Beethoven(1770-1827): 귀가 들리지 않게 된 후에 위대한 곡을 작곡했던 음악가.

28 와일드는 특이한 악기에 대한 상세한 내용을 Carl Engel이 쓴 『악기』(*Musical Instuments*)라는 핸드북에서 참고하였다. 한편 이 책 은 와일드가 이 장을 쓰기 위해서 참조한 South Kensington Museum Art Handbooks 시리즈 중 한 권이다.

29 Alfonso de Ovalle(1601-51): 칠레의 예수회 역사가. 그의 저서 *Historica relacion del reino de Chile* (1646)은 식민지 칠레에 대한 고전적인 설명서이다.

pebbles that rattled when they were shaken; the long *clarin* of the Mexicans, into which the performer does not blow, but through which he inhales the air; the harsh *ture* of the Amazon tribes, that is sounded by the sentinels who sit all day long in high trees, and can be heard, it is said, at a distance of three leagues; the *teponaztli*, that has two vibrating tongues of wood, and is beaten with sticks that are smeared with an elastic gum obtained from the milky juice of plants; the *yotl*-bells of the Aztecs, that are hung in clusters like grapes; and a huge cylindrical drum, covered with the skins of great serpents, like the one that Bernal Diaz saw when he went with Cortes into the Mexican temple, and of whose doleful sound he has left us so vivid a description. The fantastic character of these instruments fascinated him, and he felt a curious delight in the thought that Art, like Nature, has her monsters, things of bestial shape and with hideous voices. Yet, after some time, he wearied of them, and would sit in his box at the Opera, either alone or with Lord Henry, listening in rapt pleasure to 'Tannhäser,' and seeing in the prelude to that great work of art a presentation of the tragedy of his own soul.[30]

On one occasion he took up the study of jewels,[31] and appeared at a costume ball as Anne de Joyeuse, Admiral of France,[32] in a dress covered with five hundred and sixty pearls. This taste enthralled him for years, and, indeed, may be said never to have left him. He would often spend a whole day settling and resettling in their cases the various

30 바그너의 오페라에서 사랑하는 여인이 있는 데도 탄호이저는 Venusberg에서 일여 년 동안 환락을 즐긴다. 용서를 구하러 로마에 갔지만 교황의 지팡이에 새싹이 돋을 때에야 용서를 받게 될 거라는 말을 듣는다. 기적은 탄호이저가 떠난 지 3일째 되는 날 일어나지만, 이미 너무 늦은 이유는 그가 절망에 빠진 채 이미 Venusberg에 돌아와 있기 때문이다. 어쨌든 마침내 탄호이저는 용서를 받게 된다. 와일드는 성스러운 사랑과 세속적인 사랑 간의 갈등뿐만 아니라 기적적인 징후를 통해 신적인 용서를 보여준다는 아이디어에 매력을 느낀 듯하다. 도리언은 나중에 그의 초상화에서 그러한 기적적인 징후를 찾으려 애쓰지만 헛수고일 뿐이다.

31 『거꾸로』에서 데 제상트의 보석 연구는 이 보다 훨씬 정교하다. 위스망스는 그의 소설에서 주인공이 그의 삶에서 새로운 감각과 새로운 미적 효과를 창조하도록 하기 위해 보석을 사용한다. 와일드도 이야기에 신비스럽고 퇴폐적인 풍미를 더하기 위하여 보석과 관련된 일화를 강조하였다. 그는 보석에 대한 많은 정보를 A. H. Church의 *Precious Stones* (1882)에서 얻었고, 많은 이야기들은 William Jones의 *History and Mystery of Precious Stones* (1880)에서 따왔다.

32 Anne de Joyeuse는 동성애자였던 프랑스왕 앙리 3세(Henri III)의 사랑을 받은 사람이었다. 왕은 그에게 공작과 제독(admiral)의 칭호를 주었다. 둘 다 여성 옷차림을 하고 사람들 앞에 나타나곤 했다.

stones that he had collected, such as the olive-green chrysoberyl that turns red by lamplight, the cymophane with its wire-like line of silver, the pistachio-coloured peridot, rose-pink and wine-yellow topazes, carbuncles of fiery scarlet with tremulous four-rayed stars, flame-red cinnamon-stones, orange and violet spinels, and amethysts with their alternate layers of ruby and sapphire. He loved the red gold of the sunstone, and the moonstone's pearly whiteness, and the broken rainbow of the milky opal. He procured from Amsterdam three emeralds of extraordinary size and richness of colour, and had a turquoise *de la vieille roche*[33] that was the envy of all the connoisseurs.

He discovered wonderful stories, also, about jewels. In Alphonso's[34] 'Clericalis Disciplina' a serpent was mentioned with eyes of real jacinth, and in the romantic history of Alexander,[35] the Conqueror of Emathia was said to have found in the vale of Jordan snakes 'with collars of real emeralds growing on their backs.' There was a gem in the brain of the dragon, Philostratus[36] told us, and 'by the exhibition of golden letters and a scarlet robe' the monster could be thrown into a magical sleep, and slain. According to the great alchemist, Pierre de Boniface,[37] the diamond rendered a man invisible, and the agate of India made him eloquent. The cornelian appeased anger, and the hyacinth provoked sleep, and the amethyst drove away the fumes of wine. The garnet cast out demons, and the hydropicus deprived the moon of her colour. The selenite waxed and waned with the moon, and the meloceus, that discovers thieves, could be affected only by the blood of kids. Leonardus Camillus[38] had seen a white stone taken from the brain of a newly-killed toad, that was a certain antidote against poison. The bezoar,[39] that was found in the heart of the Arabian

33 *de la vieille roche*: from an old stone. 다시 말해서, of the finest quality.

34 St Alfonso dei Liguori(1696-1787): 이탈리아의 도덕 신학자, 저술가, 음악가, 시인.

35 Alexander the great(356-323 B.C.): 장수의 지도력과 용기, 학자의 절제와 지혜를 겸비한 자로 이상화된 군왕.

36 Philostratus(A.D. 170-245): 그리스의 소피스트(궤변가)이자 전기 작가. 이 이야기는 트로이 전쟁을 다루는 *Heroicus*에 나온다.

37 Pierre de Boniface: 연금술사. 보석의 가치에 대한 원고를 저술함.

38 Leonardus Camillus: 이탈리아의 의사로 *The Mirror of Stones*를 썼다.

39 bezoar: 소·양 등의 위나 장에 생기는 결석(結石).

deer, was a charm that could cure the plague. In the nests of Arabian birds was the aspilates, that, according to Democritus,[40] kept the wearer from any danger by fire.

The King of Ceilan[41] rode through his city with a large ruby in his hand, at the ceremony of his coronation. The gates of the palace of John the Priest[42] were 'made of sardius, with the horn of the horned snake inwrought, so that no man might bring poison within.' Over the gable were 'two golden apples, in which were two carbuncles,' so that the gold might shine by day, and the carbuncles by night. In Lodge's strange romance '*A Margarite of America*'[43] it was stated that in the chamber of the queen one could behold 'all the chaste ladies of the world, inchased out of silver, looking through fair mirrors of chrysolites, carbuncles, sapphires, and greene emeraults.' Marco Polo[44] had seen the inhabitants of Zipangu[45] place rose-coloured pearls in the mouths of the dead. A sea-monster had been enamoured of the pearl that the diver brought to King Perozes,[46] and had slain the thief, and mourned for seven moons over its loss. When the Huns lured the king into the great pit, he flung it away—Procopius[47] tells the story—nor was it ever found again, though the Emperor Anastasius[48]

40 Democritus(460-370 B.C.): 아테네 출신 그리스 철학자.

41 Ceilan: Ceylon으로 현재는 스리랑카. Sinhalese 왕조의 통치자들은 가장 크고 질 좋은 루비를 가지고 있었던 것으로 전해진다.

42 John the Priest: 이시이니 이프리카에 있는 유도피아적인 기독교 국가를 통치했던 중세의 전실적인 군주. 보통 Prester John 혹은 Presbyter John으로 불리며 그의 이야기는 성배(Holy Grail)를 포함한 전설과 얽혀있다.

43 Thomas Lodge(1558?-1625)의 *A Margarite of America*는 그가 예수회 학교에서 발견한 스페인 책을 토대로 하여 씌어졌다고 한다.

44 Marco Polo(1254-1324): 베니스의 여행가이자 탐험가. 그의 여행서는 동양의 신비를 서양에 소개했다.

45 Zipangu(or Cipango): 마르코 폴로의 Voyages에 묘사된 섬으로 육지로부터 1500마일 쯤 떨어진 곳에 위치한 것으로 되어 있다. 아마 일본일 가능성도 있다. 이 섬은 Columbus와 다른 항해사들이 찾으려고 했으나 모두 실패하여 상상적인 유토피아로 남아있다.

46 King Perozes: AD 457년부터 484년까지 페르시아를 통치한 이 왕은 백훈족(White Hun)이라고도 불리는 헤프탈족(Ephthalites)과의 전쟁 중에 동부 사막("the great pit)으로 유인되어 살해되었고 가족과 보물을 빼앗겼다.

47 Procopius: 6세기 비잔티움의 교회역사가. 그는 King Perozes의 전쟁과 죽음에 대한 이야기를 그의 저서 *Histories* 첫 권에서 기록하고 있다.

48 Emperor Anastasius: 비잔티움의 Emperor Anastasius I. 욕심이 많아서 신하들에게 인기가 없었다고 한다.

offered five hundred-weight of gold pieces for it. The King of Malabar[49] had shown to a certain Venetian a rosary of three hundred and four pearls, one for every god that he worshipped.[50]

When the Duke de Valentinois,[51] son of Alexander VI., visited Louis XII. of France,[52] his horse was loaded with gold leaves, according to Brantôe, and his cap had double rows of rubies that threw out a great light. Charles of England[53] had ridden in stirrups hung with four hundred and twenty-one diamonds. Richard II. had a coat, valued at thirty thousand marks, which was covered with balas rubies. Hall[54] described Henry VIII., on his way to the Tower[55] previous to his coronation, as wearing 'a jacket of raised gold, the placard embroidered with diamonds and other rich stones, and a great bauderike[56] about his neck of large balasses.'[57] The favourites of James I. wore ear-rings of emeralds set in gold filigrane.[58] Edward II. gave to Piers Gaveston[59] a suit of red-gold armour studded with jacinths, a collar of gold roses set with turquoise-stones, and a skull-cap *parsemé*[60] with pearls. Henry II. wore jewelled gloves reaching to the elbow, and had a hawk-glove sewn with twelve rubies and fifty-two great orients. The ducal hat of Charles the Rash, the last Duke of Burgundy of his race,[61] was hung with pear-shaped pearls, and studded with sapphires.

49 Malabar: 인도의 서해안에 위치해 있고 17세기까지 힌두교 군주들에 의해 통치되었으나 포르투갈의 선교사들로부터 강한 기독교적 영향을 받았다.

50 서양 교회의 묵주에는 165개의 구슬이 꿰어져 있고, 터어키와 그리스의 동방교회는 99개, 러시아 정교회는 103개(4개의 큰 구슬이 이들을 나누고 있다)로 되어 있지만, 아마 힌두교 신자인 Malabar 왕은 훨씬 더 많은 신들을 숭배했을 것이다.

51 Duke de Valentinois(1475-1507): 교황 Alexander VI의 아들.

52 이 단락에서 언급되는 사람들은 과장된 종류의 쾌락주의를 공유하고 있을 뿐만 아니라 악명 높은 동성애자들로 간주된다.

53 영국의 Charles I(1600-49)는 보석에 대한 강한 애착을 가지고 있었다.

54 Edward Hall: 역사가로 셰익스피어가 극을 쓸 때 주로 그의 기록을 많이 참고했다.

55 The Tower of London: 헨리 8세 시대에 왕의 궁궐이었던 곳.

56 bauderike: 보석이 박힌 목걸이.

57 balasses: 발라스 루비 (붉은 장미색 또는 오렌지색의 루비).

58 filigrane: filigree에 대한 프랑스 용어. (금·은 등의) 선조(線條) 세공; 맞비치게 한 금속 세공.

59 Piers Gaveston: 영국왕 에드워드 2세의 동성애 상대자로 1312년에 그의 적들에 의해 참수되었다.

60 *parsemé*: strewn, spangled. 총총히 박힌, 반짝이는.

61 Charles the Rash, Duke of Burgundy는 대부분의 시간을 그가 통합하려고 애썼지만 실패했던 스위스와 싸우는데 보냈다. 그는 전쟁터에서 전사했고 그의 시신은 그가 끼었던 반지에 의해 확인되었다.

How exquisite life had once been! How gorgeous in its pomp and decoration! Even to read of the luxury of the dead was wonderful.

Then he turned his attention to embroideries,[62] and to the tapestries that performed the office of frescoes in the chill rooms of the Northern nations of Europe. As he investigated the subject—and he always had an extraordinary faculty of becoming absolutely absorbed for the moment in whatever he took up—he was almost saddened by the reflection of the ruin that Time brought on beautiful and wonderful things. He, at any rate, had escaped that. Summer followed summer, and the yellow jonquils bloomed and died many times, and nights of horror repeated the story of their shame, but he was unchanged. No winter marred his face or stained his flower-like bloom. How different it was with material things! Where had they passed to? Where was the great crocus-coloured robe, on which the gods fought against the giants, that had been worked by brown girls for the pleasure of Athena?[63] Where, the huge velarium that Nero had stretched across the Colosseum at Rome, that Titan sail of purple on which was represented the starry sky, and Apollo driving a chariot drawn by white gilt-reined steeds?[64] He longed to see the curious table-napkins wrought for the Priest of the Sun, on which were displayed all the dainties and viands[65] that could be wanted for a feast; the mortuary cloth of King Chilperic,[66] with its three hundred golden bees; the fantastic robes that excited the indignation of the Bishop of Pontus,[67] and were figured with 'lions, panthers, bears, dogs, forests, rocks, hunters—all, in fact, that a painter can copy from nature' and the coat that Charles of Orleans[68] once wore, on the sleeves of which

62 와일드는 자수에 대한 이 부분의 세부내용을 그가 편집자로서 서평을 쓴 바 있던 책, Ernest Lefébure의 *Embridery and Lace: Their Manufacture and History from the Remoted Antiquity to the Present* (1888)를 참조하여 얻었다.

63 Pallas Athena: 전쟁, 평화, 지혜의 여신. Minerva in Roman.

64 빛의 신 아폴로는 예술가들에 의해 자주 2륜 전차(戰車)를 몰고 가는 모습으로 재현된다.

65 dainty: 맛있는 것. 진미. viand: 음식물. 식품.

66 King Chilperic: 프랑크 족의 왕으로 탐욕스럽고, 잔인하며 비도덕적인 인물로 알려져 있다. AD 584년에 칼에 찔려 죽음.

67 Bishop of Pontus(1521-1605): Pontus de Thiard or Tyard. 프랑스에서 일어났던 시 르네상스의 주동 인물.

were embroidered the verses of a song beginning '*Madame, je suis tout joyeux*,'[69] the musical accompaniment of the words being wrought in gold thread, and each note, of square shape in those days, formed with four pearls. He read of the room that was prepared at the palace at Rheims[70] for the use of Queen Joan of Burgundy, and was decorated with 'thirteen hundred and twenty-one parrots, made in broidery, and blazoned with the king's arms, and five hundred and sixty-one butterflies, whose wings were similarly ornamented with the arms of the queen, the whole worked in gold.' Catherine de Méicis[71] had a mourning-bed[72] made for her of black velvet powdered with crescents and suns. Its curtains were of damask, with leafy wreaths and garlands, figured upon a gold and silver ground, and fringed along the edges with broideries of pearls, and it stood in a room hung with rows of the queen's devices in cut black velvet upon cloth of silver. Louis XIV. had gold-embroidered caryatides[73] fifteen feet high in his apartment. The state bed of Sobieski, King of Poland,[74] was made of Smyrna gold brocade embroidered in turquoises with verses from the Koran. Its supports were of silver gilt, beautifully chased, and profusely set with enamelled and jewelled medallions. It had been taken from the Turkish camp before Vienna, and the standard of Mohammed had stood beneath the tremulous gilt of its canopy.

And so, for a whole year, he sought to accumulate the most exquisite specimens that he could find of textile and embroidered work, getting the dainty Delhi muslins, finely wrought with gold-thread palmates,[75] and stitched over with iridescent beetles' wings; the Dacca

68 Charles of Orleans(1391-1465): 프랑스 루이 12세의 아버지. 시인. Agincourt 전쟁에서 포로가 되어 영국에 거의 25년 동안 잡혀 있었다. 몸값을 치루고 풀려난 후 그 당시 프랑스의 유명한 문인들과 교류하며 지냈다.

69 *Madame, je suis tout joyeux*: Madam, I am quite delighted.

70 Rheims: 프랑스에서는 10세기 말부터 대부분의 왕들과 왕비들의 대관식이 Rheims에서 열렸다.

71 Catherine de Méicis(1519-89): 프랑스의 헨리 2세가 될 사람과 결혼함으로써 왕비가 되었다. 사치로 유명했고 음모와 암살로 악명을 날렸다.

72 a mourning-bed: 완전히 검은 천으로 덮인 과부의 4주식 침대.

73 caryatide: 여성의 형상으로 조각된 기둥.

74 Sobieski, King of Poland: 요한 3세(John III)로서 터키를 점령하고 포위된 비엔나를 해방시켰던 폴란드의 왕.

75 palmates: palm shapes.

gauzes, that from their transparency are known in the East as 'woven air,' and 'running water,' and 'evening dew' strange figured cloths from Java; elaborate yellow Chinese hangings; books bound in tawny satins or fair blue silks, and wrought with *fleurs de lys*,[76] birds, and images; veils of *lacis*[77] worked in Hungary point; Sicilian brocades, and stiff Spanish velvets; Georgian work with its gilt coins, and Japanese *Foukousas*[78] with their green-toned golds and their marvellously-plumaged birds.

He had a special passion, also, for ecclesiastical vestments,[79] as indeed he had for everything connected with the service of the Church. In the long cedar chests that lined the west gallery of his house he had stored away many rare and beautiful specimens of what is really the raiment of the Bride of Christ,[80] who must wear purple and jewels and fine linen that she may hide the pallid macerated body that is worn by the suffering that she seeks for, and wounded by self-inflicted pain. He possessed a gorgeous cope of crimson silk and gold-thread damask, figured with a repeating pattern of golden pomegranates set in six-petalled formal blossoms, beyond which on either side was the pine-apple device wrought in seed-pearls. The orphreys[81] were divided into panels representing scenes from the life of the Virgin, and the coronation of the Virgin was figured in coloured silks upon the hood. This was Italian work of the fifteenth century. Another cope was of green velvet, embroidered with heart-shaped groups of acanthus-leaves, from which spread long-stemmed white blossoms, the details of which were picked out with silver thread and coloured crystals. The morse bore a seraph's head in gold-thread raised work. The orphreys were woven in a diaper[82] of red and gold silk, and were starred with medallions of many saints and martyrs, among whom was St. Sebastian.[83] He

76 *fleurs de lys*: 프랑스 귀족의 상징. 진짜 꽃이라기보다는 문장(紋章)의 도안으로 쓰인다.
77 *lacis*: network.
78 *Foukousas*: 자수가 놓아진 사각형 비단 선물 포장지.
79 ecclesiastical vestments: 성직자의 제복.
80 Bride of Christ: 가톨릭교의 수녀.
81 orphrey: 성직자 제복에서 정교하게 자수된 가장자리 장식.
82 diaper: 마름모꼴 무늬가 있는 천.
83 St. Sebastian: 3세기경 로마의 순교자. Diocletian 황제는 그를 총애하였으나 그의 기독교 신앙 때문에 궁사들로 하여금 그에게 활을 쏘도록 명령했다.

had chasubles,[84] also, of amber-coloured silk, and blue silk and gold brocade, and yellow silk damask and cloth of gold, figured with representations of the Passion and Crucifixion of Christ, and embroidered with lions and peacocks and other emblems; dalmatics[85] of white satin and pink silk damask, decorated with tulips and dolphins and *fleurs de lys* altar frontals[86] of crimson velvet and blue linen; and many corporals[87], chalice-veils[88], and sudaria.[89] In the mystic offices to which such things were put, there was something that quickened his imagination.

For these treasures, and everything that he collected in his lovely house, were to be to him means of forgetfulness, modes by which he could escape, for a season, from the fear that seemed to him at times to be almost too great to be borne. Upon the walls of the lonely locked room where he had spent so much of his boyhood, he had hung with his own hands the terrible portrait whose changing features showed him the real degradation of his life, and in front of it had draped the purple-and-gold pall as a curtain. For weeks he would not go there, would forget the hideous painted thing, and get back his light heart, his wonderful joyousness, his passionate absorption in mere existence. Then, suddenly, some night he would creep out of the house, go down to dreadful places near Blue Gate Fields,[90] and stay there, day after day, until he was driven away. On his return he would sit in front of the picture, sometimes loathing it and himself, but filled, at other times, with that pride of individualism that is half the fascination of sin, and smiling, with secret pleasure, at the misshapen shadow that had to bear the burden that should have been his own.

After a few years he could not endure to be long out of England, and gave up the villa that he had shared at Trouville[91] with Lord

84 chasubles: 미사 중 성직자가 장백의(長白衣) 위에 입는 긴, 소매 없는 제복.
85 dalmatic: 주교와 부제가 입는 헐겁고 소매가 넓은 제복.
86 altar frontal: 제단 앞에 드리워져 있는 장식된 제단 천.
87 corporal: 미사 중 그 위에 포도주와 빵을 놓은 린넨 천.
88 chalice-veil: 미사 중 성배를 덮어두는 장식된 사각형 천; sudaria: 땀을 닦기 위해 사용되는 손수건 혹은 냅킨.
89 도리언의 관심사였던 성직자의 제복은 또한 『거꾸로』의 주인공 데 제상트의 관심사이기도 했다.
90 near Blue Gate Fields: East End에서 Limehouse와 London Dock 근처, Commercial Road와 New Road 사이.

Henry, as well as the little white walled-in house at Algiers where they had more than once spent the winter. He hated to be separated from the picture that was such a part of his life, and was also afraid that during his absence some one might gain access to the room, in spite of the elaborate bars that he had caused to be placed upon the door.

He was quite conscious that this would tell them nothing. It was true that the portrait still preserved, under all the foulness and ugliness of the face, its marked likeness to himself; but what could they learn from that? He would laugh at any one who tried to taunt him. He had not painted it. What was it to him how vile and full of shame it looked? Even if he told them, would they believe it?

Yet he was afraid. Sometimes when he was down at his great house in Nottinghamshire, entertaining the fashionable young men of his own rank who were his chief companions, and astounding the country by the wanton luxury and gorgeous splendour of his mode of life, he would suddenly leave his guests and rush back to town to see that the door had not been tampered with, and that the picture was still there. What if it should be stolen? The mere thought made him cold with horror. Surely the world would know his secret then. Perhaps the world already suspected it.

For, while he fascinated many, there were not a few who distrusted him. He was very nearly blackballed at a West End club of which his birth and social position fully entitled him to become a member, and it was said that on one occasion, when he was brought by a friend into the smoking-room of the Churchill,[92] the Duke of Berwick and another gentleman got up in a marked manner and went out. Curious stories became current about him after he had passed his twenty-fifth

---

91 **Trouville**: 노르만디 해안에 있는 일류 휴양지로 와일드가 좋아하던 곳이었다. 마찬가지로 와일드가 선호한 휴양지는 알제리의 수도 알제(**Algiers**)인데 이곳은 겨울 휴양지로서 인기 있던 곳이었다. 와일드는 **Douglas**를 **1895**년 **1**월에 이곳에 데려간 바 있다.

92 **the Churchill**: 런던에 이런 이름의 클럽은 없었다. 와일드가 클럽의 실제 이름을 사용하는 것은 현명하지 않다고 생각했을 것이다. 아마 나중에 에드워드 **7**세가 된 **Prince of Wales**가 세운 **the Marlborough Club**을 염두에 두고 썼는지 모른다. 이 클럽은 매우 비개방적이어서 사전에 왕자로부터 승인을 받지 않으면 회원이 될 수 없었다.

year. It was rumoured that he had been seen brawling with foreign sailors in a low den in the distant parts of Whitechapel, and that he consorted with thieves and coiners and knew the mysteries of their trade. His extraordinary absences became notorious, and, when he used to reappear again in society, men would whisper to each other in corners, or pass him with a sneer, or look at him with cold searching eyes, as though they were determined to discover his secret.

Of such insolences and attempted slights he, of course, took no notice, and in the opinion of most people his frank debonnair manner, his charming boyish smile, and the infinite grace of that wonderful youth that seemed never to leave him, were in themselves a sufficient answer to the calumnies, for so they termed them, that were circulated about him. It was remarked, however, that some of those who had been most intimate with him appeared, after a time, to shun him. Women who had wildly adored him, and for his sake had braved all social censure and set convention at defiance, were seen to grow pallid with shame or horror if Dorian Gray entered the room.

Yet these whispered scandals only increased, in the eyes of many, his strange and dangerous charm. His great wealth was a certain element of security. Society, civilized society at least, is never very ready to believe anything to the detriment of those who are both rich and fascinating. It feels instinctively that manners are of more importance than morals,[93] and, in its opinion, the highest respect ability is of much less value than the possession of a good *chef*. And, after all, it is a very poor consolation to be told that the man who has given one a bad dinner, or poor wine, is irreproachable in his private life. Even the cardinal virtues cannot atone for half-cold *entrés*,[94] as Lord Henry remarked once, in a discussion on the subject; and there is possibly a good deal to be said for his view. For the canons of good society are, or should be, the same as the canons of art. Form is absolutely essential to it. It should have the dignity of a ceremony, as well as

93 manners are of more importance than morals: 유명한 경구. 와일드의 「예술가로서의 비평가」와 *Lady Windermere's Fan*에도 나온다.

94 *entrés*: 식사의 주요한 코스.

its unreality, and should combine the insincere character of a romantic play with the wit and beauty that make such plays delightful to us. Is insincerity such a terrible thing? I think not.[95] It is merely a method by which we can multiply our personalities.

Such, at any rate, was Dorian Gray's opinion. He used to wonder at the shallow psychology of those who conceive the Ego in man as a thing simple, permanent, reliable, and of one essence. To him, man was a being with myriad lives and myriad sensations, a complex multiform creature that bore within itself strange legacies of thought and passion, and whose very flesh was tainted with the monstrous maladies of the dead. He loved to stroll through the gaunt cold picture-gallery of his country house and look at the various portraits of those whose blood flowed in his veins. Here was Philip Herbert,[96] described by Francis Osborne, in his *Memoires on the Reigns of Queen Elizabeth and King James,* as one who was 'caressed by the Court for his handsome face, which kept him not long company.' Was it young Herbert's life that he sometimes led? Had some strange poisonous germ crept from body to body till it had reached his own? Was it some dim sense of that ruined grace that had made him so suddenly, and almost without cause, give utterance, in Basil Hallward's studio, to the mad prayer that had so changed his life? Here, in gold-embroidered red doublet, jewelled surcoat, and gilt-edged ruff and wrist-bands, stood Sir Anthony Sherard,[97] with his silver-and-black armour piled at his feet. What had this man's legacy been? Had the lover of Giovanna of Naples[98] bequeathed him some inheritance of

95 서술이 3인칭에서 1인칭으로 바뀐 예.

96 Philip Herbert(1584-1650): Earl of Montgomery and 4th Earl of Pembroke. 동성애자인 영국의 왕 제임스 1세가 총애하던 미남자. Francis Osborne의 *Traditional Memoirs of the Reigns of Queen Elizabeth and King James I*(1658)에서 인용된 문장은 "caressed by King James for his handsome face"로 바뀌어야 한다.

97 Sir Anthony Sherard: 와일드의 익살이 보이는 부분. 그는 이 이름을 나중에 전기 작가가 된 그의 친구에게서 빌려 왔다. 이 친구는 기질 상 전혀 Giovanna of Naples의 애인이 될 만한 사람이 아니었다. Sherard가 동명의 친척이 있다고 반대하자 와일드는 악명 높은 조상들의 초상이 걸려있는 곳으로 그를 옮겼다.

98 Giovanna of Naples(1371-1455): 니폴리의 여왕 Giovanna II로 그녀의 비도덕성과 궁전의 타락으로 악명이 높았다.

sin and shame? Were his own actions merely the dreams that the dead man had not dared to realize? Here, from the fading canvas, smiled Lady Elizabeth Devereux,[99] in her gauze hood, pearl stomacher,[1] and pink slashed sleeves. A flower was in her right hand, and her left clasped an enamelled collar of white and damask roses. On a table by her side lay a mandolin and an apple. There were large green rosettes upon her little pointed shoes. He knew her life, and the strange stories that were told about her lovers. Had he something of her temperament in him? These oval heavy-lidded eyes seemed to look curiously at him. What of George Willoughby,[2] with his powdered hair and fantastic patches? How evil he looked! The face was saturnine and swarthy, and the sensual lips seemed to be twisted with disdain. Delicate lace ruffles fell over the lean yellow hands that were so overladen with rings. He had been a macaroni[3] of the eighteenth century, and the friend, in his youth, of Lord Ferrars.[4] What of the second Lord Beckenham, the companion of the Prince Regent[5] in his wildest days, and one of the witnesses at the secret marriage with Mrs. Fitzherbert? How proud and handsome he was, with his chestnut curls and insolent pose! What passions had he bequeathed? The world had looked upon him as infamous. He had led the orgies at Carlton House.[6] The star of the Garter[7] glittered upon his breast. Beside him hung the portrait of his wife, a pallid, thin-lipped woman in black. Her blood, also, stirred within him. How curious it all seemed! And his mother

---

99 Elizabeth Devereux: 허구적 인물.

1 stomacher: 15세기부터 17세기까지 유행했던 여자의 장식적인 가슴 옷.

2 George Willoughby: 와일드는 그 시대의 한 바리톤 가수로부터 이 이름을 따왔는지 모른다.

3 macaroni: 18세기에 해외여행을 다니며 유럽대륙의 취향과 패션을 흉내 내던 젊은이들. 멋쟁이. 댄디.

4 Lord Ferrars: 아마 자신의 청지기를 살해했고 중죄로 기소되어 처형당한 4th Earl Ferrers(1720-60)를 가리키는 듯하다.

5 the Prince Regent: 나중에 영국의 왕 George IV가 된 인물로 미성년자일 때 가톨릭 신자이자 두 번 결혼한 Maria Anne Fitzherbert와 불법적인 결혼을 하였다. 하지만 그가 Caroline of Brunswick과 정식 결혼을 한 후에 Maria는 왕실의 인정을 받게 되었다.

6 Carlton House: 나중에 George III가 된 Prince of Wales가 구입했으나 그의 아들 Prince Regent(나중에 George IV가 됨)가 성년이 되면서 차지하게 되었다. 그는 아버지가 죽을 때까지 그 집을 그의 런던 저택으로 사용하였다.

7 The star of the Garter: 영국 기사(knight) 최고의 훈장은 가터 훈위(勳位)이다. star는 여기서 "별"이라는 뜻이 아니라 핀으로 왼쪽 가슴에 다는 훈장을 말한다.

with her Lady Hamilton[8] face, and her moist wine-dashed lips—he knew what he had got from her. He had got from her his beauty, and his passion for the beauty of others. She laughed at him in her loose Bacchante dress. There were vine leaves in her hair. The purple spilled from the cup she was holding. The carnations of the painting had withered, but the eyes were still wonderful in their depth and brilliancy of colour. They seemed to follow him wherever he went.

Yet one had ancestors in literature, as well as in one's own race, nearer perhaps in type and temperament, many of them, and certainly with an influence of which one was more absolutely conscious. There were times when it appeared to Dorian Gray that the whole of history was merely the record of his own life, not as he had lived it in act and circumstance, but as his imagination had created it for him, as it had been in his brain and in his passions. He felt that he had known them all, those strange terrible figures that had passed across the stage of the world and made sin so marvellous and evil so full of subtlety. It seemed to him that in some mysterious way their lives had been his own.

The hero of the wonderful novel that had so influenced his life had himself known this curious fancy. In the seventh chapter he tells how, crowned with laurel, lest lightning might strike him, he had sat, as Tiberius,[9] in a garden at Capri, reading the shameful books of Elephantis,[10] while dwarfs and peacocks strutted round him and the flute-player mocked the swinger of the censer; and, as Caligula,[11] had caroused with the green-shirted jockeys in their stables, and supped

8 Lady Hamilton: Lady Emma Hamilton(1765-1815). 나폴리의 영국 대사인 Sir William Hamilton의 아내. 시골의 미천한 집안 출신의 처녀였지만 그 시대 최고의 미인으로 알려져 있다. 넬슨 제독과의 연애로도 유명하다. George Romney은 그의 모델이었던 그녀의 그림을 23장이나 그렸다.

9 Tiberius: 시저(Augustus Caesar)를 계승한 두 번째 로마 황제(A.D. 14-37). 능력 있는 통치자이었지만 잔인했고 카프리의 휴양지에서 환락에 탐닉했다. 와일드는 Tiberius로부터 Nero에 이르는 황제들에 대한 자세한 이야기를 Suetonius의 저서 *Lives of Caesars*에서 참조하였다. 이어지는 단락의 많은 부분을 와일드는 John Addington Symonds의 *Renaissance in Italy*, 7 vols.에서 따오고 있다.

10 Elephantis: 그리스 여류시인으로 악명 높은 섹스 입문서의 저술가.

11 Caligula(A.D. 12-41): Domitian(A.D. 56-95)과 마찬가지로 독재적인 로마 황제로 암살되었다.

in an ivory manger with a jewel-frontleted horse; and, as Domitian, had wandered through a corridor lined with marble mirrors, looking round with haggard eyes for the reflection of the dagger that was to end his days, and sick with that *ennui*,[12] that terrible *tædium vitæ*,[13] that comes on those to whom life denies nothing; and had peered through a clear emerald at the red shambles of the Circus, and then, in a litter of pearl and purple drawn by silver-shod mules, been carried through the Street of Pomegranates to a House of Gold, and heard men cry on Nero Cæsar[14] as he passed by; and, as Elagabalus,[15] had painted his face with colours, and plied the distaff among the women, and brought the Moon from Carthage, and given her in mystic marriage to the Sun.

Over and over again Dorian used to read this fantastic chapter, and the two chapters immediately following, in which, as in some curious tapestries or cunningly-wrought enamels, were pictured the awful and beautiful forms of those whom Vice and Blood and Weariness had made monstrous or mad: Filippo, Duke of Milan,[16] who slew his wife, and painted her lips with a scarlet poison that her lover might suck death from the dead thing he fondled; Pietro Barbi,[17] the Venetian, known as Paul the Second, who sought in his vanity to assume the title of Formosus,[18] and whose tiara, valued at two hundred thousand florins, was bought at the price of a terrible sin; Gian Maria Visconti,[19] who used hounds to chase living men, and whose murdered body was covered with roses by a harlot who

12 *ennui*: boredom, 권태.

13 *tædium vitæ*: weariness of life.

14 Nero Cæsar: 시저 가의 마지막 로마 황제(A.D. 54-68). 기독교인들에 대한 로마의 핍박을 시작하고 자신은 타락한 삶을 산 것으로 악명이 높다.

15 Elagabalus: 시리아의 태양 신 숭배와의 관련 때문에 Heliogabalus라고도 불리는 로마 황제(A.D. 205-22). 방탕한 삶에 대한 새로운 기준을 세운 황제로 근위병에 의해 죽임을 당함.

16 Filippo, Duke of Milan: 밀라노의 비스콘티 가의 마지막 독재자로 너무 추한 용모 때문에 대중 앞에 거의 나타나지 않았다고 한다. 1447년에 남자 후계자를 남기지 못하고 죽었다.

17 Pietro Barbi: 베니스 태생으로 1464년에 교황(Paul II)으로 선출되었다. 그의 궁전은 호색으로 악명을 떨쳤고 Roman Academy의 인본주의자들을 가두고 고문하였다.

18 Formosus: "아름답고 잘 생긴"이란 뜻의 라틴어로 891년부터 896년까지 정치적 격동기에 교황을 했던 사람의 이름이기도 하다.

19 Gian Maria Visconti: 밀라노의 공작으로 동생인 Filippo의 전임자.

had loved him; the Borgia[20] on his white horse, with Fratricide riding beside him, and his mantle stained with the blood of Perotto; Pietro Riario,[21] the young Cardinal Archbishop of Florence, child and minion of Sixtus IV., whose beauty was equalled only by his debauchery, and who received Leonora of Aragon[22] in a pavilion of white and crimson silk, filled with nymphs and centaurs, and gilded a boy that he might serve at the feast as Ganymede or Hylas;[23] Ezzelin,[24] whose melancholy could be cured only by the spectacle of death, and who had a passion for red blood, as other men have for red wine—the son of the Fiend, as was reported, and one who had cheated his father at dice when gambling with him for his own soul; Giambattista Cibo,[25] who in mockery took the name of Innocent, and into whose torpid veins the blood of three lads was infused by a Jewish doctor; Sigismondo Malatesta,[26] the lover of Isotta, and the lord of Rimini, whose effigy was burned at Rome as the enemy of God and man, who strangled Polyssena with a napkin, and gave poison to Ginevra d'Este in a cup of emerald, and in honour of a shameful passion built a pagan church for Christian worship; Charles VI.,[27] who had so wildly adored his brother's wife that a leper had warned him of the insanity that was coming on him, and who, when his brain had sickened and grown strange, could only be soothed by Saracen cards painted with

20 Cesare Borgia(1476-1507): 교황 알렉산더 6세의 아들. 형제인 Duke of Gandia와 Archbishop Perotti를 살해한 것으로 추정되고 있다.

21 Pietro Riario: Pope Paul II를 계승한 Pope Sixtus IV의 성적으로 방탕한 조카. Sixtus IV는 비도덕적이었고 교육도 받지 못한 20세의 청년을 추기경과 주교로 임명했다. 하지만 그는 예술을 옹호하여 Sistine Chapel를 비롯한 수많은 성당을 건축하였다.

22 Leonora of Aragon(1450-93): Aragon(지금은 스페인의 땅)의 왕 Pedro IV의 딸. Ferrara의 공작 부인이 됨.

23 그리스 신화에서 Ganymede는 제우스가 사랑에 빠진 아름다운 소년이었다. 그는 제우스의 술 따르는 사람이 되었지만 이를 안 제우스의 아내 헤라가 제우스로 하여금 그 소년을 별 가운데 물병자리로서 자리 잡게 하였다. Hylas는 아르고호의 승무원들 중 한 명이었지만 그의 빼어난 아름다움 때문에 Mysia의 요정들에 의해 유괴 당했고 다시는 보이지 않게 되었다.

24 Ezzelino da Romano(1194-1259): Pope Frederick II 통치시대의 이탈리아 북동부의 군정장관.

25 Giovanni (Gian) Battisto Cibo: 1484년 Sixtus IV를 계승하여 1492년까지 계속 한 교황 Innocent VIII. 나약하고 도덕적으로 느슨하여 교황으로서 높이 평가받지 못했다.

26 Sigismondo Pandolfo Malatesta(1417-86): 세 아내를 연달아 죽인 사람. 성당을 건축하여 애인 Issota에게 바쳤다.

27 Charles VI: 프랑스의 왕(1368-1422). "Charles the mad"로 알려져 있다.

the images of Love and Death and Madness; and, in his trimmed jerkin and jewelled cap and acanthus-like curls, Grifonetto Baglioni,[28] who slew Astorre with his bride, and Simonetto with his page, and whose comeliness was such that, as he lay dying in the yellow piazza of Perugia,[29] those who had hated him could not choose but weep, and Atalanta, who had cursed him, blessed him.

There was a horrible fascination in them all. He saw them at night, and they troubled his imagination in the day. The Renaissance knew of strange manners of poisoning—poisoning by a helmet and a lighted torch, by an embroidered glove and a jewelled fan, by a gilded pomander and by an amber chain. Dorian Gray had been poisoned by a book.[30] There were moments when he looked on evil simply as a mode through which he could realize his conception of the beautiful.[31]

28 Baglioni가는 잔혹한 가족 불화로 악명을 날렸다.

29 Perugia: 로마의 북쪽에 있는 Umbria의 도시.

30 아마 Walter Pater의 *History of the Renaissance*(1873), J. S. Symond의 *Renaissance in Italy*, 그리고 위스망스(Huysmans)의 『거꾸로』(*A Rebours*)를 가리킬 것이다.

31 그가 악을 단순히 미의 개념을 깨닫는 한 양식으로 간주하는 순간들이 있었다.

CHAPTER XII

IT was on the ninth of November, the eve of his own thirty-eighth birthday, as he often remembered afterwards.

He was walking home about eleven o'clock from Lord Henry's, where he had been dining, and was wrapped in heavy furs, as the night was cold and foggy. At the corner of Grosvenor Square and South Audley Street a man passed him in the mist, walking very fast, and with the collar of his grey ulster[1] turned up. He had a bag in his hand. Dorian recognized him. It was Basil Hallward. A strange sense of fear, for which he could not account, came over him. He made no sign of recognition, and went on quickly, in the direction of his own house.

But Hallward had seen him. Dorian heard him first stopping on the pavement and then hurrying after him. In a few moments his hand was on his arm.

'Dorian! What an extraordinary piece of luck! I have been waiting for you in your library ever since nine o'clock. Finally I took pity on your tired servant, and told him to go to bed, as he let me out. I am off to Paris by the midnight train, and I particularly wanted to see you before I left. I thought it was you, or rather your fur coat, as you passed me. But I wasn't quite sure. Didn't you recognize me?'

'In this fog, my dear Basil? Why, I can't even recognize Grosvenor Square. I believe my house is somewhere about here, but I don't feel at all certain about it. I am sorry you are going away, as I have not seen you for ages. But I suppose you will be back soon?'

'No: I am going to be out of England for six months. I intend to take a studio in Paris, and shut myself up till I have finished a great picture I have in my head. However, it wasn't about myself I wanted to talk. Here we are at your door. Let me come in for a

1 ulster: (벨트가 달리기도 한) 길고 헐거운 외투. 아일랜드의 얼스터(Ulster) 지방에서 처음으로 만들어 짐.

moment. I have something to say to you.'

'I shall be charmed. But won't you miss your train?' said Dorian Gray, languidly, as he passed up the steps and opened the door with his latch-key.

The lamp-light struggled out through the fog, and Hallward looked at his watch. 'I have heaps of time,' he answered. 'The train doesn't go till twelve-fifteen, and it is only just eleven. In fact, I was on my way to the club to look for you, when I met you. You see, I shan't have any delay about luggage, as I have sent on[2] my heavy things. All I have with me is in this bag, and I can easily get to Victoria[3] in twenty minutes.'

Dorian looked at him and smiled. 'What a way for a fashionable painter to travel! A Gladstone bag,[4] and an ulster! Come in, or the fog will get into the house. And mind you don't talk about anything serious. Nothing is serious nowadays. At least nothing should be.'

Hallward shook his head, as he entered, and followed Dorian into the library. There was a bright wood fire blazing in the large open hearth. The lamps were lit, and an open Dutch silver spirit-case stood, with some siphons of soda-water and large cut-glass tumblers, on a little marqueterie[5] table.

'You see your servant made me quite at home, Dorian. He gave me everything I wanted, including your best gold-tipped cigarettes. He is a most hospitable creature. I like him much better than the Frenchman you used to have. What has become of the Frenchman, by the bye?'

Dorian shrugged his shoulders. 'I believe he married Lady Rad-ley's maid, and has established her in Paris as an English dressmaker. *Anglomanie*[6] is very fashionable over there now, I hear. It seems silly of the French, doesn't it? But—do you know?—he was not at all a

2 send on: 짐을 발송하다.

3 Victoria: 런던 중심에 위치한 빅토리아 역. 프랑스로 가는 배(페리)와 연결되는 기차 종착(출발)역.

4 Gladstone bag: 내부가 두 칸으로 나뉘어져 있는 가벼운 여행 가방. 만든 사람이 글래드스톤 영국 수상의 지지자이었기 때문에 그렇게 명명함.

5 marqueterie: 보통 나무와 상아 등의 자른 조각으로 상감세공을 한 장식적인 디자인.

6 *Anglomanie*: the love of things English. 영국적인 것들에 대한 사랑.

bad servant. I never liked him, but I had nothing to complain about. One often imagines things that are quite absurd. He was really very devoted to me, and seemed quite sorry when he went away. Have another brandy-and-soda? Or would you like hock-and-seltzer?[7] I always take hock-and-seltzer myself. There is sure to be some in the next room'.

'Thanks, I won't have anything more,' said the painter, taking his cap and coat off, and throwing them on the bag that he had placed in the corner. 'And now, my dear fellow, I want to speak to you seriously. Don't frown like that. You make it so much more difficult for me.'

'What is it all about?' cried Dorian, in his petulant way, flinging himself down on the sofa. 'I hope it is not about myself. I am tired of myself to-night. I should like to be somebody else.'

'It is about yourself,' answered Hallward, in his grave, deep voice, 'and I must say it to you. I shall only keep you half an hour.'

Dorian sighed, and lit a cigarette. 'Half an hour!' he murmured.

'It is not much to ask of you, Dorian, and it is entirely for your own sake that I am speaking. I think it right that you should know that the most dreadful things are being said against you in London.'

'I don't wish to know anything about them. I love scandals about other people, but scandals about myself don't interest me. They have not got the charm of novelty.'

'They must interest you, Dorian. Every gentleman is interested in his good name. You don't want people to talk of you as something vile and degraded. Of course you have your position, and your wealth, and all that kind of thing. But position and wealth are not everything. Mind you, I don't believe these rumours at all. At least, I can't believe them when I see you. Sin is a thing that writes itself across a man's face. It cannot be concealed. People talk sometimes of secret vices. There are no such things. If a wretched man has a vice, it shows

7 hock-and-seltzer: 와일드가 좋아했던 드링크. hock은 영국인들이 라인산 백포도주를 가리킬 때 쓰던 단어. (아마 독일어 *Hochheimer Wein*에서 나온 듯함). seltzer는 프러시아(Prussia)의 마을인 Selters에서 나온 탄산수. 짠 맛이 나는 탄산수를 가리키는 용어.

itself in the lines of his mouth, the droop of his eyelids, the moulding of his hands even. Somebody—I won't mention his name, but you know him—came to me last year to have his portrait done. I had never seen him before, and had never heard anything about him at the time, though I have heard a good deal since. He offered an extravagant price. I refused him. There was something in the shape of his fingers that I hated. I know now that I was quite right in what I fancied about him. His life is dreadful. But you, Dorian, with your pure, bright, innocent face, and your marvellous untroubled youth—I can't believe anything against you. And yet I see you very seldom, and you never come down to the studio now, and when I am away from you, and I hear all these hideous things that people are whispering about you, I don't know what to say. Why is it, Dorian, that a man like the Duke of Berwick leaves the room of a club when you enter it? Why is it that so many gentlemen in London will neither go to your house nor invite you to theirs? You used to be a friend of Lord Staveley. I met him at dinner last week. Your name happened to come up in conversation, in connection with the miniatures you have lent to the exhibition at the Dudley.[8] Staveley curled his lip, and said that you might have the most artistic tastes, but that you were a man whom no pure-minded girl should be allowed to know, and whom no chaste woman should sit in the same room with. I reminded him that I was a friend of yours, and asked him what he meant. He told me. He told me right out before everybody. It was horrible! Why is your friendship so fatal to young men? There was that wretched boy in the Guards who committed suicide. You were his great friend. There was Sir Henry Ashton, who had to leave England, with a tarnished name. You and he were inseparable. What about Adrian Singleton, and his dreadful end? What about Lord Kent's only son, and his career? I met his father yesterday in St. James's Street. He seemed broken with shame and sorrow. What about the young Duke of Perth?

8 Dudley: Lord Dudley 작품에 경의를 표하기 위하여 명명된 화랑. 1850년 그의 작품들이 Picadilly의 Egyptian Hall에서 전시되어 대중에게 공개되었고 이후에 이곳이 더들리 화랑이라 불리게 됨.

What sort of life has he got now? What gentleman would associate with him?'

'Stop, Basil. You are talking about things of which you know nothing,' said Dorian Gray, biting his lip, and with a note of infinite contempt in his voice. 'You ask me why Berwick leaves a room when I enter it. It is because I know everything about his life, not because he knows anything about mine. With such blood as he has in his veins, how could his record be clean? You ask me about Henry Ash-ton and young Perth. Did I teach the one his vices, and the other his debauchery? If Kent's silly son takes his wife from the streets, what is that to me? If Adrian Singleton writes his friend's name across a bill, am I his keeper? I know how people chatter in England. The middle classes air their moral prejudices over their gross dinner-tables, and whisper about what they call the profligacies of their betters in order to try and pretend that they are in smart society, and on intimate terms with the people they slander. In this country it is enough for a man to have distinction and brains for every common tongue to wag against him. And what sort of lives do these people, who pose as being moral, lead themselves? My dear fellow, you forget that we are in the native land of the hypocrite.'

'Dorian,' cried Hallward, 'that is not the question. England is bad enough I know, and English society is all wrong. That is the reason why I want you to be fine. You have not been fine. One has a right to judge of a man by the effect he has over his friends. Yours seem to lose all sense of honour, of goodness, of purity. You have filled them with a madness for pleasure. They have gone down into the depths. You led them there. Yes: you led them there, and yet you can smile, as you are smiling now. And there is worse behind. I know you and Harry are inseparable. Surely for that reason, if for none other, you should not have made his sister's name a by-word.'[9]

'Take care, Basil. You go too far.'

'I must speak, and you must listen. You shall listen. When you

9 by-word: 웃음거리.

met Lady Gwendolen, not a breath of scandal had ever touched her. Is there a single decent woman in London now who would drive with her in the Park? Why, even her children are not allowed to live with her. Then there are other stories—stories that you have been seen creeping at dawn out of dreadful houses and slinking in disguise into the foulest dens in London. Are they true? Can they be true? When I first heard them, I laughed. I hear them now, and they make me shudder. What about your country house, and the life that is led there? Dorian, you don't know what is said about you. I won't tell you that I don't want to preach to you. I remember Harry saying once that every man who turned himself into an amateur curate[10] for the moment always began by saying that, and then proceeded to break his word. I do want to preach to you. I want you to lead such a life as will make the world respect you. I want you to have a clean name and a fair record. I want you to get rid of the dreadful people you associate with. Don't shrug your shoulders like that. Don't be so indifferent. You have a wonderful influence. Let it be for good, not for evil. They say that you corrupt every one with whom you become intimate, and that it is quite sufficient for you to enter a house, for shame of some kind to follow after. I don't know whether it is so or not. How should I know? But it is said of you. I am told things that it seems impossible to doubt. Lord Gloucester was one of my greatest friends at Oxford. He showed me a letter that his wife had written to him when she was dying alone in her villa at Mentone.[11] Your name was implicated in the most terrible confession I ever read. I told him that it was absurd—that I knew you thoroughly, and that you were incapable of anything of the kind. Know you? I wonder do I know you? Before I could answer that, I should have to see your soul.'

'To see my soul!' muttered Dorian Gray, starting up from the sofa and turning almost white from fear.

'Yes,' answered Hallward, gravely, and with deep-toned sorrow

10 curate: 교구를 영적으로 책임지고 있는 성직자. 교구 목사.

11 Mentone: Riviera에 있는 프랑스의 유명 휴양지.

in his voice—'to see your soul. But only God can do that.'

A bitter laugh of mockery broke from the lips of the younger man. 'You shall see it yourself, to-night!' he cried, seizing a lamp from the table. 'Come: it is your own handiwork. Why shouldn't you look at it? You can tell the world all about it afterwards, if you choose. Nobody would believe you. If they did believe you, they would like me all the better for it. I know the age better than you do, though you will prate[12] about it so tediously. Come, I tell you. You have chattered enough about corruption. Now you shall look on it face to face.'

There was the madness of pride in every word he uttered. He stamped his foot upon the ground in his boyish insolent manner. He felt a terrible joy at the thought that some one else was to share his secret, and that the man who had painted the portrait that was the origin of all his shame was to be burdened for the rest of his life with the hideous memory of what he had done.

'Yes,' he continued, coming closer to him, and looking steadfastly into his stern eyes, 'I shall show you my soul. You shall see the thing that you fancy only God can see.'

Hallward started back. 'This is blasphemy, Dorian!' he cried. 'You must not say things like that. They are horrible, and they don't mean anything.'

'You think so?' He laughed again.

'I know so. As for what I said to you to-night, I said it for your good. You know I have been always a staunch friend to you.'

'Don't touch me. Finish what you have to say.'

A twisted flash of pain shot across the painter's face. He paused for a moment, and a wild feeling of pity came over him. After all, what right had he to pry into the life of Dorian Gray? If he had done a tithe[13] of what was rumoured about him, how much he must have suffered! Then he straightened himself up, and walked over to the

12 prate: 재잘거리다. 수다 떨다.
13 tithe: 10분의 1.

fireplace, and stood there, looking at the burning logs with their frost-like ashes and their throbbing cores of flame.

'I am waiting, Basil,' said the young man, in a hard, clear voice.

He turned round. 'What I have to say is this,' he cried. 'You must give me some answer to these horrible charges that are made against you. If you tell me that they are absolutely untrue from beginning to end, I shall believe you. Deny them, Dorian, deny them! Can't you see what I am going through? My God! don't tell me that you are bad, and corrupt, and shameful.'

Dorian Gray smiled. There was a curl of contempt in his lips. 'Come upstairs, Basil,' he said, quietly. 'I keep a diary of my life from day to day, and it never leaves the room in which it is written. I will show it to you if you come with me.'

'I will come with you, Dorian, if you wish it. I see I have missed my train. That makes no matter. I can go to-morrow. But don't ask me to read anything to-night. All I want is a plain answer to my question.'

'That shall be given to you upstairs. I could not give it here. You will not have to read long.'

CHAPTER XIII

HE passed out of the room, and began the ascent, Basil Hallward following close behind. They walked softly, as men do instinctively at night. The lamp cast fantastic shadows on the wall and staircase. A rising wind made some of the windows rattle.

When they reached the top landing, Dorian set the lamp down on the floor, and taking out the key turned it in the lock. 'You insist on knowing, Basil?' he asked, in a low voice.

'Yes.'

'I am delighted,' he answered, smiling. Then he added, somewhat harshly, 'You are the one man in the world who is entitled to know everything about me. You have had more to do with my life than you think': and, taking up the lamp, he opened the door and went in. A cold current of air passed them, and the light shot up for a moment in a flame of murky orange. He shuddered. 'Shut the door behind you,' he whispered, as he placed the lamp on the table.

Hallward glanced round him, with a puzzled expression. The room looked as if it had not been lived in for years. A faded Flemish tapestry, a curtained picture, an old Italian cassone,[1] and an almost empty book-case—that was all that it seemed to contain, besides a chair and a table. As Dorian Gray was lighting a half-burned candle that was standing on the mantelshelf, he saw that the whole place was covered with dust, and that the carpet was in holes. A mouse ran scuffling behind the wainscoting. There was a damp odour of mildew.

'So you think that it is only God who sees the soul, Basil? Draw that curtain back, and you will see mine.'

The voice that spoke was cold and cruel. 'You are mad, Dorian, or playing a part,' muttered Hallward, frowning.

'You won't? Then I must do it myself,' said the young man; and he tore the curtain from its rod, and flung it on the ground.

---

1 cassone: 장식된 커다란 상자, 체스트.

An exclamation of horror broke from the painter's lips as he saw in the dim light the hideous face on the canvas grinning at him. There was something in its expression that filled him with disgust and loathing. Good heavens! it was Dorian Gray's own face that he was looking at! The horror, whatever it was, had not yet entirely spoiled that marvellous beauty. There was still some gold in the thinning hair[2] and some scarlet on the sensual mouth. The sodden eyes had kept something of the loveliness of their blue, the noble curves had not yet completely passed away from chiselled nostrils and from plastic throat. Yes, it was Dorian himself. But who had done it? He seemed to recognize his own brushwork, and the frame was his own design. The idea was monstrous, yet he felt afraid. He seized the lighted candle, and held it to the picture. In the left-hand corner was his own name, traced in long letters of bright vermilion.

It was some foul parody, some infamous, ignoble satire. He had never done that. Still, it was his own picture. He knew it, and he felt as if his blood had changed in a moment from fire to sluggish ice. His own picture! What did it mean? Why had it altered? He turned, and looked at Dorian Gray with the eyes of a sick man. His mouth twitched, and his parched tongue seemed unable to articulate. He passed his hand across his forehead. It was dank with clammy sweat.

The young man was leaning against the mantelshelf, watching him with that strange expression that one sees on the faces of those who are absorbed in a play when some great artist is acting. There was neither real sorrow in it nor real joy. There was simply the passion of the spectator, with perhaps a flicker of triumph in his eyes.[3] He had taken the flower out of his coat, and was smelling it, or pretending to do so.

'What does this mean?' cried Hallward, at last. His own voice sounded shrill and curious in his ears.

'Years ago, when I was a boy,' said Dorian Gray, crushing the

2 숱이 적어지는 머리털에는 아직도 금발이 보였다.
3 도리언은 헨리의 가르침대로 삶으로부터 거리를 둔 연극의 관객(spectator)이 되어 있다.

flower in his hand, 'you met me, flattered me, and taught me to be vain of my good looks. One day you introduced me to a friend of yours, who explained to me the wonder of youth, and you finished a portrait of me that revealed to me the wonder of beauty. In a mad moment, that, even now, I don't know whether I regret or not, I made a wish, perhaps you would call it a prayer. . .'

'I remember it! Oh, how well I remember it! No! the thing is impossible. The room is damp. Mildew has got into the canvas. The paints I used had some wretched mineral poison in them. I tell you the thing is impossible.'

'Ah, what is impossible?' murmured the young man, going over to the window, and leaning his forehead against the cold, mist-stained glass.

'You told me you had destroyed it.'

'I was wrong. It has destroyed me.'

'I don't believe it is my picture.'

'Can't you see your ideal in it?' said Dorian, bitterly.

'My ideal, as you call it. . .'

'As you called it.'

'There was nothing evil in it, nothing shameful. You were to me such an ideal as I shall never meet again. This is the face of a satyr.'

'It is the face of my soul.'

'Christ! what a thing I must have worshipped! It has the eyes of a devil.'

'Each of us has Heaven and Hell in him,[4] Basil,' cried Dorian, with a wild gesture of despair.

Hallward turned again to the portrait, and gazed at it. 'My God! if it is true,' he exclaimed, 'and this is what you have done with your life, why, you must be worse even than those who talk against you fancy you to be!'[5] He held the light up again to the canvas, and examined it. The surface seemed to be quite undisturbed, and as he

4 밀턴의 『실락원』(*Paradise Lost*) 1.254-55.

5 당신은 당신을 나쁘게 이야기하는 사람들이 상상하는 것보다 훨씬 나쁘군.

had left it. It was from within, apparently, that the foulness and horror had come. Through some strange quickening of inner life the leprosies of sin were slowly eating the thing away. The rotting of a corpse in a watery grave was not so fearful.

His hand shook, and the candle fell from its socket on the floor, and lay there sputtering. He placed his foot on it and put it out. Then he flung himself into the rickety chair that was standing by the table and buried his face in his hands.

'Good God, Dorian, what a lesson! what an awful lesson!' There was no answer, but he could hear the young man sobbing at the window. 'Pray, Dorian, pray,' he murmured. 'What is it that one was taught to say in one's boyhood? "Lead us not into temptation. Forgive us our sins. Wash away our iniquities."[6] Let us say that together. The prayer of your pride has been answered. The prayer of your repentance will be answered also. I worshipped you too much. I am punished for it. You worshipped yourself too much. We are both punished.'

Dorian Gray turned slowly around, and looked at him with tear-dimmed eyes. 'It is too late, Basil,' he faltered.

'It is never too late, Dorian. Let us kneel down and try if we cannot remember a prayer. Isn't there a verse somewhere, "Though your sins be as scarlet, yet I will make them as white as snow"?'[7]

'Those words mean nothing to me now.'

'Hush! don't say that. You have done enough evil in your life. My God! don't you see that accursed thing leering at us?'

Dorian Gray glanced at the picture, and suddenly an uncontrollable feeling of hatred for Basil Hallward came over him, as though it had been suggested to him by the image on the canvas, whispered into his ear by those grinning lips. The mad passions of a hunted animal stirred within him, and he loathed the man who was seated at the table, more than in his whole life he had ever loathed anything. He glanced wildly around. Something glimmered on the top of the painted

6 바질은 주기도문(Lord's Prayer)과 세수식 기도(Lavabo prayer)를 섞어서 말하고 있다.
7 이사야서 1.18.

chest that faced him. His eye fell on it. He knew what it was. It was a knife that he had brought up, some days before, to cut a piece of cord, and had forgotten to take away with him. He moved slowly towards it, passing Hallward as he did so. As soon as he got behind him, he seized it, and turned round. Hallward stirred in his chair as if he was going to rise. He rushed at him, and dug the knife into the great vein that is behind the ear, crushing the man's head down on the table, and stabbing again and again.

There was a stifled groan, and the horrible sound of some one choking with blood. Three times the outstretched arms shot up convulsively, waving grotesque stiff-fingered hands in the air. He stabbed him twice more, but the man did not move. Something began to trickle on the floor. He waited for a moment, still pressing the head down. Then he threw the knife on the table, and listened.

He could hear nothing, but the drip, drip on the threadbare carpet. He opened the door and went out on the landing. The house was absolutely quiet. No one was about. For a few seconds he stood bending over the balustrade, and peering down into the black seething well of darkness. Then he took out the key and returned to the room, locking himself in as he did so.

The thing was still seated in the chair, straining over the table with bowed head, and humped back, and long fantastic arms. Had it not been for[8] the red jagged tear in the neck, and the clotted black pool that was slowly widening on the table, one would have said that the man was simply asleep.

How quickly it had all been done! He felt strangely calm, and, walking over to the window, opened it, and stepped out on the balcony. The wind had blown the fog away, and the sky was like a monstrous peacock's tail, starred with myriads of golden eyes. He looked down, and saw the policeman going his rounds and flashing the long beam of his lantern on the doors of the silent houses. The crimson spot of a prowling hansom gleamed at the corner, and then vanished. A

8 Had it not been for: ~이 없었다면. 가정법.

woman in a fluttering shawl was creeping slowly by the railings, staggering as she went. Now and then she stopped, and peered back. Once, she began to sing in a hoarse voice. The policeman strolled over and said something to her. She stumbled away, laughing. A bitter blast swept across the Square. The gas-lamps flickered, and became blue, and the leafless trees shook their black iron branches to and fro. He shivered, and went back, closing the window behind him.

Having reached the door, he turned the key, and opened it. He did not even glance at the murdered man. He felt that the secret of the whole thing was not to realize the situation. The friend who had painted the fatal portrait to which all his misery had been due,[9] had gone out of his life. That was enough.

Then he remembered the lamp. It was a rather curious one of Moorish workmanship, made of dull silver inlaid with arabesques of burnished steel, and studded with coarse turquoises. Perhaps it might be missed by his servant, and questions would be asked. He hesitated for a moment, then he turned back and took it from the table. He could not help seeing the dead thing. How still it was! How horribly white the long hands looked! It was like a dreadful wax image.

Having locked the door behind him, he crept quietly downstairs. The woodwork creaked, and seemed to cry out as if in pain. He stopped several times, and waited. No: everything was still. It was merely the sound of his own footsteps.

When he reached the library, he saw the bag and coat in the corner. They must be hidden away somewhere. He unlocked a secret press[10] that was in the wainscoting, a press in which he kept his own curious disguises, and put them into it. He could easily burn them afterwards. Then he pulled out his watch. It was twenty minutes to two.

He sat down, and began to think. Every year—every month, almost—men were strangled in England for what he had done. There had been a madness of murder in the air. Some red star had come too

9 그의 모든 불행의 원인이었던 치명적인 초상을 그렸던 친구.
10 press: 식기장, 벽장(closet).

close to the earth. . . . And yet what evidence was there against him? Basil Hallward had left the house at eleven. No one had seen him come in again. Most of the servants were at Selby Royal. His valet had gone to bed. . . . Paris! Yes. It was to Paris that Basil had gone, and by the midnight train, as he had intended. With his curious reserved habits, it would be months before any suspicions would be aroused. Months! Everything could be destroyed long before then.

A sudden thought struck him. He put on his fur coat and hat, and went out into the hall. There he paused, hearing the slow heavy tread of the policeman on the pavement outside, and seeing the flash of the bull's-eye[11] reflected in the window. He waited, and held his breath.

After a few moments he drew back the latch, and slipped out, shutting the door very gently behind him. Then he began ringing the bell. In about five minutes his valet appeared, half dressed, and looking very drowsy.

'I am sorry to have had to wake you up, Francis,' he said, stepping in; 'but I had forgotten my latch-key. What time is it?'

'Ten minutes past two, sir,' answered the man, looking at the clock and blinking.

'Ten minutes past two? How horribly late! You must wake me at nine to-morrow. I have some work to do.'

'All right, sir.'

'Did any one call this evening?'

'Mr. Hallward, sir. He stayed here till eleven, and then he went away to catch his train.'

'Oh! I am sorry I didn't see him. Did he leave any message?'

'No, sir, except that he would write to you from Paris, if he did not find you at the club.'

'That will do, Francis. Don't forget to call me at nine to-morrow.'

'No, sir.'

The man shambled down the passage in his slippers.

11 bull's-eye: 빛을 확대하기 위한 렌즈가 붙어있는 랜턴에 대한 총칭.

Dorian Gray threw his hat and coat upon the table, and passed into the library. For a quarter of an hour he walked up and down the room biting his lip, and thinking. Then he took down the Blue Book[12] from one of the shelves, and began to turn over the leaves. 'Alan Campbell, 152, Hertford Street, Mayfair.'[13] Yes; that was the man he wanted.

12 Blue Book: 영국 사회 저명인사들의 이름과 주소가 적힌 인명부.

13 Grosvenor Square에 있는 도리언의 저택으로부터 남쪽으로 약 반 마일 정도 되는 곳에 위치해 있는 주소.

CHAPTER XIV

AT nine o'clock the next morning his servant came in with a cup of chocolate on a tray, and opened the shutters. Dorian was sleeping quite peacefully, lying on his right side, with one hand underneath his cheek. He looked like a boy who had been tired out with play, or study.

The man had to touch him twice on the shoulder before he woke, and as he opened his eyes a faint smile passed across his lips, as though he had been lost in some delightful dream. Yet he had not dreamed at all. His night had been untroubled by any images of pleasure or of pain. But youth smiles without any reason. It is one of its chiefest charms.

He turned round, and, leaning upon his elbow, began to sip his chocolate. The mellow November sun came streaming into the room. The sky was bright, and there was a genial warmth in the air. It was almost like a morning in May.

Gradually the events of the preceding night crept with silent blood-stained feet into his brain, and reconstructed themselves there with terrible distinctness. He winced at the memory of all that he had suffered, and for a moment the same curious feeling of loathing for Basil Hallward, that had made him kill him as he sat in the chair, came back to him, and he grew cold with passion. The dead man was still sitting there, too, and in the sunlight now. How horrible that was! Such hideous things were for the darkness, not for the day.

He felt that if he brooded on what he had gone through he would sicken or grow mad. There were sins whose fascination was more in the memory than in the doing of them, strange triumphs that gratified the pride more than the passions, and gave to the intellect a quickened sense of joy, greater than any joy they brought, or could ever bring, to the senses. But this was not one of them. It was a thing to be driven out of the mind, to be drugged with poppies, to be strangled lest it might strangle one itself.[1]

When the half-hour struck, he passed his hand across his forehead, and then got up hastily, and dressed himself with even more than his usual care, giving a good deal of attention to the choice of his necktie and scarf-pin, and changing his rings more than once. He spent a long time also over breakfast, tasting the various dishes, talking to his valet about some new liveries[2] that he was thinking of getting made for the servants at Selby, and going through his correspondence. At some of the letters he smiled. Three of them bored him. One he read several times over, and then tore up with a slight look of annoyance in his face. 'That awful thing, a woman's memory!' as Lord Henry had once said.

After he had drunk his cup of black coffee, he wiped his lips slowly with a napkin, motioned to his servant to wait, and going over to the table sat down and wrote two letters. One he put in his pocket, the other he handed to the valet.

'Take this round to 152, Hertford Street, Francis, and if Mr. Campbell is out of town, get his address.'

As soon as he was alone, he lit a cigarette, and began sketching upon a piece of paper, drawing first flowers, and bits of architecture, and then human faces. Suddenly he remarked that every face that he drew seemed to have a fantastic likeness to Basil Hallward. He frowned, and, getting up, went over to the bookcase and took out a volume at hazard. He was determined that he would not think about what had happened until it became absolutely necessary that he should do so.

When he had stretched himself on the sofa, he looked at the title-page of the book. It was Gautier's '*Émaux et Camés*,' a Charpentier's Japanese-paper edition, with the Jacquemart etching.[3] The binding was of citron-green leather, with a design of gilt trellis-work and dotted

1 그것은 마음에서 몰아내고 잊어버려야 할 것, 내가 질식당하지 않으려면 질식시켜야 할 것이었다.
2 liveries: 하인, 가신 등이 입는 제복들.
3 *Émaux et Camés* (Enamel and Cameos): 이 시집 초판은 1852년 파리에서 출판되었다. 1881년에 나온 Charpentier 판은 와일드가 소유하고 있던 것이기도 한데 14세기 프랑스 채식사(彩飾師)인 Jacquemart de Hesdin에 의해 에칭(etching)된 것이다.

pomegranates. It had been given to him by Adrian Singleton. As he turned over the pages his eye fell on the poem about the hand of Lacenaire, the cold yellow hand '*du supplice encore mal lavé*,' with its downy red hairs and its '*doigts de faune*.'[4] He glanced at his own white taper fingers, shuddering slightly in spite of himself, and passed on, till he came to those lovely stanzas upon Venice:—

> 'Sur une gamme chromatique,
> Le sein de perles ruisselant,
> La Véus de l'Adriatique
> Sort de l'eau son corps rose et blanc.
> Les dôes, sur l'azur des ondes
> Suivant la phrase au pur contour,
> S'enflent comme des gorges rondes
> Que soulèe un soupir d'amour.
> L'esquif aborde et me déose,
> Jetant son amarre au pilier,
> Devant une façde rose,
> Sur le marbre d'un escalier.'[5]

---

4 Gaillard(1800-36)으로 알려져 있는 Pierre François Lacenaire는 저널리스트, 시인일 뿐만 아니라 유명한 프랑스 범죄자, 결투사, 사기꾼, 도둑, 살인자이다. 그는 한 젊은이를 살해한 죄로 단두대에서 처형되었다. 그의 보존된 손이 악에 대한 고티에(Gautier)의 병적인 명상의 주제였다. 와일드가 인용한 시행은 2연과 3연에 있는 것이다.

> Curiosité dépravée!
> J'ai touché, malgré mes dégoûts,
> Du supplice encor mal lavée,
> Cette chair froide au duvet roux.
>
> Momifée et toute jaune
> Comme la main d'un pharoon,
> Elle allonge ses doigts de faune
> Crispés par la tentation.

[Depraved curiosity! I have touched, despite my revulsion, out of pain an evil reborn in that cold flesh with the reddish down. Mummified and completely yellowed as the hand of a pharaoh, the length of its faun-colored fingers shriveled by temptation] 초상화 속의 도리언 자신의 손에서 핏방울이 떨어지고 있다. 고티에가 살인자 Lacenaire의 손을 명상하며 불러일으킨 감정과 도리언이 자신의 손을 보고 느낀 감정이 비교된다. 아마 와일드 자신이 죄인이자 범죄자인 자신에 대해서 생각하면서 느꼈던 감정과 유사할 것이다.

5 여기 인용된 3개의 연은 Gautier의 시 "Variations sur le Carnival de Venise"의 part 2 ("Sur les Lagunes")에서 발췌한 것이다. 영어로 옮기면: As though in a chromatic scale, her pearly

How exquisite they were! As one read them, one seemed to be floating down the green waterways of the pink and pearl city, seated in a black gondola with silver prow and trailing curtains. The mere lines looked to him like those straight lines of turquoise-blue that follow one as one pushes out to the Lido.[6] The sudden flashes of colour reminded him of the gleam of the opal-and-iris-throated birds that flutter round the tall honey-combed Campanile,[7] or stalk, with such stately grace, through the dim, dust-stained arcades. Leaning back with half-closed eyes, he kept saying over and over to himself:—

'Devant une façde rose,
Sur le marbre d'un escalier.'

The whole of Venice was in those two lines. He remembered the autumn that he had passed there, and a wonderful love that had stirred him to mad, delightful follies. There was romance in every place. But Venice, like Oxford, had kept the background for romance, and, to the true romantic, background was everything, or almost everything. Basil had been with him part of the time, and had gone wild over Tintoret.[8] Poor Basil! what a horrible way for a man to die!

He sighed, and took up the volume again, and tried to forget. He read of the swallows that fly in and out of the little café at Smyrna[9] where the Hadjis[10] sit counting their amber beads[11] and the turbaned

---

breast streaming, the Venus of the Adriatic emerges from the waters, her body red and white. The cathedral domes above the blue waters, following the perfectly contoured line, swell as the rounded throat that heaves a sigh of love. As the gondola arrived, I cast a rope around a piling and landed in front of a rose-colored façade upon the marble staircase.

6 Lido: 베니스 근처의 휴양 섬.

7 Campanile: St. Mark Square에 있는 유명한 시계탑.

8 Jacopo Robusti(1518-94): Tintoretto라 불린다. 러스킨(Ruskin)이 높이 평가했던 베니스의 화가. 러스킨과 바질의 연결이 흥미롭다. 러스킨은 바질처럼 옥스퍼드대 졸업생으로 나중에 그곳에서 가르쳤다. 그에게 베니스는 고딕 건축과 바로크 미술의 위대한 도시였다. 그의 걸작인 *The Stones of Venice*는 건축을 통해 베니스의 부흥성쇠를 다룬다.

9 Smyrna: 지금은 터어키의 Izmir. 도리언은 제비들(swallows)에 대해서 Gautier의 시집 *Émaux et Camées*에 나오는 시 "Ce Que Disent les Hirondelles"(what the swallows told)에서 읽었다.

10 Hadjis: 혹은 Jadjis. 메카로 순례를 한 이슬람교도들.

11 beads: prayer beads. 묵주.

merchants smoke their long tasselled pipes and talk gravely to each other; he read of the Obelisk in the Place de la Concorde[12] that weeps tears of granite in its lonely sunless exile, and longs to be back by the hot lotus-covered Nile, where there are Sphinxes, and rose-red ibises,[13] and white vultures with gilded claws, and crocodiles, with small beryl eyes, that crawl over the green steaming mud; he began to brood over those verses which, drawing music from kiss-stained marble, tell of that curious statue that Gautier compares to a contralto voice, the '*monstre charmant*'[14] that couches in the porphyry-room of the Louvre. But after a time the book fell from his hand. He grew nervous, and a horrible fit of terror came over him. What if Alan Campbell should be out of England? Days would elapse before he could come back. Perhaps he might refuse to come. What could he do then? Every moment was of vital importance.

They had been great friends once, five years before—almost inseparable, indeed. Then the intimacy had come suddenly to an end. When they met in society now, it was only Dorian Gray who smiled: Alan Campbell never did.

He was an extremely clever young man, though he had no real appreciation of the visible arts, and whatever little sense of the beauty of poetry he possessed he had gained entirely from Dorian. His dominant intellectual passion was for science. At Cambridge he had spent a great deal of his time working in the Laboratory, and had taken a good class in the Natural Science Tripos[15] of his year. Indeed, he was still devoted to the study of chemistry, and had a laboratory of

12 obelisk: 75피트 높이의 붉은 화강암 돌기둥. 기원전 13세기에 이집트의 람세스 2세(Ramses II)에 의해 Luxor(Thebes) 대사원 입구에 세워졌으나 지금은 파리의 광장 한 가운데에 있다. 1831년에 이집트 총독이 프랑스 왕 Louis Philippe에게 선물하였기 때문이다. 도리언은 지금 Gautier의 시 "Nostalgies d'Obelisques"를 읽고 있다. 여기서부터 "steaming mud"까지는 2부로 되어 있는 이 시의 1부(제목: "L'Obelisques de Paris")를 요약하고 있다. 도리언이 Gautier의 시집을 집어든 후부터 와일드는 시에 대한 미학적 읽기를 보여주고 있다.

13 ibises: 따뜻한 지방의 호수나 늪에 서식하는 다리가 가늘고 긴 새. 고대 이집트에서는 숭배의 대상이 되기도 했다.

14 *monstre charmant*: sweet monster. 이 동상은 암수 한 몸이었다. 자웅동체는 Gautier의 관심사이었다.

15 Tripos: 영국 캠브리지 대학교의 학부과정 과목을 가리킨다.

his own, in which he used to shut himself up all day long, greatly to the annoyance of his mother, who had set her heart on his standing for Parliament and had a vague idea that a chemist was a person who made up prescriptions. He was an excellent musician, however, as well, and played both the violin and the piano better than most amateurs. In fact, it was music that had first brought him and Dorian Gray together—music and that indefinable attraction that Dorian seemed to be able to exercise whenever he wished, and indeed exercised often without being conscious of it. They had met at Lady Berkshire's the night that Rubinstein[16] played there, and after that used to be always seen together at the Opera, and wherever good music was going on. For eighteen months their intimacy lasted. Campbell was always either at Selby Royal or in Grosvenor Square. To him, as to many others, Dorian Gray was the type of everything that is wonderful and fascinating in life. Whether or not a quarrel had taken place between them no one ever knew. But suddenly people remarked that they scarcely spoke when they met, and that Campbell seemed always to go away early from any party at which Dorian Gray was present. He had changed, too—was strangely melancholy at times, appeared almost to dislike hearing music, and would never himself play, giving as his excuse, when he was called upon, that he was so absorbed in science that he had no time left in which to practise. And this was certainly true. Every day he seemed to become more interested in biology, and his name appeared once or twice in some of the scientific reviews, in connection with certain curious experiments.

This was the man Dorian Gray was waiting for. Every second he kept glancing at the clock. As the minutes went by he became horribly agitated. At last he got up, and began to pace up and down the room, looking like a beautiful caged thing. He took long stealthy strides. His hands were curiously cold.

The suspense became unbearable. Time seemed to him to be

16 Anton Grigorovich Rubinstein(1830-93): 러시아의 작곡가 겸 피아니스트. 그의 음악과 연주스타일은 매우 낭만적이었다.

crawling with feet of lead, while he by monstrous winds was being swept towards the jagged edge of some black cleft or precipice. He knew what was waiting for him there; saw it indeed, and, shuddering, crushed with dank hands his burning lids[17] as though he would have robbed the very brain of sight, and driven the eyeballs back into their cave. It was useless. The brain had its own food on which it battened, and the imagination, made grotesque by terror, twisted and distorted as a living thing by pain, danced like some foul puppet on a stand, and grinned through moving masks. Then, suddenly, Time stopped for him. Yes: that blind, slow-breathing thing crawled no more, and horrible thoughts, Time being dead, raced nimbly on in front, and dragged a hideous future from its grave, and showed it to him. He stared at it. Its very horror made him stone.

At last the door opened, and his servant entered. He turned glazed eyes upon him.

'Mr. Campbell, sir,' said the man.

A sigh of relief broke from his parched lips, and the colour came back to his cheeks.

'Ask him to come in at once, Francis.' He felt that he was himself again. His mood of cowardice had passed away.

The man bowed, and retired. In a few moments Alan Campbell walked in, looking very stern and rather pale, his pallor being intensified by his coal-black hair and dark eyebrows.

'Alan! this is kind of you. I thank you for coming.'

'I had intended never to enter your house again, Gray. But you said it was a matter of life and death.' His voice was hard and cold. He spoke with slow deliberation. There was a look of contempt in the steady searching gaze that he turned on Dorian. He kept his hands in the pockets of his Astrakhan[18] coat, and seemed not to have noticed the gesture with which he had been greeted.

'Yes: it is a matter of life and death, Alan, and to more than one

17 lids: 눈꺼풀.
18 Astrakhan: 러시아 남동부 아스트라한 산 양모피로 만든 모직.

person. Sit down.'

Campbell took a chair by the table, and Dorian sat opposite to him. The two men's eyes met. In Dorian's there was infinite pity. He knew that what he was going to do was dreadful.

After a strained moment of silence, he leaned across and said, very quietly, but watching the effect of each word upon the face of him he had sent for, 'Alan, in a locked room at the top of this house, a room to which nobody but myself has access, a dead man is seated at a table. He has been dead ten hours now. Don't stir, and don't look at me like that. Who the man is, why he died, how he died, are matters that do not concern you. What you have to do is this——'

'Stop, Gray. I don't want to know anything further. Whether what you have told me is true or not true, doesn't concern me. I entirely decline to be mixed up in your life. Keep your horrible secrets to yourself. They don't interest me any more.'

'Alan, they will have to interest you. This one will have to interest you. I am awfully sorry for you, Alan. But I can't help myself. You are the one man who is able to save me. I am forced to bring you into the matter. I have no option. Alan, you are scientific. You know about chemistry, and things of that kind. You have made experiments. What you have got to do is to destroy the thing that is upstairs—to destroy it so that not a vestige of it will be left. Nobody saw this person come into the house. Indeed, at the present moment he is supposed to be in Paris. He will not be missed for months. When he is missed, there must be no trace of him found here. You, Alan, you must change him, and everything that belongs to him, into a handful of ashes that I may scatter in the air.'

'You are mad, Dorian.'

'Ah! I was waiting for you call me Dorian.'

'You are mad, I tell you—mad to imagine that I would raise a finger to help you, mad to make this monstrous confession. I will have nothing to do with this matter, whatever it is. Do you think I am going to peril my reputation for you? What is it to me what devil's work you are up to?'

'It was suicide, Alan.'

'I am glad of that. But who drove him to it? You, I should fancy.'

'Do you still refuse to do this for me?'

'Of course I refuse. I will have absolutely nothing to do with it. I don't care what shame comes on you. You deserve it all. I should not be sorry to see you disgraced, publicly disgraced. How dare you ask me, of all men in the world, to mix myself up in this horror? I should have thought you knew more about people's characters. Your friend Lord Henry Wotton can't have taught you much about psychology, whatever else he has taught you. Nothing will induce me to stir a step to help you. You have come to the wrong man. Go to some of your friends. Don't come to me.'

'Alan, it was murder. I killed him. You don't know what he had made me suffer. Whatever my life is, he had more to do with the making or the marring of it than poor Harry has had. He may not have intended it, the result was the same.'

'Murder! Good God, Dorian, is that what you have come to? I shall not inform[19] upon you. It is not my business. Besides, without my stirring in the matter, you are certain to be arrested. Nobody ever commits a crime without doing something stupid. But I will have nothing to do with it.'

'You must have something to do with it. Wait, wait a moment; listen to me. Only listen, Alan. All I ask of you is to perform a certain scientific experiment. You go to hospitals and dead-houses, and the horrors that you do there don't affect you. If in some hideous dissecting-room or fetid laboratory you found this man lying on a leaden table with red gutters scooped out in it for the blood to flow through, you would simply look upon him as an admirable subject. You would not turn a hair.[20] You would not believe that you were doing anything wrong. On the contrary, you would probably feel that you were benefiting the human race, or increasing the sum

19 inform: 경찰에 밀고하다, 고발하다.
20 turn a hair: 흥분하다, 놀라다.

of knowledge in the world, or gratifying intellectual curiosity, or something of that kind. What I want you to do is merely what you have often done before. Indeed, to destroy a body must be far less horrible than what you are accustomed to work at. And, remember, it is the only piece of evidence against me. If it is discovered, I am lost; and it is sure to be discovered unless you help me.'

'I have no desire to help you. You forget that. I am simply indifferent to the whole thing. It has nothing to do with me.'

'Alan, I entreat you. Think of the position I am in. Just before you came I almost fainted with terror. You may know terror yourself some day. No! don't think of that. Look at the matter purely from the scientific point of view. You don't inquire where the dead things on which you experiment come from. Don't inquire now. I have told you too much as it is. But I beg of you to do this. We were friends once, Alan.'

'Don't speak about those days, Dorian: they are dead.'

'The dead linger sometimes. The man upstairs will not go away. He is sitting at the table with bowed head and outstretched arms. Alan! Alan! if you don't come to my assistance I am ruined. Why, they will hang me, Alan! Don't you understand? They will hang me for what I have done.'

'There is no good in prolonging this scene. I absolutely refuse to do anything in the matter. It is insane of you to ask me.'

'You refuse?'

'Yes.'

'I entreat you, Alan.'

'It is useless.'

The same look of pity came into Dorian Gray's eyes. Then he stretched out his hand, took a piece of paper, and wrote something on it. He read it over twice, folded it carefully, and pushed it across the table. Having done this, he got up, and went over to the window.

Campbell looked at him in surprise, and then took up the paper, and opened it. As he read it, his face became ghastly pale, and he fell back in his chair. A horrible sense of sickness came over him.

He felt as if his heart was beating itself to death in some empty hollow.

After two or three minutes of terrible silence, Dorian turned round, and came and stood behind him, putting his hand upon his shoulder.

'I am so sorry for you, Alan,' he murmured, 'but you leave me no alternative. I have a letter written already. Here it is. You see the address. If you don't help me, I must send it. If you don't help me, I will send it. You know what the result will be. But you are going to help me. It is impossible for you to refuse now. I tried to spare you. You will do me the justice to admit that. You were stern, harsh, offensive. You treated me as no man has ever dared to treat me—no living man, at any rate. I bore it all. Now it is for me to dictate terms.'

Campbell buried his face in his hands, and a shudder passed through him.

'Yes, it is my turn to dictate terms, Alan. You know what they are. The thing is quite simple. Come, don't work yourself into this fever. The thing has to be done. Face it, and do it.'

A groan broke from Campbell's lips, and he shivered all over. The ticking of the clock on the mantelpiece seemed to him to be dividing Time into separate atoms of agony, each of which was too terrible to be borne. He felt as if an iron ring was being slowly tightened round his forehead, as if the disgrace with which he was threatened had already come upon him. The hand upon his shoulder weighed like a hand of lead. It was intolerable. It seemed to crush him.

'Come, Alan, you must decide at once.'

'I cannot do it,' he said, mechanically, as though words could alter things.

'You must. You have no choice. Don't delay.'

He hesitated a moment. 'Is there a fire in the room upstairs?'

'Yes, there is a gas-fire with asbestos.'

'I shall have to go home and get some things from the laboratory.'

'No, Alan, you must not leave the house. Write out on a sheet of note-paper what you want, and my servant will take a cab and bring the things back to you.'

Campbell scrawled a few lines, blotted them, and addressed an envelope to his assistant. Dorian took the note up and read it carefully. Then he rang the bell, and gave it to his valet, with orders to return as soon as possible, and to bring the things with him.

As the hall door shut, Campbell started nervously, and, having got up from the chair, went over to the chimney-piece. He was shivering with a kind of ague. For nearly twenty minutes, neither of the men spoke. A fly buzzed noisily about the room, and the ticking of the clock was like the beat of a hammer.

As the chime struck one, Campbell turned round, and, looking at Dorian Gray, saw that his eyes were filled with tears. There was something in the purity and refinement of that sad face that seemed to enrage him. 'You are infamous, absolutely infamous!' he muttered.

'Hush, Alan: you have saved my life,' said Dorian.

'Your life? Good heavens! what a life that is! You have gone from corruption to corruption, and now you have culminated in crime. In doing what I am going to do, what you force me to do, it is not of your life that I am thinking.'

'Ah, Alan,' murmured Dorian, with a sigh, 'I wish you had a thousandth part of the pity for me that I have for you.' He turned away as he spoke, and stood looking at the garden. Campbell made no answer.

After about ten minutes a knock came to the door, and the servant entered, carrying a large mahogany chest of chemicals, with a long coil of steel and platinum wire and two rather curiously-shaped iron clamps.

'Shall I leave the things here, sir?' he asked Campbell.

'Yes,' said Dorian. 'And I am afraid, Francis, that I have another errand for you. What is the name of the man at Richmond who supplies Selby with orchids?'

'Harden, sir.'

'Yes—Harden. You must go down to Richmond at once, see Harden personally, and tell him to send twice as many orchids as I ordered, and to have as few white ones as possible. In fact, I don't want any white ones. It is a lovely day, Francis, and Richmond is a very pretty place, otherwise I wouldn't bother you about it.'

'No trouble, sir. At what time shall I be back?'

Dorian looked at Campbell. 'How long will your experiment take, Alan?' he said, in a calm, indifferent voice. The presence of a third person in the room seemed to give him extraordinary courage.

Campbell frowned, and bit his lip. 'It will take about five hours,' he answered.

'It will be time enough, then, if you are back at half-past seven, Francis. Or stay: just leave my things out for dressing. You can have the evening to yourself. I am not dining at home, so I shall not want you.'

'Thank you, sir,' said the man, leaving the room.

'Now, Alan, there is not a moment to be lost. How heavy this chest is! I'll take it for you. You bring the other things.' He spoke rapidly, and in an authoritative manner. Campbell felt dominated by him. They left the room together.

When they reached the top landing, Dorian took out the key and turned it in the lock. Then he stopped, and a troubled look came into his eyes. He shuddered. 'I don't think I can go in, Alan,' he murmured.

'It is nothing to me. I don't require you,' said Campbell, coldly.

Dorian half opened the door. As he did so, he saw the face of his portrait leering in the sunlight. On the floor in front of it the torn curtain was lying. He remembered that the night before he had forgotten, for the first time in his life, to hide the fatal canvas, and was about to rush forward, when he drew back with a shudder.

What was that loathsome red dew that gleamed, wet and glistening, on one of the hands, as though the canvas had sweated blood? How horrible it was!—more horrible, it seemed to him for the moment, than the silent thing that he knew was stretched across the table, the thing whose grotesque misshapen shadow on the spotted carpet showed him that it had not stirred, but was still there, as he had left it.

He heaved a deep breath, opened the door a little wider, and with half-closed eyes and averted head walked quickly in, determined that he would not look even once upon the dead man. Then, stooping down, and taking up the gold-and-purple hanging, he flung it right over the picture.

There he stopped, feeling afraid to turn round, and his eyes fixed themselves on the intricacies of the pattern before him. He heard Campbell bringing in the heavy chest, and the irons, and the other things that he had required for his dreadful work. He began to wonder if he and Basil Hallward had ever met, and, if so, what they had thought of each other.

'Leave me now,' said a stern voice behind him.

He turned and hurried out, just conscious that the dead man had been thrust back into the chair, and that Campbell was gazing into a glistening yellow face. As he was going downstairs he heard the key being turned in the lock.

It was long after seven when Campbell came back into the library. He was pale, but absolutely calm. 'I have done what you asked me to do,' he muttered. 'And now, good-bye. Let us never see each other again.'

'You have saved me from ruin, Alan. I cannot forget that,' said Dorian, simply.

As soon as Campbell had left, he went upstairs. There was a horrible smell of nitric acid in the room. But the thing that had been sitting at the table was gone.

CHAPTER XV

THAT evening, at eight-thirty, exquisitely dressed, and wearing a large buttonhole of Parma violets, Dorian Gray was ushered into Lady Narborough's drawing-room by bowing servants. His forehead was throbbing with maddened nerves, and he felt wildly excited, but his manner as he bent over his hostess's hand was as easy and graceful as ever. Perhaps one never seems so much at one's ease as when one has to play a part. Certainly no one looking at Dorian Gray that night could have believed that he had passed through a tragedy as horrible as any tragedy of our age. Those finely-shaped fingers could never have clutched a knife for sin, nor those smiling lips have cried out on God and goodness. He himself could not help wondering at the calm of his demeanour, and for a moment felt keenly the terrible pleasure of a double life.

It was a small party, got up rather in a hurry by Lady Narborough, who was a very clever woman, with what Lord Henry used to describe as the remains of really remarkable ugliness. She had proved an excellent wife to one of our most tedious ambassadors, and having buried her husband properly in a marble mausoleum, which she had herself designed, and married off her daughters to some rich, rather elderly men, she devoted herself now to the pleasures of French fiction, French cookery, and French *esprit*[1] when she could get it.

Dorian was one of her especial favourites, and she always told him that she was extremely glad she had not met him in early life. 'I know, my dear, I should have fallen madly in love with you,' she used to say, 'and thrown my bonnet right over the mills for your sake. It is most fortunate that you were not thought of at the time. As it was, our bonnets were so unbecoming, and the mills were so occupied in trying to raise the wind, that I never had even a flirtation with anybody. However, that was all Narborough's fault. He was

1 esprit: 재치, 기지. 여기서는 재치 있는 대화.

dreadfully short-sighted, and there is no pleasure in taking in a husband who never sees anything.'

Her guests this evening were rather tedious. The fact was, as she explained to Dorian, behind a very shabby fan, one of her married daughters had come up quite suddenly to stay with her, and, to make matters worse, had actually brought her husband with her. 'I think it is most unkind of her, my dear,' she whispered. 'Of course I go and stay with them every summer after I come from Homburg,[2] but then an old woman like me must have fresh air sometimes, and besides, I really wake them up. You don't know what an existence they lead down there. It is pure unadulterated country life. They get up early, because they have so much to do, and go to bed early because they have so little to think about. There has not been a scandal in the neighbourhood since the time of Queen Elizabeth, and consequently they all fall asleep after dinner. You shan't sit next either of them. You shall sit by me, and amuse me.'

Dorian murmured a graceful compliment, and looked round the room. Yes: it was certainly a tedious party. Two of the people he had never seen before, and the others consisted of Ernest Harrowden, one of those middle-aged mediocrities so common in London clubs who have no enemies, but are thoroughly disliked by their friends; Lady Ruxton, an overdressed woman of forty-seven, with a hooked nose, who was always trying to get herself compromised, but was so peculiarly plain that to her great disappointment no one would ever believe anything against her; Mrs. Erlynne, a pushing nobody, with a delightful lisp, and Venetian-red hair; Lady Alice Chapman, his hostess's daughter, a dowdy dull girl, with one of those characteristic British faces, that, once seen, are never remembered; and her husband, a red-cheeked, white-whiskered creature who, like so many of his class, was under the impression that inordinate joviality can atone for an entire lack of ideas.

He was rather sorry he had come, till Lady Narborough, looking

2 Homburg: 프랑크푸르트(Frankfurt) 근처에 있는 휴양지. 광천(鑛泉)으로 유명함.

at the great ormolu[3] gilt clock that sprawled in gaudy curves on the mauve-draped mantelshelf, exclaimed: 'How horrid of Henry Wotton to be so late! I sent round to him this morning on chance, and he promised faithfully not to disappoint me.'

It was some consolation that Harry was to be there, and when the door opened and he heard his slow musical voice lending charm to some insincere apology, he ceased to feel bored.

But at dinner he could not eat anything. Plate after plate went away untasted. Lady Narborough kept scolding him for what she called 'an insult to poor Adolphe, who invented the menu specially for you,' and now and then Lord Henry looked across at him, wondering at his silence and abstracted manner. From time to time the butler filled his glass with champagne. He drank eagerly, and his thirst seemed to increase.

'Dorian,' said Lord Henry, at last, as the *chaudfroid*[4] was being handed round, 'what is the matter with you to-night? You are quite out of sorts.'

'I believe he is in love,' cried Lady Narborough, 'and that he is afraid to tell me for fear I should be jealous. He is quite right. I certainly should.'

'Dear Lady Narborough,' murmured Dorian, smiling, 'I have not been in love for a whole week—not, in fact, since Madame de Ferrol left town.'

'How you men can fall in love with that woman!' exclaimed the old lady. 'I really cannot understand it.'

'It is simply because she remembers you when you were a little girl, Lady Narborough,' said Lord Henry. 'She is the one link between us and your short frocks.'

'She does not remember my short frocks at all, Lord Henry. But I remember her very well at Vienna thirty years ago, and how *déolleté*[5]

3 ormolu: 도금용 금박 (구리, 아연, 주석의 합금). 빅토리아 시대 후기에 가구, 보석 등을 장식하는 데 많이 쓰임.

4 *chaudfroid:* 젤리 또는 찬 소스를 친 냉육(冷肉) 요리.

she was then.'

'She is still *déolleté*,' he answered, taking an olive in his long fingers; 'and when she is in a very smart gown she looks like an *édition de luxe*[6] of a bad French novel. She is really wonderful, and full of surprises. Her capacity for family affection is extraordinary. When her third husband died, her hair turned quite gold from grief.'[7]

'How can you, Harry!' cried Dorian.

'It is a most romantic explanation,' laughed the hostess. 'But her third husband, Lord Henry! You don't mean to say Ferrol is the fourth?'

'Certainly, Lady Narborough.'

'I don't believe a word of it.'

'Well, ask Mr. Gray. He is one of her most intimate friends.'

'Is it true, Mr. Gray?'

'She assures me so, Lady Narborough,' said Dorian. 'I asked her whether, like Marguerite de Navarre,[8] she had their hearts embalmed and hung at her girdle. She told me she didn't, because none of them had had any hearts at all.'

'Four husbands! Upon my word that is *trop de zêle*.'[9]

'Trop d'audace,[10] I tell her,' said Dorian.

'Oh! she is audacious enough for anything, my dear. And what is Ferrol like? I don't know him.'

'The husbands of very beautiful women belong to the criminal classes,' said Lord Henry, sipping his wine.

Lady Narborough hit him with her fan. 'Lord Henry, I am not at all surprised that the world says that you are extremely wicked.'

'But what world says that?' asked Lord Henry, elevating his

5 *déolleté:* 여성의 가슴이 약간 보이도록 디자인된, 목둘레를 깊이 판 목선. 목선이 너무 파인 옷을 입는 것은 좋지 않은 취향이므로 여기서는 Madam de Ferrol에 대해 경멸적으로 사용되었다. 그녀의 행동에 대한 비판이 들어있다.

6 *éition de luxe*: 종이 질, 삽화, 제본 등에 각별한 주의를 기울이며 화려하게 만들어진 책.

7 와일드의 희곡 *The Importance of Being Earnest*의 1막에서 Algernon이 Lady Harbury에 대해서 동일한 말을 한다.

8 Margaret of Valois와 동일한 인물.

9 *trop de zêle*: too much ardor, too zealous. 너무 열정적인, 너무 열광적인.

10 *'Trop d'audace*: too audacious. 너무 대담한, 뻔뻔스러운.

eyebrows. 'It can only be the next world. This world and I are on excellent terms.'

'Everybody I know says you are very wicked,' cried the old lady, shaking her head.

Lord Henry looked serious for some moments. 'It is perfectly monstrous,' he said, at last, 'the way people go about nowadays saying things against one behind one's back that are absolutely and entirely true.'

'Isn't he incorrigible?' cried Dorian, leaning forward in his chair.

'I hope so,' said his hostess laughing. 'But really if you all worship Madame de Ferrol in this ridiculous way, I shall have to marry again so as to be in the fashion.'

'You will never marry again, Lady Narborough,' broke in Lord Henry. 'You were far too happy. When a woman marries again it is because she detested her first husband. When a man marries again, it is because he adored his first wife. Women try their luck; men risk theirs.'

'Narborough wasn't perfect,' cried the old lady.

'If he had been, you would not have loved him, my dear lady,' was the rejoinder. 'Women love us for our defects. If we have enough of them they will forgive us everything, even our intellects. You will never ask me to dinner again, after saying this, I am afraid, Lady Narborough; but it is quite true.'

'Of course it is true, Lord Henry. If we women did not love you for your defects, where would you all be? Not one of you would ever be married. You would be a set of unfortunate bachelors. Not, however, that that would alter you much. Nowadays all the married men live like bachelors, and all the bachelors like married men.'

'*Fin de siècle*,'[11] murmured Lord Henry.

'*Fin du globe*,'[12] answered his hostess.

'I wish it were fin du globe,' said Dorian, with a sigh. 'Life is

11 *Fin de siècle*: end of the century. 세기말.

12 *Fin du globe*: end of the world.

a great disappointment.'

'Ah, my dear,' cried Lady Narborough, putting on her gloves, 'don't tell me that you have exhausted Life. When a man says that one knows that Life has exhausted him. Lord Henry is very wicked, and I sometimes wish that I had been; but you are made to be good— you look so good. I must find you a nice wife. Lord Henry, don't you think that Mr. Gray should get married?'

'I am always telling him so, Lady Narborough,' said Lord Henry, with a bow.

'Well, we must look out for a suitable match for him. I shall go through Debrett[13] carefully to-night, and draw out a list of all the eligible young ladies.'

'With their ages, Lady Narborough?' asked Dorian.

'Of course, with their ages, slightly edited. But nothing must be done in a hurry. I want it to be what *The Morning Post* calls a suitable alliance, and I want you both to be happy.'

'What nonsense people talk about happy marriages!' exclaimed Lord Henry. 'A man can be happy with any woman, as long as he does not love her.'

'Ah! what a cynic you are!' cried the old lady, pushing back her chair, and nodding to Lady Ruxton. 'You must come and dine with me soon again. You are really an admirable tonic, much better than what Sir Andrew prescribes for me. You must tell me what people you would like to meet, though. I want it to be a delightful gathering.'

'I like men who have a future, and women who have a past,' he answered. 'Or do you think that would make it a petticoat party?'

'I fear so,' she said, laughing, as she stood up. 'A thousand pardons, my dear Lady Ruxton,' she added, 'I didn't see you hadn't finished your cigarette.'

'Never mind, Lady Narborough. I smoke a great deal too much. I am going to limit myself, for the future.'

13 *Debrett's Peerage, Baronetage, Knigtage and Companionage*: 영국 및 아일랜드 귀족에 대한 참고문헌.

'Pray don't, Lady Ruxton,' said Lord Henry. 'Moderation is a fatal thing. Enough is as bad as a meal. More than enough is as good as a feast.'

Lady Ruxton glanced at him curiously. 'You must come and explain that to me some afternoon, Lord Henry. It sounds a fascinating theory,' she murmured, as she swept out of the room.

'Now, mind you don't stay too long over your politics and scandal,' cried Lady Narborough from the door. 'If you do, we are sure to squabble upstairs.'

The men laughed, and Mr. Chapman got up solemnly from the foot of the table and came up to the top. Dorian Gray changed his seat, and went and sat by Lord Henry. Mr. Chapman began to talk in a loud voice about the situation in the House of Commons. He guffawed at his adversaries. The word *doctrinaire*[14]—word full of terror to the British mind— reappeared from time to time between his explosions. An alliterative prefix served as an ornament of oratory. He hoisted the Union Jack[15] on the pinnacles of Thought. The inherited stupidity of the race—sound English common sense he jovially termed it—was shown to be the proper bulwark for Society.

A smile curved Lord Henry's lips, and he turned round and looked at Dorian.

'Are you better, my dear fellow?' he asked. 'You seemed rather out of sorts at dinner.'

'I am quite well, Harry. I am tired. That is all.'

'You were charming last night. The little Duchess is quite devoted to you. She tells me she is going down to Selby.'

'She has promised to come on the twentieth.'

'Is Monmouth to be there too?'

'Oh, yes, Harry.'

---

14 *doctrinaire*: 순이론가, 공론가. 원래 나폴레옹 몰락 후 권위와 자유, 왕권과 국민의 권리를 조화시키려는 목적으로 세워진 헌법 당(constitutionalist party)을 가리켰다. 나중에 이 용어는 현실적인 적용의 문제를 고려하지 않고 이론에만 매달리는 사람을 경멸적으로 가리킬 때 사용하게 되었다. 따라서 *doctrinaire*는 영국의 전형적인 실용주의자들이 싫어하는 유형의 인물이다.

15 Union Jack: 영국 국기.

'He bores me dreadfully, almost as much as he bores her. She is very clever, too clever for a woman. She lacks the indefinable charm of weakness. It is the feet of clay that make the gold of the image precious. Her feet are very pretty, but they are not feet of clay. White porcelain feet, if you like. They have been through the fire, and what fire does not destroy, it hardens. She has had experiences.'

'How long has she been married?' asked Dorian.

'An eternity, she tells me. I believe, according to the Peerage, it is ten years, but ten years with Monmouth must have been like eternity, with time thrown in. Who else is coming?'

'Oh, the Willoughbys, Lord Rugby and his wife, our hostess, Geoffrey Clouston, the usual set. I have asked Lord Grotrian.'

'I like him,' said Lord Henry. 'A great many people don't, but I find him charming. He atones for being occasionally somewhat over-dressed, by being always absolutely over-educated. He is a very modern type.'

'I don't know if he will be able to come, Harry. He may have to go to Monte Carlo with his father.'

'Ah! what a nuisance people's people are! Try and make him come. By the way, Dorian, you ran off very early last night. You left before eleven. What did you do afterwards? Did you go straight home?'

Dorian glanced at him hurriedly, and frowned. 'No, Harry,' he said at last, 'I did not get home till nearly three.'

'Did you go to the club?'

'Yes,' he answered. Then he bit his lip. 'No, I don't mean that. I didn't go to the club. I walked about. I forget what I did . . . . How inquisitive you are, Harry! You always want to know what one has been doing. I always want to forget what I have been doing. I came in at half-past two, if you wish to know the exact time. I had left my latch-key at home, and my servant had to let me in. If you want any corroborative evidence on the subject you can ask him.'

Lord Henry shrugged his shoulders. 'My dear fellow, as if I cared! Let us go up to the drawing-room. No sherry,[16] thank you, Mr.

Chapman. Something has happened to you, Dorian. Tell me what it is. You are not yourself to-night.'

'Don't mind me, Harry. I am irritable, and out of temper. I shall come round and see you to-morrow, or next day. Make my excuses to Lady Narborough. I shan't go upstairs. I shall go home. I must go home.'

'All right, Dorian. I dare say I shall see you to-morrow at tea-time. The Duchess is coming.'

'I will try to be there, Harry,' he said, leaving the room. As he drove back to his own house he was conscious that the sense of terror he thought he had strangled had come back to him. Lord Henry's casual questioning had made him lose his nerves for the moment, and he wanted his nerve still. Things that were dangerous had to be destroyed. He winced. He hated the idea of even touching them.

Yet it had to be done. He realized that, and when he had locked the door of his library, he opened the secret press into which he had thrust Basil Hallward's coat and bag. A huge fire was blazing. He piled another log on it. The smell of the singeing clothes and burning leather was horrible. It took him three-quarters of an hour to consume everything. At the end he felt faint and sick, and having lit some Algerian pastilles[17] in a pierced copper brazier, he bathed his hands and forehead with a cool musk-scented vinegar.[18]

Suddenly he started. His eyes grew strangely bright, and he gnawed nervously at his under-lip. Between two of the windows stood a large Florentine cabinet, made out of ebony, and inlaid with ivory and blue lapis.[19] He watched it as though it were a thing that could fascinate and make afraid, as though it held something that he longed for and yet almost loathed. His breath quickened. A mad craving came over him. He lit a cigarette and then threw it away. His eyelids drooped till the long fringed lashes almost touched his cheek. But he still watch-

16 sherry: 셰리주, 백포도주. 식사 후 포도주(port) 대신에 내놓는 술.
17 Algerian pastilles: 향이 든 정제(錠劑).
18 musk-scented vinegar: 사향 냄새를 내는 식초는 아마 장뇌가 들어있는 방향 식초일 것이다.
19 lapis: 여러 가지 푸른 색조를 띄는 불투명한 보석. 이 점을 빼면 비취와 비슷함.

ed the cabinet. At last he got up from the sofa on which he had been lying, went over to it, and, having unlocked it, touched some hidden spring. A triangular drawer passed slowly out. His fingers moved instinctively towards it, dipped in, and closed on something. It was a small Chinese box of black and gold-dust lacquer, elaborately wrought, the sides patterned with curved waves, and the silken cords hung with round crystals and tasselled in plaited metal threads. He opened it. Inside was a green paste[20] waxy in lustre, the odour curiously heavy and persistent.

He hesitated for some moments, with a strangely immobile smile upon his face. Then shivering, though the atmosphere of the room was terribly hot, he drew himself up, and glanced at the clock. It was twenty minutes to twelve. He put the box back, shutting the cabinet doors as he did so, and went into his bedroom.

As midnight was striking bronze blows upon the dusky air, Dorian Gray, dressed commonly, and with a muffler wrapped round his throat, crept quietly out of his house. In Bond Street he found a hansom with a good horse. He hailed it, and in a low voice gave the driver an address.[21]

The man shook his head. 'It is too far for me,' he muttered.

'Here is a sovereign for you,' said Dorian. 'You shall have another if you drive fast.'

'All right, sir,' answered the man, 'you will be there in an hour,' and after his fare had got in he turned his horse round, and drove rapidly towards the river.

20 **green paste**: 피우는 형태로 되어 있는 아편.
21 아마 이 주소는 Docks 근처의, 아편굴이 있는 차이나타운이었을 것이다.

Chapter XVI

A COLD rain began to fall, and the blurred street-lamps looked ghastly in the dripping mist. The public-houses were just closing, and dim men and women were clustering in broken groups round their doors. From some of the bars came the sound of horrible laughter. In others, drunkards brawled and screamed.

Lying back in the hansom, with his hat pulled over his forehead, Dorian Gray watched with listless eyes the sordid shame of the great city, and now and then he repeated to himself the words that Lord Henry had said to him on the first day they had met, 'To cure the soul by means of the senses, and the senses by means of the soul.' Yes, that was the secret. He had often tried it, and would try it again now. There were opium-dens, where one could buy oblivion, dens of horror where the memory of old sins could be destroyed by the madness of sins that were new.

The moon hung low in the sky like a yellow skull. From time to time a huge misshapen cloud stretched a long arm across and hid it. The gas-lamps grew fewer, and the streets more narrow and gloomy. Once the man lost his way, and had to drive back half a mile. A steam rose from the horse as it splashed up the puddles. The side-windows of the hansom were clogged with a grey-flannel mist.

'To cure the soul by means of the senses, and the senses by means of the soul!' How the words rang in his ears! His soul, certainly, was sick to death. Was it true that the senses could cure it? Innocent blood had been spilt. What could atone for that? Ah! for that there was no atonement; but though forgiveness was impossible, forgetfulness was possible still, and he was determined to forget, to stamp the thing out, to crush it as one would crush the adder that had stung one. Indeed, what right had Basil to have spoken to him as he had done? Who had made him a judge over others? He had said things that were dreadful, horrible, not to be endured.

On and on plodded the hansom, going slower, it seemed to him, at each step. He thrust up the trap,[1] and called to the man to drive faster. The hideous hunger for opium began to gnaw at him. His throat burned, and his delicate hands twitched nervously together. He struck at the horse madly with his stick. The driver laughed, and whipped up. He laughed in answer, and the man was silent.

The way seemed interminable, and the streets like the black web of some sprawling spider. The monotony became unbearable, and, as the mist thickened, he felt afraid.

Then they passed by lonely brickfields.[2] The fog was lighter here, and he could see the strange bottle-shaped kilns[3] with their orange fan-like tongues of fire. A dog barked as they went by, and far away in the darkness some wandering seagull screamed. The horse stumbled in a rut, then swerved aside, and broke into a gallop.

After some time they left the clay road, and rattled again over rough-paven streets. Most of the windows were dark, but now and then fantastic shadows were silhouetted against some lamp-lit blind. He watched them curiously. They moved like monstrous marionettes, and made gestures like live things.[4] He hated them. A dull rage was in his heart. As they turned a corner a woman yelled something at them from an open door, and two men ran after the hansom for about a hundred yards. The driver beat at them with his whip.

It is said that passion makes one think in a circle. Certainly with hideous iteration the bitten lips of Dorian Gray shaped and reshaped those subtle words that dealt with soul and sense, till he had found in them the full expression, as it were, of his mood, and justified, by intellectual approval, passions that without such justification would still have dominated his temper. From cell to cell of his brain crept the one thought; and the wild desire to live, most terrible of all man's appetites, quickened into force each trembling nerve and fibre.

1 trap: 마차에서 마부와 의사소통을 하기 위해 달려있는 작은 문.
2 brickfield: 벽돌공장.
3 kiln:가마, 화로.
4 "Most of windows"부터 여기 "things"까지는 그의 시 "The Harlot's House"(1885)에 나오는 장면을 풀어쓴 것이다. 이처럼 와일드는 분위기, 감정, 생각 등을 예술작품을 통해서 제시하는 습관이 있다.

Ugliness that had once been hateful to him because it made things real, became dear to him now for that very reason. Ugliness was the one reality. The coarse brawl, the loathsome den, the crude violence of disordered life, the very vileness of thief and outcast, were more vivid, in their intense actuality of impression, than all the gracious shapes of Art, the dreamy shadows of Song. They were what he needed for forgetfulness. In three days he would be free.

Suddenly the man drew up with a jerk at the top of a dark lane. Over the low roofs and jagged chimney-stacks of the houses rose the black masts of ships. Wreaths of white mist clung like ghostly sails to the yards.

'Somewhere about here, sir, ain't it?' he asked huskily through the trap.

Dorian started, and peered round. 'This will do,' he answered, and, having got out hastily, and given the driver the extra fare he had promised him, he walked quickly in the direction of the quay. Here and there a lantern gleamed at the stern of some huge merchantman. The light shook and splintered in the puddles. A red glare came from an outward-bound steamer that was coaling. The slimy pavement looked like a wet mackintosh.

He hurried on towards the left, glancing back now and then to see if he was being followed. In about seven or eight minutes he reached a small shabby house, that was wedged in between two gaunt factories. In one of the top windows stood a lamp. He stopped, and gave a peculiar knock.

After a little time he heard steps in the passage, and the chain being unhooked. The door opened quietly, and he went in without saying a word to the squat misshapen figure that flattened itself into the shadow as he passed. At the end of the hall hung a tattered green curtain that swayed and shook in the gusty wind which had followed him in from the street. He dragged it aside, and entered a long, low room which looked as if it had once been a third-rate dancing-saloon. Shrill flaring gas-jets,[5] dulled and distorted in the fly-blown mirrors that faced them, were ranged round the walls. Greasy reflectors of ribbed tin backed them, making quivering discs of light. The floor was covered with ochre-coloured[6] sawdust, trampled here and there into mud, and stained with dark rings of spilt liquor. Some Malays were crouching by a little charcoal stove playing with bone counters, and showing their white teeth as they chattered. In one corner with his head buried in his arms, a sailor sprawled over a table, and by the tawdrily-painted bar that ran across one complete side stood two haggard women mocking an old man who was brushing the sleeves of his coat with an expression of disgust. 'He thinks he's got red ants on him,' laughed one of them, as Dorian passed by. The man looked at her in terror, and began to whimper.

At the end of the room there was a little staircase, leading to a darkened chamber. As Dorian hurried up its three rickety steps, the heavy odour of opium[7] met him. He heaved a deep breath, and his nostrils quivered with pleasure.[8] When he entered, a young man with smooth yellow hair, who was bending over a lamp lighting a long thin pipe, looked up at him, and nodded in a hesitating manner.

'You here, Adrian?' muttered Dorian.

'Where else should I be?' he answered, listlessly. 'None of the chaps will speak to me now.'

'I thought you had left England.'

'Darlington is not going to do anything. My brother paid the bill at last. George doesn't speak to me either. . . . I don't care,' he added, with a sigh. 'As long as one has this stuff, one doesn't want friends. I think I have had too many friends.'

Dorian winced, and looked round at the grotesque things that lay

---

5 gas-jet: 가스 버너, 가스 화구.

6 ochre-coloured: 철의 산화물에서 나오는 오렌지 빛 노란색의.

7 opium: 아편은 원래 의료용으로 영국에 도입되었으나 18세기 말쯤에는 오락용으로 사용되었다. 1868년 아편의 판매를 약사에게만 제한하는 의약법이 통과되기 전에는 아무나 합법적으로 아편 상품을 거래할 수 있었다. 그 결과 19세기 중반쯤에는 수백 가지의 아편 관련 상품이 유통되고 있었다.

8 비록 와일드가 상세하게 도리언이 방문한 아편굴을 묘사하지만 와일드가 아편을 피웠거나 실험했다는 증거는 없다. 이 당시 아편의 흡연은 주로 런던의 이스트 엔드(East End)에 사는 중국인들에 한정되어 있었다. 하지만 와일드는 그가 더글라스와 함께 Algiers를 방문했을 때 둘이서 해시시(인도 대마[大痲] 잎으로 만든 마약)를 피웠다고 고백한 적은 있다.

in such fantastic postures on the ragged mattresses. The twisted limbs, the gaping mouths, the staring lustreless eyes, fascinated him. He knew in what strange heavens they were suffering, and what dull hells were teaching them the secret of some new joy. They were better off than he was. He was prisoned in thought. Memory, like a horrible malady, was eating his soul away. From time to time he seemed to see the eyes of Basil Hallward looking at him. Yet he felt he could not stay. The presence of Adrian Singleton troubled him. He wanted to be where no one would know who he was. He wanted to escape from himself.

'I am going on to the other place,' he said, after a pause.

'On the wharf?'

'Yes.'

'That mad-cat is sure to be there. They won't have her in this place now.'

Dorian shrugged his shoulders. 'I am sick of women who love one. Women who hate one are much more interesting. Besides, the stuff is better.'

'Much the same.'

'I like it better. Come and have something to drink. I must have something.'

'I don't want anything,' murmured the young man.

'Never mind.'

Adrian Singleton rose up wearily, and followed Dorian to the bar. A half-caste,[9] in a ragged turban and a shabby ulster, grinned a hideous greeting as he thrust a bottle of brandy and two tumblers in front of them. The women sidled up, and began to chatter. Dorian turned his back on them, and said something in a low voice to Adrian Singleton.

A crooked smile, like a Malay crease, writhed across the face of one of the women. 'We are very proud to-night,' she sneered.

'For God's sake don't talk to me,' cried Dorian, stamping his foot on the ground. 'What do you want? Money? Here it is. Don't ever

9 half-caste: 특히 (영국 사람과 인도 사람 사이에서 태어난) 혼혈아.

talk to me again.'

Two red sparks flashed for a moment in the woman's sodden eyes, then flickered out, and left them dull and glazed. She tossed her head, and raked the coins off the counter with greedy fingers. Her companion watched her enviously.

'It's no use,' sighed Adrian Singleton. 'I don't care to go back. What does it matter? I am quite happy here.'

'You will write to me if you want anything, won't you?' said Dorian, after a pause.

'Perhaps.'

'Good-night, then.'

'Good-night,' answered the young man, passing up the steps, and wiping his parched mouth with a handkerchief.

Dorian walked to the door with a look of pain in his face. As he drew the curtain aside a hideous laugh broke from the painted lips of the woman who had taken his money. 'There goes the devil's bargain!' she hiccoughed, in a hoarse voice.

'Curse you!' he answered, 'don't call me that.'

She snapped her fingers. 'Prince Charming is what you like to be called, ain't it?' she yelled after him.

The drowsy sailor leapt to his feet as she spoke, and looked wildly round. The sound of the shutting of the hall door fell on his ear. He rushed out as if in pursuit.

Dorian Gray hurried along the quay through the drizzling rain. His meeting with Adrian Singleton had strangely moved him, and he wondered if the ruin of that young life was really to be laid at his door, as Basil Hallward had said to him with such infamy of insult. He bit his lip, and for a few seconds his eyes grew sad. Yet, after all, what did it matter to him? One's days were too brief to take the burden of another's errors on one's shoulders. Each man lived his own life, and paid his own price for living it. The only pity was one had to pay so often for a single fault. One had to pay over and over again, indeed. In her dealings with man Destiny never closed her accounts.

There are moments, psychologists tell us, when the passion for sin, or for what the world calls sin, so dominates a nature, that every fibre of the body, as every cell of the brain, seems to be instinct with[10] fearful impulses. Men and women at such moments lose the freedom of their will. They move to their terrible end as automatons move. Choice is taken from them, and conscience is either killed, or, if it lives at all, lives but to give rebellion its fascination, and disobedience its charm.[11] For all sins, as theologians weary not of reminding us, are sins of disobedience. When that high spirit, that morning-star of evil, fell from heaven, it was as a rebel that he fell.

Callous, concentrated on evil, with stained mind and soul hungry for rebellion, Dorian Gray hastened on, quickening his step as he went, but as he darted aside into a dim archway, that had served him often as a short cut to the ill-famed place where he was going, he felt himself suddenly seized from behind, and before he had time to defend himself he was thrust back against the wall, with a brutal hand round his throat.

He struggled madly for life, and by a terrible effort wrenched the tightening fingers away. In a second he heard the click of a revolver, and saw the gleam of a polished barrel pointing straight at his head, and the dusky form of a short thick-set man facing him.

'What do you want?' he gasped.

'Keep quiet,' said the man. 'If you stir, I shoot you.'

'You are mad. What have I done to you?'

'You wrecked the life of Sibyl Vane,' was the answer, 'and Sibyl Vane was my sister. She killed herself. I know it. Her death is at your door. I swore I would kill you in return. For years I have sought you. I had no clue, no trace. The two people who could have described you were dead. I knew nothing of you but the pet name she used to call you. I heard it to-night by chance. Make your peace with God, for to-night you are going to die.'

---

10 instinct with: ~으로 가득 찬.

11 선택권은 빼앗기고 양심은 살해되거나, 설령 살아있다 하더라도 반항이 매력적인 것이 되게 하고 불순종이 매혹적인 것이 되게 한다.

Dorian Gray grew sick with fear. 'I never knew her,' he stammered. 'I never heard of her. You are mad.'

'You had better confess your sin, for as sure as I am James Vane, you are going to die.' There was a horrible moment. Dorian did not know what to say or do. 'Down on your knees!' growled the man. 'I give you one minute to make your peace—no more. I go on board tonight for India, and I must do my job first. One minute. That's all.'

Dorian's arms fell to his side. Paralyzed with terror, he did not know what to do. Suddenly a wild hope flashed across his brain. 'Stop,' he cried. 'How long ago is it since your sister died? Quick, tell me!'

'Eighteen years,' said the man. 'Why do you ask me? What do years matter?'

'Eighteen years,' laughed Dorian Gray, with a touch of triumph in his voice. 'Eighteen years! Set me under the lamp and look at my face!'

James Vane hesitated for a moment, not understanding what was meant. Then he seized Dorian Gray and dragged him from the archway.

Dim and wavering as was the windblown light, yet it served to show him the hideous error, as it seemed, into which he had fallen, for the face of the man he had sought to kill had all the bloom of boyhood, all the unstained purity of youth. He seemed little more than a lad of twenty summers, hardly older, if older indeed at all, than his sister had been when they had parted so many years ago. It was obvious that this was not the man who had destroyed her life.

He loosened his hold and reeled back. 'My God! my God!' he cried, 'and I would have murdered you!'

Dorian Gray drew a long breath. 'You have been on the brink of committing a terrible crime, my man,' he said, looking at him sternly. 'Let this be a warning to you not to take vengeance into your own hands.'

'Forgive me, sir,' muttered James Vane. 'I was deceived. A chance word I heard in that damned den set me on the wrong track.'

'You had better go home, and put that pistol away, or you may get into trouble,' said Dorian, turning on his heel, and going slowly down the street.

James Vane stood on the pavement in horror. He was trembling from head to foot. After a little while a black shadow that had been creeping along the dripping wall, moved out into the light and came close to him with stealthy footsteps. He felt a hand laid on his arm and looked round with a start. It was one of the women who had been drinking at the bar.

'Why didn't you kill him?' she hissed out, putting her haggard face quite close to his. 'I knew you were following him when you rushed out from Daly's.[12] You fool! You should have killed him. He has lots of money, and he's as bad as bad.'

'He is not the man I am looking for,' he answered, 'and I want no man's money. I want a man's life. The man whose life I want must be nearly forty now. This one is little more than a boy. Thank God, I have not got his blood upon my hands.'

The woman gave a bitter laugh. 'Little more than a boy!' she sneered. 'Why, man, it's nigh on eighteen years since Prince Charming made me what I am.'

'You lie!' cried James Vane.

She raised her hand up to heaven. 'Before God I am telling the truth,' she cried.

'Before God?'

'Strike me dumb if it ain't so. He is the worst one that comes here. They say he has sold himself to the devil for a pretty face. It's nigh on eighteen years since I met him. He hasn't changed much since then. I have though,' she added, with a sickly leer.

'You swear this?'

'I swear it,' came in hoarse echo from her flat mouth. 'But don't

12 Daly's: Cranbourn Street에 있는 극장으로 미국인 희곡작가 Augustin Daly에 의해서 1879년에 세워짐.

give me away to him,' she whined; 'I am afraid of him. Let me have some money for my night's lodging.'

He broke from her with an oath, and rushed to the corner of the street, but Dorian Gray had disappeared. When he looked back, the woman had vanished also.

CHAPTER XVII

A WEEK later Dorian Gray was sitting in the conservatory at Selby Royal talking to the pretty Duchess of Monmouth, who with her husband, a jaded-looking man of sixty, was amongst his guests. It was tea-time, and the mellow light of the huge lace-covered lamp that stood on the table lit up the delicate china and hammered silver of the service at which the Duchess was presiding. Her white hands were moving daintily among the cups, and her full red lips were smiling at something that Dorian had whispered to her. Lord Henry was lying back in a silk-draped wicker chair looking at them. On a peach-coloured divan sat Lady Narborough pretending to listen to the Duke's description of the last Brazilian beetle that he had added to his collection. Three young men in elaborate smoking-suits were handing tea-cakes to some of the women. The house-party consisted of twelve people, and there were more expected to arrive on the next day.

'What are you two talking about?' said Lord Henry, strolling over to the table, and putting his cup down. 'I hope Dorian has told you about my plan for rechristening everything, Gladys. It is a delightful idea.'

'But I don't want to be rechristened, Harry,' rejoined the Duchess, looking up at him with her wonderful eyes. 'I am quite satisfied with my own name, and I am sure Mr. Gray should be satisfied with his.'

'My dear Gladys, I would not alter either name for the world. They are both perfect. I was thinking chiefly of flowers. Yesterday I cut an orchid, for my buttonhole. It was a marvellous spotted thing, as effective as the seven deadly sins.[1] In a thoughtless moment I asked one of the gardeners what it was called. He told me it was a fine specimen of Robinsoniana, or something dreadful of that kind. It is a sad truth, but we have lost the faculty of giving lovely names to

1 seven deadly sins: 교만, 인색, 음욕, 탐욕, 질투, 분노, 나태.

things. Names are everything. I never quarrel with actions. My one quarrel is with words. That is the reason I hate vulgar realism in literature.[2] The man who could call a spade a spade should be compelled to use one. It is the only thing he is fit for.'

'Then what should we call you, Harry?' she asked.

'His name is Prince Paradox,' said Dorian.

'I recognize him in a flash,' exclaimed the Duchess.

'I won't hear of it,' laughed Lord Henry, sinking into a chair. 'From a label there is no escape! I refuse the title.'

'Royalties may not abdicate,'[3] fell as a warning from pretty lips.

'You wish me to defend my throne, then?'

'Yes.'

'I give the truths of to-morrow.'

'I prefer the mistakes of to-day,' she answered.

'You disarm me, Gladys,' he cried, catching the wilfulness of her mood.

'Of your shield, Harry: not of your spear.'[4]

'I never tilt[5] against Beauty,' he said, with a wave of his hand.

'That is your error, Harry, believe me. You value beauty far too much.'

'How can you say that? I admit that I think that it is better to be beautiful than to be good.[6] But on the other hand no one is more ready than I am to acknowledge that it is better to be good than to be ugly.'

'Ugliness is one of the seven deadly sins, then?' cried the Duchess. 'What becomes of your simile about the orchid?'

'Ugliness is one of the seven deadly virtues, Gladys. You, as a

2 「거짓말하기의 쇠퇴」에서 와일드는 비비안을 통해 "방법으로서의 리얼리즘은 완전한 실패작(a complete failure)이다"라고 말한다. 그는 행동(action)이 있는 현실의 세계보다 거짓의 세계, 다시 말해서 상상력의 세계를 선호한다.

3 abdicate: 퇴위하다.

4 disarm~ of: ~로부터 무기를 빼앗다.

5 tilt: 싸우다.

6 이와 유사하게 「예술가로서의 비평가」에서 와일드는 "미학이 윤리학보다 더 고차원적이다"라고 말한 바 있다.

good Tory, must not underrate them. Beer, the Bible, and the seven deadly virtues have made our England what she is.'

'You don't like your country, then?' she asked.

'I live in it.'

'That you may censure it the better.'

'Would you have me take the verdict of Europe on it?' he enquired. 'What do they say of us?'

'That Tartuffe[7] has emigrated to England and opened a shop.'

'Is that yours, Harry?'

'I give it to you.'

'I could not use it. It is too true.'

'You need not be afraid. Our countrymen never recognize a description.'

'They are practical.'

'They are more cunning than practical. When they make up their ledger,[8] they balance stupidity by wealth, and vice by hypocrisy.'

'Still, we have done great things.'

'Great things have been thrust on us, Gladys.'[9]

'We have carried their burden.'

'Only as far as the Stock Exchange.'

She shook her head. 'I believe in the race,' she cried.

'It represents the survival of the pushing.'[10]

'It has development.'

'Decay fascinates me more.'

'What of Art?' she asked.

'It is a malady.'

'Love?'

'An illusion.'

---

7 Tartuffe: 프랑스 희곡작가 몰리에르(Molière)의 희극의 제목이자 그 희극의 주요 인물인 타르튀프. 종교적인 위선자이자 사기꾼인 그는 루이 14세의 고해신부인 Père La Chaise의 캐리커쳐(caricature)라고 한다. 그는 tartuffes, 즉 truffle(초콜렛 과자의 일종)을 좋아했다고 한다.

8 ledger: (회계) 원장, 장부.

9 셰익스피어의 『십이야』(*Twelfth Night*) 2.5.144-46.

10 스펜서(Herbert Spencer)의 좌우명인 "적자생존"(survival of the fittest)에 대한 패러디. "적자생존"은 빅토리아 시대에 자주 사회, 경제적 삶에 적용되었다.

'Religion?'

'The fashionable substitute for Belief.'

'You are a sceptic.'

'Never! Scepticism is the beginning of Faith.'

'What are you?'

'To define is to limit.'

'Give me a clue.'

'Threads snap. You would lose your way in the labyrinth.'

'You bewilder me. Let us talk of some one else.'

'Our host is a delightful topic. Years ago he was christened Prince Charming.'

'Ah! don't remind me of that,' cried Dorian Gray.

'Our host is rather horrid this evening,' answered the Duchess, colouring. 'I believe he thinks that Monmouth married me on purely scientific principles as the best specimen he could find of a modern butterfly.'

'Well, I hope he won't stick pins into you, Duchess,' laughed Dorian.

'Oh! my maid does that already, Mr. Gray, when she is annoyed with me.'

'And what does she get annoyed with you about, Duchess?'

'For the most trivial things, Mr. Gray, I assure you. Usually because I come in at ten minutes to nine and tell her that I must be dressed by half-past eight.'

'How unreasonable of her! You should give her warning.'

'I daren't, Mr. Gray. Why, she invents hats for me. You remember the one I wore at Lady Hilstone's garden-party? You don't, but it is nice of you to pretend that you do. Well, she made it out of nothing. All good hats are made out of nothing.'

'Like all good reputations, Gladys,' interrupted Lord Henry. 'Every effect that one produces gives one an enemy. To be popular one must be a mediocrity.'

'Not with women,' said the Duchess, shaking her head; 'and women rule the world. I assure you we can't bear mediocrities. We women, as some one says, love with our ears, just as you men love with your eyes, if you ever love at all.'

'It seems to me that we never do anything else,' murmured Dorian.

'Ah! then, you never really love, Mr. Gray,' answered the Duchess, with mock sadness.

'My dear Gladys!' cried Lord Henry. 'How can you say that? Romance lives by repetition, and repetition converts an appetite into an art. Besides, each time that one loves is the only time one has ever loved. Difference of object does not alter singleness of passion. It merely intensifies it. We can have in life but one great experience at best, and the secret of life is to reproduce that experience as often as possible.'

'Even when one has been wounded by it, Harry?' asked the Duchess, after a pause.

'Especially when one has been wounded by it,' answered Lord Henry.

The Duchess turned and looked at Dorian Gray with a curious expression in her eyes. 'What do you say to that, Mr. Gray?' she enquired.

Dorian hesitated for a moment. Then he threw his head back and laughed. 'I always agree with Harry, Duchess.'

'Even when he is wrong?'

'Harry is never wrong, Duchess.'

'And does his philosophy make you happy?'

'I have never searched for happiness. Who wants happiness? I have searched for pleasure.'

'And found it, Mr. Gray?'

'Often. Too often.'

The Duchess sighed. 'I am searching for peace,' she said, 'and if I don't go and dress, I shall have none this evening.'

'Let me get you some orchids, Duchess,' cried Dorian, starting to his feet, and walking down the conservatory.

'You are flirting disgracefully with him,' said Lord Henry to his cousin. 'You had better take care. He is very fascinating.'

'If he were not, there would be no battle.'

'Greek meets Greek, then?'

'I am on the side of the Trojans. They fought for a woman.'[11]

'They were defeated.'

'There are worse things than capture,' she answered.

'You gallop with a loose rein.

'Pace gives life,' was the *riposte*.[12]

'I shall write it in my diary to-night.'

'What?'

'That a burnt child loves the fire.'

'I am not even singed. My wings are untouched.'

'You use them for everything, except flight.'

'Courage has passed from men to women. It is a new experience for us.'

'You have a rival.'

'Who?'

He laughed. 'Lady Narborough,' he whispered. 'She perfectly adores him.'

'You fill me with apprehension. The appeal to Antiquity is fatal to us who are romanticists.'

'Romanticists! You have all the methods of science.'

'Men have educated us.'

'But not explained you.'

'Describe us as a sex,' was her challenge.

'Sphinxes without secrets.'

She looked at him, smiling. 'How long Mr. Gray is!' she said. 'Let us go and help him. I have not yet told him the colour of my frock.'

'Ah! you must suit your frock to his flowers, Gladys.'

'That would be a premature surrender.'

'Romantic Art begins with its climax.'

11 트로이 전쟁은 스파르타의 왕 Menelaus의 아내 Helen을 두고 싸운 셈이었다. Helen은 트로이의 왕 Priam의 아들 Paris와 함께 도망을 쳤기 때문이다.

12 *riposte*: 반론, 반격. 앙갚음.

'I must keep an opportunity for retreat.'

'In the Parthian manner?'[13]

'They found safety in the desert. I could not do that.'

'Women are not always allowed a choice,' he answered, but hardly had he finished the sentence before from the far end of the conservatory came a stifled groan, followed by the dull sound of a heavy fall. Everybody started up. The Duchess stood motionless in horror. And with fear in his eyes Lord Henry rushed through the flapping palms, to find Dorian Gray lying face downwards on the tiled floor in a death-like swoon.

He was carried at once into the blue drawing-room, and laid upon one of the sofas. After a short time he came to himself, and looked round with a dazed expression.

'What has happened?' he asked. 'Oh! I remember. Am I safe here, Harry?' He began to tremble.

'My dear Dorian,' answered Lord Henry, 'you merely fainted.

That was all. You must have overtired yourself. You had better not come down to dinner. I will take your place.'

'No, I will come down,' he said, struggling to his feet. 'I would rather come down. I must not be alone.'

He went to his room and dressed. There was a wild recklessness of gaiety in his manner as he sat at table, but now and then a thrill of terror ran through him when he remembered that, pressed against the window of the conservatory like a white handkerchief, he had seen the face of James Vane watching him.

13 서아시아의 고대 왕국인 파르티아(Parthia)에 사는 파르티아인들은 말을 타고 화살을 무기로 하여 싸웠다. 활을 쏜 후 후퇴하는 척 하다가 갑자기 돌아서서 쫓아오는 적을 공격한 것으로 알려져 있다.

CHAPTER XVIII

THE next day he did not leave the house, and, indeed, spent most of the time in his own room, sick with a wild terror of dying, and yet indifferent to life itself. The consciousness of being hunted, snared, tracked down, had begun to dominate him. If the tapestry did but tremble in the wind, he shook. The dead leaves that were blown against the leaded panes seemed to him like his own wasted resolutions and wild regrets. When he closed his eyes, he saw again the sailor's face peering through the mist-stained glass, and horror seemed once more to lay its hand upon his heart.

But perhaps it had been only his fancy that had called vengeance out of the night, and set the hideous shapes of punishment before him. Actual life was chaos, but there was something terribly logical in the imagination. It was the imagination that set remorse to dog the feet of sin. It was the imagination that made each crime bear its misshapen brood. In the common world of fact the wicked were not punished, nor the good rewarded. Success was given to the strong, failure thrust upon the weak. That was all. Besides, had any stranger been prowling round the house he would have been seen by the servants or the keepers. Had any footmarks been found on the flower-beds, the gardeners would have reported it. Yes: it had been merely fancy. Sibyl Vane's brother had not come back to kill him. He had sailed away in his ship to founder in some winter sea. From him, at any rate, he was safe. Why, the man did not know who he was, could not know who he was. The mask of youth had saved him.

And yet if it had been merely an illusion, how terrible it was to think that conscience could raise such fearful phantoms, and give them visible form, and make them move before one! What sort of life would his be if, day and night, shadows of his crime were to peer at him from silent corners, to mock him from secret places, to whisper in his ear as he sat at the feast, to wake him with icy fingers as he lay asleep! As the thought crept through his brain, he grew pale with terror, and the air seemed to him to have become suddenly colder. Oh! in what a wild hour of madness he had killed his friend! How ghastly the mere memory of the scene! He saw it all again. Each hideous detail came back to him with added horror. Out of the black cave of Time, terrible and swathed in scarlet, rose the image of his sin. When Lord Henry came in at six o'clock, he found him crying as one whose heart will break.

It was not till the third day that he ventured to go out. There was something in the clear, pine-scented air of that winter morning that seemed to bring him back his joyousness and his ardour for life. But it was not merely the physical conditions of environment that had caused the change. His own nature had revolted against the excess of anguish that had sought to maim and mar the perfection of its calm. With subtle and finely-wrought temperaments it is always so. Their strong passions must either bruise or bend. They either slay the man, or themselves die. Shallow sorrows and shallow loves live on. The loves and sorrows that are great are destroyed by their own plenitude.[1] Besides, he had convinced himself that he had been the victim of a terror-stricken imagination, and looked back now on his fears with something of pity and not a little of contempt.

After breakfast he walked with the Duchess for an hour in the garden, and then drove across the park to join the shooting-party. The crisp frost lay like salt upon the grass. The sky was an inverted cup of blue metal. A thin film of ice bordered the flat reed-grown lake.

At the corner of the pine-wood he caught sight of Sir Geoffrey Clouston, the Duchess's brother, jerking two spent cartridges out of his gun. He jumped from the cart, and having told the groom to take the mare home, made his way towards his guest through the withered bracken and rough undergrowth.

'Have you had good sport, Geoffrey?' he asked.

'Not very good, Dorian. I think most of the birds have gone to the open. I dare say it will be better after lunch, when we get to

1 피상적인 슬픔과 사랑은 계속 살아가지만, 깊은 사랑과 슬픔은 그 자체의 충만함으로 인해 파괴된다.

new ground.'

Dorian strolled along by his side. The keen aromatic air, the brown and red lights that glimmered in the wood, the hoarse cries of the beaters[2] ringing out from time to time, and the sharp snaps of the guns that followed, fascinated him, and filled him with a sense of delightful freedom. He was dominated by the carelessness of happiness, by the high indifference of joy.

Suddenly from a lumpy tussock of old grass, some twenty yards in front of them, with black-tipped ears erect, and long hinder limbs throwing it forward, started a hare. It bolted for a thicket of alders. Sir Geoffrey put his gun to his shoulder, but there was something in the animal's grace of movement that strangely charmed Dorian Gray, and he cried out at once, 'Don't shoot it, Geoffrey. Let it live.'

'What nonsense, Dorian!' laughed his companion, and as the hare bounded into the thicket he fired. There were two cries heard, the cry of a hare in pain, which is dreadful, the cry of a man in agony, which is worse.

'Good heavens! I have hit a beater!' exclaimed Sir Geoffrey. 'What an ass the man was to get in front of the guns! Stop shooting there!' he called out at the top of his voice. 'A man is hurt.'

The head-keeper came running up with a stick in his hand.

'Where, sir? Where is he?' he shouted. At the same time the firing ceased along the line.

'Here,' answered Sir Geoffrey, angrily, hurrying towards the thicket. 'Why on earth don't you keep your men back? Spoiled my shooting for the day.'

Dorian watched them as they plunged into the alder-clump, brushing the lithe, swinging branches aside. In a few moments they emerged, dragging a body after them into the sunlight. He turned away in horror. It seemed to him that misfortune followed wherever he went. He heard Sir Geoffrey ask if the man was really dead, and the affirmative answer of the keeper. The wood seemed to him to have become suddenly

2 beaters: 몰이꾼들. 사냥감을 몰기 위해 고용된 사람들.

alive with faces. There was the trampling of myriad feet, and the low buzz of voices. A great copper-breasted pheasant came beating through the boughs overhead.

After a few moments, that were to him, in his perturbed state, like endless hours of pain, he felt a hand laid on his shoulder. He started, and looked round.

'Dorian,' said Lord Henry, 'I had better tell them that the shooting is stopped for to-day. It would not look well to go on.'

'I wish it were stopped for ever, Harry,' he answered, bitterly. 'The whole thing is hideous and cruel. Is the man. . . ?'

He could not finish the sentence.

'I am afraid so,' rejoined Lord Henry. 'He got the whole charge of shot in his chest. He must have died almost instantaneously. Come; let us go home.'

They walked side by side in the direction of the avenue for nearly fifty yards without speaking. Then Dorian looked at Lord Henry, and said, with a heavy sigh, 'It is a bad omen, Harry, a very bad omen.'

'What is?' asked Lord Henry. 'Oh! this accident, I suppose. My dear fellow, it can't be helped. It was the man's own fault. Why did he get in front of the guns? Besides, it is nothing to us. It is rather awkward for Geoffrey, of course. It does not do to pepper beaters. It makes people think that one is a wild shot. And Geoffrey is not; he shoots very straight. But there is no use talking about the matter.'

Dorian shook his head. 'It is a bad omen, Harry. I feel as if something horrible were going to happen to some of us. To myself, perhaps,' he added, passing his hand over his eyes, with a gesture of pain.

The elder man laughed. 'The only horrible thing in the world is *ennui*, Dorian. That is the one sin for which there is no forgiveness. But we are not likely to suffer from it, unless these fellows keep chattering about this thing at dinner. I must tell them that the subject is to be tabooed. As for omens, there is no such thing as an omen. Destiny does not send us heralds. She is too wise or too cruel for that. Besides, what on earth could happen to you, Dorian? You have everything in the world that a man can want. There is no one who would not be delighted to change places with you.'

'There is no one with whom I would not change places, Harry. Don't laugh like that. I am telling you the truth. The wretched peasant who has just died is better off than I am. I have no terror of Death. It is the coming of Death that terrifies me. Its monstrous wings seem to wheel in the leaden air around me. Good heavens! don't you see a man moving behind the trees there, watching me, waiting for me?'

Lord Henry looked in the direction in which the trembling gloved hand was pointing. 'Yes,' he said, smiling, 'I see the gardener waiting for you. I suppose he wants to ask you what flowers you wish to have on the table to-night. How absurdly nervous you are, my dear fellow! You must come and see my doctor, when we get back to town.'

Dorian heaved a sigh of relief as he saw the gardener approaching. The man touched his hat, glanced for a moment at Lord Henry in a hesitating manner, and then produced a letter, which he handed to his master. 'Her Grace told me to wait for an answer,' he murmured.

Dorian put the letter into his pocket. 'Tell her Grace that I am coming in,' he said, coldly. The man turned round, and went rapidly in the direction of the house.

'How fond women are of doing dangerous things!' laughed Lord Henry. 'It is one of the qualities in them that I admire most. A woman will flirt with anybody in the world as long as other people are looking on.'

'How fond you are of saying dangerous things, Harry! In the present instance you are quite astray. I like the Duchess very much, but I don't love her.'

'And the Duchess loves you very much, but she likes you less, so you are excellently matched.'

'You are talking scandal, Harry, and there is never any basis for scandal.'

'The basis of every scandal is an immoral certainty,' said Lord Henry, lighting a cigarette.

'You would sacrifice anybody, Harry, for the sake of an epigram.'

'The world goes to the altar of its own accord,' was the answer.

'I wish I could love,' cried Dorian Gray, with a deep note of pathos in his voice. 'But I seem to have lost the passion, and forgotten the desire. I am too much concentrated on myself. My own personality has become a burden to me. I want to escape, to go away, to forget. It was silly of me to come down here at all. I think I shall send a wire to Harvey to have the yacht got ready. On a yacht one is safe.'

'Safe from what, Dorian? You are in some trouble. Why not tell me what it is? You know I would help you.'

'I can't tell you, Harry,' he answered, sadly. 'And I dare say it is only a fancy of mine. This unfortunate accident has upset me. I have a horrible presentiment that something of the kind may happen to me.'

'What nonsense!'

'I hope it is, but I can't help feeling it. Ah! here is the Duchess, looking like Artemis[3] in a tailor-made gown. You see we have come back, Duchess.'

'I have heard all about it, Mr. Gray,' she answered. 'Poor Geoffrey is terribly upset. And it seems that you asked him not to shoot the hare. How curious!'

'Yes, it was very curious. I don't know what made me say it. Some whim, I suppose. It looked the loveliest of little live things. But I am sorry they told you about the man. It is a hideous subject.'

'It is an annoying subject,' broke in Lord Henry. 'It has no psychological value at all. Now if Geoffrey had done the thing on purpose, how interesting he would be! I should like to know some one who had committed a real murder.'

'How horrid of you, Harry!' cried the Duchess. 'Isn't it, Mr. Gray? Harry, Mr. Gray is ill again. He is going to faint.'

Dorian drew himself up with an effort, and smiled. 'It is nothing,

3 Artemis: 로마신화의 Diana. 달, 사냥, 처녀성의 여신. 자주 동물가죽으로 된 옷을 입고 나타났다.

Duchess,' he murmured; 'my nerves are dreadfully out of order. That is all. I am afraid I walked too far this morning. I didn't hear what Harry said. Was it very bad? You must tell me some other time. I think I must go and lie down. You will excuse me, won't you?'

They had reached the great flight of steps that led from the conservatory on to the terrace. As the glass door closed behind Dorian, Lord Henry turned and looked at the Duchess with his slumberous eyes. 'Are you very much in love with him?' he asked.

She did not answer for some time, but stood gazing at the landscape. 'I wish I knew,' she said at last.

He shook his head. 'Knowledge would be fatal. It is the uncertainty that charms one. A mist makes things wonderful.'

'One may lose one's way.'

'All ways end at the same point, my dear Gladys.'

'What is that?'

'Disillusion.'

'It was my *début*[4] in life,' she sighed.

'It came to you crowned.'

'I am tired of strawberry leaves.'[5]

'They become you.'

'Only in public.'

'You would miss them,' said Lord Henry.

'I will not part with a petal.'

'Monmouth has ears.'

'Old age is dull of hearing.'

'Has he never been jealous?'

'I wish he had been.'

He glanced about as if in search of something. 'What are you looking for?' she enquired.

'The button from your foil,'[6] he answered. 'You have dropped it.'

4 *début*: start. 결혼시작부터 환멸을 느꼈다는 의미.

5 헨리 경은 공작부인으로서의 그녀의 지위를 가리키고 있다. 공작이 머리에 쓰는 소관(小冠)에는 딸기 잎이 8개 장식되어 있었다. 헨리가 "crowned"(왕관을 쓰고)라는 단어를 사용했기 때문에 나온 대답.

She laughed. 'I have still the mask.'

'It makes your eyes lovelier,' was his reply.

She laughed again. Her teeth showed like white seeds in a scarlet fruit.

Upstairs, in his own room, Dorian Gray was lying on a sofa, with terror in every tingling fibre of his body. Life had suddenly become too hideous a burden for him to bear. The dreadful death of the unlucky beater, shot in the thicket like a wild animal, had seemed to him to prefigure death for himself also. He had nearly swooned at what Lord Henry had said in a chance mood of cynical jesting.

At five o'clock he rang his bell for his servant and gave him orders to pack his things for the night-express to town, and to have the brougham at the door by eight-thirty. He was determined not to sleep another night at Selby Royal. It was an ill-omened place. Death walked there in the sunlight. The grass of the forest had been spotted with blood.

Then he wrote a note to Lord Henry, telling him that he was going up to town to consult his doctor, and asking him to entertain his guests in his absence. As he was putting it into the envelope, a knock came to the door, and his valet informed him that the head-keeper wished to see him. He frowned, and bit his lip. 'Send him in,' he muttered, after some moments' hesitation.

As soon as the man entered Dorian pulled his cheque-book out of a drawer, and spread it out before him.

'I suppose you have come about the unfortunate accident of this morning, Thornton?' he said, taking up a pen.

'Yes, sir,' answered the gamekeeper.

'Was the poor fellow married? Had he any people dependent on him?' asked Dorian, looking bored. 'If so, I should not like them to be left in want, and will send them any sum of money you may think necessary.'

'We don't know who he is, sir. That is what I took the liberty

6 말싸움이 갑자기 심각해지자 헨리 경이 펜싱의 비유를 사용하고 있다. 즉 그가 그녀 펜싱 검의 날카로운 칼날에서 보호 씌우개가 떨어졌다고 하자, 그녀는 아직도 펜싱 마스크를 쓰고 있다고 되받아친다. foil: 펜싱 검. button: 펜싱 검 끝의 보호 씌우개.

of coming to you about.'

'Don't know who he is?' said Dorian, listlessly. 'What do you mean? Wasn't he one of your men?'

'No, sir. Never saw him before. Seems like a sailor, sir.'

The pen dropped from Dorian Gray's hand, and he felt as if his heart had suddenly stopped beating. 'A sailor?' he cried out. 'Did you say a sailor?'

'Yes, sir. He looks as if he had been a sort of sailor; tattooed on both arms, and that kind of thing.'

'Was there anything found on him?' said Dorian, leaning forward and looking at the man with startled eyes. 'Anything that would tell his name?'

'Some money, sir—not much, and a six-shooter.[7] There was no name of any kind. A decent-looking man, sir, but rough-like. A sort of sailor we think.'

Dorian started to his feet. A terrible hope fluttered past him. He clutched at it madly. 'Where is the body?' he exclaimed. 'Quick! I must see it at once.'

'It is in an empty stable in the Home Farm, sir. The folk don't like to have that sort of thing in their houses. They say a corpse brings bad luck.'

'The Home Farm! Go there at once and meet me. Tell one of the grooms to bring my horse round. No. Never mind. I'll go to the stables myself. It will save time.'

In less than a quarter of an hour Dorian Gray was galloping down the long avenue as hard as he could go. The trees seemed to sweep past him in spectral procession, and wild shadows to fling themselves across his path. Once the mare swerved at a white gate-post and nearly threw him. He lashed her across the neck with his crop. She cleft the dusky air like an arrow. The stones flew from her hoofs.

At last he reached the Home Farm. Two men were loitering in the yard. He leapt from the saddle and threw the reins to one of them.

7 six-shooter: 재장전하지 않고 6발을 발사할 수 있는 연발권총.

In the farthest stable a light was glimmering. Something seemed to tell him that the body was there, and he hurried to the door, and put his hand upon the latch.

There he paused for a moment, feeling that he was on the brink of a discovery that would either make or mar his life. Then he thrust the door open, and entered.

On a heap of sacking in the far corner was lying the dead body of a man dressed in a coarse shirt and a pair of blue trousers. A spotted handkerchief had been placed over the face. A coarse candle, stuck in a bottle, sputtered beside it.

Dorian Gray shuddered. He felt that his could not be the hand to take the handkerchief away, and called out to one of the farm-servants to come to him.

'Take that thing off the face. I wish to see it,' he said, clutching at the doorpost for support.

When the farm-servant had done so, he stepped forward. A cry of joy broke from his lips. The man who had been shot in the thicket was James Vane.

He stood there for some minutes looking at the dead body. As he rode home, his eyes were full of tears, for he knew he was safe.

CHAPTER XIX

'THERE is no use your telling me that you are going to be good,' cried Lord Henry, dipping his white fingers into a red copper bowl filled with rose-water. 'You are quite perfect. Pray, don't change.'

Dorian Gray shook his head. 'No, Harry, I have done too many dreadful things in my life. I am not going to do any more. I began my good actions yesterday.'

'Where were you yesterday?'

'In the country, Harry. I was staying at a little inn by myself.'

'My dear boy,' said Lord Henry, smiling, 'anybody can be good in the country. There are no temptations there. That is the reason why people who live out of town are so absolutely uncivilized. Civilization is not by any means an easy thing to attain to. There are only two ways by which man can reach it. One is by being cultured, the other by being corrupt. Country people have no opportunity of being either, so they stagnate.'

'Culture and corruption,' echoed Dorian. 'I have known something of both. It seems terrible to me now that they should ever be found together. For I have a new ideal, Harry. I am going to alter. I think I have altered.'

'You have not yet told me what your good action was. Or did you say you had done more than one?' asked his companion, as he spilt into his plate a little crimson pyramid of seeded strawberries, and through a perforated shell-shaped spoon snowed white sugar upon them.

'I can tell you, Harry. It is not a story I could tell to any one else. I spared somebody. It sounds vain, but you understand what I mean. She was quite beautiful, and wonderfully like Sibyl Vane. I think it was that which first attracted me to her. You remember Sibyl, don't you? How long ago that seems! Well, Hetty was not one of our own class, of course. She was simply a girl in a village. But I really loved her. I am quite sure that I loved her. All during this wonderful May that we have been having, I used to run down and see her two or three times a week. Yesterday she met me in a little orchard. The apple-blossoms kept tumbling down on her hair, and she was laughing. We were to have gone away together this morning at dawn. Suddenly I determined to leave her as flower-like as I had found her.'

'I should think the novelty of the emotion must have given you a thrill of real pleasure, Dorian,' interrupted Lord Henry. 'But I can finish your idyll for you. You gave her good advice, and broke her heart. That was the beginning of your reformation.'

'Harry, you are horrible! You mustn't say these dreadful things. Hetty's heart is not broken. Of course she cried, and all that. But there is no disgrace upon her. She can live, like Perdita,[1] in her garden of mint and marigold.'

'And weep over a faithless Florizel,'[2] said Lord Henry, laughing, as he leant back in his chair. 'My dear Dorian, you have the most curiously boyish moods. Do you think this girl will ever be really contented now with any one of her own rank? I suppose she will be married some day to a rough carter or a grinning ploughman. Well, the fact of having met you, and loved you, will teach her to despise her husband, and she will be wretched. From a moral point of view, I cannot say that I think much of your great renunciation.[3] Even as a beginning, it is poor. Besides, how do you know that Hetty isn't floating at the present moment in some star-lit mill-pond, with lovely water-lilies round her, like Ophelia?'[4]

'I can't bear this, Harry! You mock at everything, and then suggest the most serious tragedies. I am sorry I told you now. I don't care what you say to me. I know I was right in acting as I did. Poor Hetty!

1 Perdita: 셰익스피어의 『겨울 이야기』(*Winter's Tale*)에서 Perdita는 시실리에 있는 부모에 의해 버려지고 배에 태워져 보헤미아의 해안가에 표류한다. 그녀는 한 목자에 의해서 그의 딸로 길러지게 된다.

2 Florizel: Perdita는 보헤미아 왕의 아들 Florizel과 사랑에 빠지게 된다. 왕이 그들의 결혼을 반대하자 둘은 시실리로 도망간다. 여기에서 Perdita는 부모를 만나게 되고 Florizel과 결혼하게 된다.

3 욕망의 자제를 높이 평가하지 않는다.

4 Ophelia:『햄릿』(*Hamlet*)에서 그녀는 잡초를 머리에 두른 채 익사한다.

As I rode past the farm this morning, I saw her white face at the window, like a spray of jasmine. Don't let us talk about it any more, and don't try to persuade me that the first good action I have done for years, the first little bit of self-sacrifice I have ever known, is really a sort of sin. I want to be better. I am going to be better. Tell me something about yourself. What is going on in town? I have not been to the club for days.'

'The people are still discussing poor Basil's disappearance.'

'I should have thought they had got tired of that by this time,' said Dorian, pouring himself out some wine, and frowning slightly.

'My dear boy, they have only been talking about it for six weeks, and the British public are really not equal to the mental strain of having more than one topic every three months.[5] They have been very fortunate lately, however. They have had my own divorce-case, and Alan Campbell's suicide. Now they have got the mysterious disappearance of an artist. Scotland Yard[6] still insists that the man in the grey ulster who left for Paris by the midnight train on the ninth of November was poor Basil, and the French police declare that Basil never arrived in Paris at all. I suppose in about a fortnight we shall be told that he has been seen in San Francisco. It is an odd thing, but every one who disappears is said to be seen at San Francisco. It must be a delightful city, and possess all the attractions of the next world.'[7]

'What do you think has happened to Basil?' asked Dorian, holding up his Burgundy against the light, and wondering how it was that he could discuss the matter so calmly.

'I have not the slightest idea. If Basil chooses to hide himself, it is no business of mine. If he is dead, I don't want to think about him. Death is the only thing that ever terrifies me. I hate it.'

'Why?' said the younger man, wearily.

'Because,' said Lord Henry, passing beneath his nostrils the gilt

5 영국대중은 3개월마다 한 개 이상의 화제를 이야기하는 정신적 부담을 감당할 수 없다. is equal to: 감당하다.

6 Scotland Yard: 런던 경찰청.

7 the next world: 내세. 저승세계.

trellis of an open vinaigrette box,[8] 'one can survive everything nowadays except that. Death and vulgarity are the only two facts in the nineteenth century that one cannot explain away. Let us have our coffee in the music-room, Dorian. You must play Chopin[9] to me. The man with whom my wife ran away played Chopin exquisitely. Poor Victoria! I was very fond of her. The house is rather lonely without her. Of course married life is merely a habit, a bad habit. But then one regrets the loss even of one's worst habits. Perhaps one regrets them the most. They are such an essential part of one's personality.'

Dorian said nothing, but rose from the table, and, passing into the next room, sat down to the piano and let his fingers stray across the white and black ivory of the keys. After the coffee had been brought in, he stopped, and, looking over at Lord Henry, said, 'Harry, did it ever occur to you that Basil was murdered?'

Lord Henry yawned. 'Basil was very popular, and always wore a Waterbury watch.[10] Why should he have been murdered? He was not clever enough to have enemies. Of course he had a wonderful genius for painting. But a man can paint like Velasquez[11] and yet be as dull as possible. Basil was really rather dull. He only interested me once, and that was when he told me, years ago, that he had a wild adoration for you, and that you were the dominant motive of his art.'

'I was very fond of Basil,' said Dorian, with a note of sadness in his voice. 'But don't people say that he was murdered?'

'Oh, some of the papers do. It does not seem to me to be at all probable. I know there are dreadful places in Paris, but Basil was not the sort of man to have gone to them. He had no curiosity. It was his chief defect.'

'What would you say, Harry, if I told you that I had murdered

---

8 vinaigrette box: 방향 소금이 스며들어 있는 스폰지가 있는 작은 상자. 현기증을 느끼는 사람들이 자주 사용한다.

9 Frederic Chopin (1810-49): 와일드가 좋아하는 작곡가로 그의 작품에서 자주 언급된다.

10 Waterbury watch: 도둑의 관심을 끌기 어려운, 미국산 싸구려 회중시계. 미국 Connecticut 주의 Waterbury에서 만들어졌다.

11 Diego Rodriguez Velasquez (1599-1660): 와일드가 높게 평가한 스페인의 화가.

Basil?' said the younger man. He watched him intently after he had spoken.

'I would say, my dear fellow, that you were posing for a character that doesn't suit you. All crime is vulgar, just as all vulgarity is crime. It is not in you, Dorian, to commit a murder.[12] I am sorry if I hurt your vanity by saying so, but I assure you it is true. Crime belongs exclusively to the lower orders. I don't blame them in the smallest degree. I should fancy that crime was to them what art is to us, simply a method of procuring extraordinary sensations.'

'A method of procuring sensations? Do you think, then, that a man who has once committed a murder could possibly do the same crime again? Don't tell me that.'

'Oh! anything becomes a pleasure if one does it too often,' cried Lord Henry, laughing. 'That is one of the most important secrets of life. I should fancy, however, that murder is always a mistake. One should never do anything that one cannot talk about after dinner. But let us pass from poor Basil. I wish I could believe that he had come to such a really romantic end as you suggest; but I can't. I dare say he fell into the Seine off an omnibus, and that the conductor hushed up the scandal. Yes: I should fancy that was his end. I see him lying now on his back under those dull-green waters with the heavy barges floating over him, and long weeds catching in his hair. Do you know, I don't think he would have done much more good work. During the last ten years his painting had gone off[13] very much.'

Dorian heaved a sigh, and Lord Henry strolled across the room and began to stroke the head of a curious Java parrot, a large grey-plumaged bird, with pink crest and tail, that was balancing itself upon a bamboo perch. As his pointed fingers touched it, it dropped the white scurf of crinkled lids over black glass-like eyes, and began to sway backwards and forwards.

'Yes,' he continued, turning round, and taking his handkerchief

12 헨리는 도리언이 얼마나 변했고 어떤 범죄를 저질렀는지에 대해 무지하다.
13 go off: 질이 나빠지다.

out of his pocket; 'his painting had quite gone off. It seemed to me to have lost something. It had lost an ideal. When you and he ceased to be great friends, he ceased to be a great artist. What was it separated you? I suppose he bored you. If so, he never forgave you. It's a habit bores have. By the way, what has become of that wonderful portrait he did of you? I don't think I have ever seen it since he finished it. Oh! I remember your telling me years ago that you had sent it down to Selby, and that it had got mislaid or stolen on the way. You never got it back? What a pity! It was really a masterpiece. I remember I wanted to buy it. I wish I had now. It belonged to Basil's best period. Since then, his work was that curious mixture of bad painting and good intentions that always entitles a man to be called a representative British artist. Did you advertise for it? You should.'

'I forget,' said Dorian. 'I suppose I did. But I never really liked it. I am sorry I sat for it. The memory of the thing is hateful to me. Why do you talk of it? It used to remind me of those curious lines in some play—"Hamlet," I think—how do they run?—

"Like the painting of a sorrow,
A face without a heart."[14]

Yes: that is what it was like.'

Lord Henry laughed. 'If a man treats life artistically, his brain is his heart,' he answered, sinking into an arm-chair.

Dorian Gray shook his head, and struck some soft chords on the piano. ' "Like the painting of a sorrow," ' he repeated, ' "a face without a heart." '

The elder man lay back and looked at him with half-closed eyes. 'By the way, Dorian,' he said, after a pause, ' "what does it profit a man if he gain the whole world and lose—how does the quotation run?—his own soul"?'[15]

---

14 *Hamlet* 4.7.108-9. King Claudius가 Laertes에게 하는 질문의 일부분이다: "Laertes, was your father dear to you?/ Or are you like the painting of a sorrow, / A face without a heart?"
15 마가복음 8장 36절: "사람이 만일 온 천하를 얻고도 제 목숨을 잃으면 무엇이 유익하리요."

The music jarred and Dorian Gray started, and stared at his friend. 'Why do you ask me that, Harry?'

'My dear fellow,' said Lord Henry, elevating his eyebrows in surprise, 'I asked you because I thought you might be able to give me an answer. That is all. I was going through the Park last Sunday, and close by the Marble Arch[16] there stood a little crowd of shabby-looking people listening to some vulgar street-preacher. As I passed by, I heard the man yelling out that question to his audience. It struck me as being rather dramatic. London is very rich in curious effects of that kind. A wet Sunday, an uncouth Christian in a mackintosh, a ring of sickly white faces under a broken roof of dripping umbrellas, and a wonderful phrase flung into the air by shrill, hysterical lips—it was really very good in its way, quite a suggestion. I thought of telling the prophet that Art had a soul, but that man had not. I am afraid, however, he would not have understood me.'

'Don't, Harry. The soul is a terrible reality. It can be bought, and sold, and bartered away. It can be poisoned, or made perfect. There is a soul in each one of us. I know it.'

'Do you feel quite sure of that, Dorian?'

'Quite sure.'

'Ah! then it must be an illusion. The things one feels absolutely certain about are never true. That is the fatality of Faith, and the lesson of Romance. How grave you are! Don't be so serious. What have you or I to do with the superstitions of our age? No: we have given up our belief in the soul. Play me something. Play me a nocturne,[17] Dorian, and, as you play, tell me, in a low voice, how you have kept your youth. You must have some secret. I am only ten years older than you are, and I am wrinkled, and worn, and yellow. You are really wonderful, Dorian. You have never looked more charming than you do to-night. You remind me of the day I saw you first. You were rather cheeky, very shy, and absolutely extraordinary. You have

16 Marble Arch: 하이드 공원의 북동쪽 모퉁이는 전통적으로 연설자의 모퉁이로 알려져 있다. 평화만 유지하는 한 누구든지 이곳에서 야외 연설을 할 수 있다.

17 nocturne: 야상곡(夜想曲).

changed, of course, but not in appearance. I wish you would tell me your secret. To get back my youth I would do anything in the world, except take exercise, get up early, or be respectable. Youth! There is nothing like it. It's absurd to talk of the ignorance of youth. The only people to whose opinions I listen now with any respect are people much younger than myself. They seem in front of me. Life has revealed to them her latest wonder. As for the aged, I always contradict the aged. I do it on principle. If you ask them their opinion on something that happened yesterday, they solemnly give you the opinions current in 1820, when people wore high stocks,[18] believed in everything, and knew absolutely nothing. How lovely that thing you are playing is! I wonder did Chopin write it at Majorca,[19] with the sea weeping round the villa, and the salt spray dashing against the panes? It is marvellously romantic. What a blessing it is that there is one art left to us that is not imitative! Don't stop. I want music tonight. It seems to me that you are the young Apollo, and that I am Marsyas[20] listening to you. I have sorrows, Dorian, of my own, that even you know nothing of. The tragedy of old age is not that one is old, but that one is young. I am amazed sometimes at my own sincerity. Ah, Dorian, how happy you are! What an exquisite life you have had! You have drunk deeply of everything. You have crushed the grapes against your palate. Nothing has been hidden from you. And it has all been to you no more than the sound of music. It has not marred you.[21] You are still the same.'

'I am not the same, Harry.'

---

18 high stocks: George 4세의 통치기간(1820-30) 동안 남자들이 입은 장식용 목도리.

19 Chopin은 Majorca에서 프랑스 여류소설가이자 애인인 George Sand와 함께 지내면서 가장 훌륭하고 격렬한 곡을 썼다.

20 Marsyas: 주신(酒神) Bacchus를 섬기는 반인반수(半人半獸). 숲의 신이자 플룻 연주자. 그는 자신의 연주 실력에 대단한 자부심을 가지고 있었고 따라서 아폴로가 악기를 겨루어 보자고 도전을 했고 그가 지자 산 채로 가죽이 벗기는 벌을 받았다. 1890년대의 데카당 문인들(decadents)은 Marsyas를 그들 자신의 반항적인 예술적 태도를 상징하는 일종의 미학적 프로메테우스로 받아들였다.

21 Walter Pater는 "Leonardo Da Vinci"에서 세상의 경험을 단지 모나리자의 얼굴 표정 등에만 살아 있는 "수금과 플룻의 소리"에 비유한다. 이 경우를 포함해서 많은 경우에 헨리 경은 그가 얼마나 도리언을 이해하고 있지 못하는지를 보여준다. 도리언이 맛 본 세상의 경험은 "음악의 곡조"와 같아서 그를 해치지 않았다고(mar)고 말하고 있기 때문이다.

'Yes: you are the same. I wonder what the rest of your life will be. Don't spoil it by renunciations. At present you are a perfect type. Don't make yourself incomplete. You are quite flawless now. You need not shake your head: you know you are. Besides, Dorian, don't deceive yourself. Life is not governed by will or intention. Life is a question of nerves, and fibres, and slowly built-up cells in which thought hides itself and passion has its dreams. You may fancy yourself safe, and think yourself strong. But a chance tone of colour in a room or a morning sky, a particular perfume that you had once loved and that brings subtle memories with it, a line from a forgotten poem that you had come across again, a cadence from a piece of music that you had ceased to play—I tell you, Dorian, that it is on things like these that our lives depend.[22] Browning writes about that somewhere,[23] but our own senses will imagine them for us. There are moments when the odour of *lilas blanc*[24] passes suddenly across me, and I have to live the strangest month of my life over again. I wish I could change places with you, Dorian. The world has cried out against us both, but it has always worshipped you. It always will worship you. You are the type of what the age is searching for, and what it is afraid it has found. I am so glad that you have never done anything, never carved a statue, or painted a picture, or produced anything outside of yourself! Life has been your art. You have set yourself to music. Your days are your sonnets.'

Dorian rose up from the piano, and passed his hand through his hair. 'Yes, life has been exquisite,' he murmured, 'but I am not going to have the same life, Harry. And you must not say these extravagant things to me. You don't know everything about me. I think that if you did, even you would turn from me. You laugh. Don't laugh.'

'Why have you stopped playing, Dorian? Go back and give me the nocturne over again. Look at that great honey-coloured moon that

22 우리의 삶은 이와 같은 것들(위에서 열거한 것들)에 달려있다.

23 Browning의 시에서 자주 반복되는 주제. 예컨대, "A Toccata of Galuppi's"에서 그리고 "Bishop Blougram's Apology"(line 183-186)에서 나타난다.

24 *lilas blanc*: white lilac.

hangs in the dusky air. She is waiting for you to charm her, and if you play she will come closer to the earth. You won't? Let us go to the club, then. It has been a charming evening, and we must end it charmingly. There is some one at White's who wants immensely to know you—young Lord Poole, Bournemouth's eldest son. He has already copied your neckties, and has begged me to introduce him to you. He is quite delightful, and rather reminds me of you.'

'I hope not,' said Dorian, with a sad look in his eyes. 'But I am tired to-night, Harry. I shan't go to the club. It is nearly eleven, and I want to go to bed early.'

'Do stay. You have never played so well as to-night. There was something in your touch that was wonderful. It had more expression than I had ever heard from it before.'

'It is because I am going to be good,' he answered, smiling. 'I am a little changed already.'

'You cannot change to me, Dorian,' said Lord Henry. 'You and I will always be friends.'

'Yet you poisoned me with a book once. I should not forgive that. Harry, promise me that you will never lend that book to any one. It does harm.'

'My dear boy, you are really beginning to moralize. You will soon be going about like the converted, and the revivalist, warning people against all the sins of which you have grown tired. You are much too delightful to do that. Besides, it is no use. You and I are what we are, and will be what we will be. As for being poisoned by a book, there is no such thing as that. Art has no influence upon action. It annihilates the desire to act.[25] It is superbly sterile. The books that the world calls immoral are books that show the world its own shame. That is all.[26] But we won't discuss literature. Come round to-morrow.

25 예술은 행동하려는 욕망을 무력화시킨다. 예술은 쓸모없는(useless) 것이어서 사람들에게 아무런 영향도 미치지 않는다는 뜻. 예술은 예술을 위해 존재할 뿐이다.

26 와일드는 예술의 영역과 삶의 영역이 분리되어 있다고 주장한다. 예술은 행동에 영향을 미치지 않는다. 왜냐하면 행동은 예술이 아니라 삶의 영역이기 때문이다. 와일드는 첫 번째 재판에서 『도리언 그레이의 초상』이 유해한 영향을 미친다는 비난에 대해 이와 유사한 입장을 취했다. 하지만 도리언은 이 작품에서 책의 유해한 영향을 받는 것으로 묘사된다.

I am going to ride at eleven. We might go together, and I will take you to lunch afterwards with Lady Branksome. She is a charming woman, and wants to consult you about some tapestries she is thinking of buying. Mind you come. Or shall we lunch with our little Duchess? She says she never sees you now. Perhaps you are tired of Gladys? I thought you would be. Her clever tongue gets on one's nerves. Well, in any case, be here at eleven.'

'Must I really come, Harry?'

'Certainly. The Park is quite lovely now. I don't think there have been such lilacs since the year I met you.'

'Very well. I shall be here at eleven,' said Dorian. 'Good-night, Harry.' As he reached the door he hesitated for a moment, as if he had something more to say. Then he sighed and went out.

Chapter XX

IT was a lovely night, so warm that he threw his coat over his arm, and did not even put his silk scarf round his throat. As he strolled home, smoking his cigarette, two young men in evening dress passed him. He heard one of them whisper to the other, 'That is Dorian Gray.' He remembered how pleased he used to be when he was pointed out, or stared at, or talked about. He was tired of hearing his own name now. Half the charm of the little village where he had been so often lately was that no one knew who he was. He had often told the girl whom he had lured to love him that he was poor, and she had believed him. He had told her once that he was wicked, and she had laughed at him, and answered that wicked people were always very old and very ugly. What a laugh she had!—just like a thrush singing. And how pretty she had been in her cotton dresses and her large hats! She knew nothing, but she had everything that he had lost.

When he reached home, he found his servant waiting up for him. He sent him to bed, and threw himself down on the sofa in the library, and began to think over some of the things that Lord Henry had said to him.

Was it really true that one could never change? He felt a wild longing for the unstained purity of his boyhood—his rose-white boyhood, as Lord Henry had once called it. He knew that he had tarnished himself, filled his mind with corruption and given horror to his fancy; that he had been an evil influence to others, and had experienced a terrible joy in being so; and that of the lives that had crossed his own it had been the fairest and the most full of promise that he had brought to shame. But was it all irretrievable? Was there no hope for him?

Ah! in what a monstrous moment of pride and passion he had prayed that the portrait should bear the burden of his days, and he keep the unsullied splendour of eternal youth! All his failure had been due to that. Better for him that each sin of his life had brought its sure, swift penalty along with it. There was purification in punishment. Not 'Forgive us our sins,' but 'Smite us for our iniquities,' should be the prayer of man to a most just God.

The curiously-carved mirror that Lord Henry had given to him, so many years ago now, was standing on the table, and the white-limbed Cupids laughed round as of old. He took it up, as he had done on that night of horror, when he had first noted the change in the fatal picture, and with wild tear-dimmed eyes looked into its polished shield. Once, some one who had terribly loved him, had written to him a mad letter, ending with these idolatrous words: 'The world is changed because you are made of ivory and gold. The curves of your lips rewrite history.' The phrases came back to his memory, and he repeated them over and over to himself. Then he loathed his own beauty, and flinging the mirror on the floor crushed it into silver splinters beneath his heel. It was his beauty that had ruined him, his beauty and the youth that he had prayed for. But for[1] those two things, his life might have been free from stain. His beauty had been to him but a mask, his youth but a mockery. What was youth at best? A green, and unripe time, a time of shallow moods, and sickly thoughts. Why had he worn its livery? Youth had spoiled him.

It was better not to think of the past. Nothing could alter that. It was of himself, and of his own future, that he had to think. James Vane was hidden in a nameless grave in Selby churchyard. Alan Campbell had shot himself one night in his laboratory, but had not revealed the secret that he had been forced to know. The excitement, such as it was, over Basil Hallward's disappearance, would soon pass away. It was already waning. He was perfectly safe there. Nor, indeed, was it the death of Basil Hallward that weighed most upon his mind. It was the living death of his own soul that troubled him. Basil had painted the portrait that had marred his life. He could not forgive him that. It was the portrait that had done everything. Basil had said things to him that were unbearable, and that he had yet borne with patience.

1 But for: except for, were it not for. ~이 없었다면.

The murder had been simply the madness of a moment. As for Alan Campbell, his suicide had been his own act. He had chosen to do it. It was nothing to him.

A new life! That was what he wanted. That was what he was waiting for. Surely he had begun it already. He had spared one innocent thing, at any rate. He would never again tempt innocence. He would be good.

As he thought of Hetty Merton, he began to wonder if the portrait in the locked room had changed. Surely it was not still so horrible as it had been? Perhaps if his life became pure, he would be able to expel every sign of evil passion from the face. Perhaps the signs of evil had already gone away. He would go and look.

He took the lamp from the table and crept upstairs. As he unbarred the door, a smile of joy flitted across his strangely young-looking face and lingered for a moment about his lips. Yes, he would be good, and the hideous thing that he had hidden away would no longer be a terror to him. He felt as if the load had been lifted from him already.

He went in quietly, locking the door behind him, as was his custom, and dragged the purple hanging from the portrait. A cry of pain and indignation broke from him. He could see no change, save that in the eyes there was a look of cunning, and in the mouth the curved wrinkle of the hypocrite. The thing was still loathsome— more loathsome, if possible, than before—and the scarlet dew that spotted the hand seemed brighter, and more like blood newly spilt. Then he trembled. Had it been merely vanity that had made him do his one good deed? Or the desire for a new sensation, as Lord Henry had hinted, with his mocking laugh? Or that passion to act a part that sometimes makes us do things finer than we are ourselves? Or, perhaps, all these? And why was the red stain larger than it had been? It seemed to have crept like a horrible disease over the wrinkled fingers. There was blood on the painted feet, as though the thing had dripped—blood even on the hand that had not held the knife. Confess? Did it mean that he was to confess? To give himself up, and be put to death? He laughed. He felt that the idea was monstrous. Besides, even if he did confess, who would believe him? There was no trace of the murdered man anywhere. Everything belonging to him had been destroyed. He himself had burned what had been below-stairs. The world would simply say that he was mad. They would shut him up if he persisted in his story. . . . Yet it was his duty to confess, to suffer public shame, and to make public atonement. There was a God who called upon men to tell their sins to earth as well as to heaven. Nothing that he could do would cleanse him till he had told his own sin. His sin? He shrugged his shoulders. The death of Basil Hallward seemed very little to him. He was thinking of Hetty Merton. For it was an unjust mirror, this mirror of his soul that he was looking at. Vanity? Curiosity? Hypocrisy? Had there been nothing more in his renunciation than that? There had been something more. At least he thought so. But who could tell? . . . No. There had been nothing more. Through vanity he had spared her. In hypocrisy he had worn the mask of goodness. For curiosity's sake he had tried the denial of self.[2] He recognized that now.

But this murder—was it to dog[3] him all his life? Was he always to be burdened by his past? Was he really to confess? Never. There was only one bit of evidence left against him. The picture itself—that was evidence. He would destroy it. Why had he kept it so long? Once it had given him pleasure to watch it changing and growing old. Of late he had felt no such pleasure. It had kept him awake at night. When he had been away, he had been filled with terror lest other eyes should look upon it. It had brought melancholy across his passions. Its mere memory had marred many moments of joy. It had been like conscience to him. Yes, it had been conscience. He would destroy it.

He looked round, and saw the knife that had stabbed Basil Hallward. He had cleaned it many times, till there was no stain left upon it. It was bright, and glistened. As it had killed the painter, so it would kill the painter's work, and all that that meant. It would kill

2 자아의 부인은 청교도적 요소로 욕망의 억제를 말한다. 이는 헨리가 주장한 자아의 실현과 반대되는 개념이다.

3 dog: 끝없이 따라 다니다.

the past, and when that was dead he would be free. It would kill this monstrous soul-life, and, without its hideous warnings, he would be at peace. He seized the thing, and stabbed the picture with it.

There was a cry heard, and a crash. The cry was so horrible in its agony that the frightened servants woke, and crept out of their rooms. Two gentlemen, who were passing in the Square below, stop-ped, and looked up at the great house. They walked on till they met a policeman, and brought him back. The man rang the bell several times, but there was no answer. Except for a light in one of the top windows, the house was all dark. After a time, he went away, and stood in an adjoining portico and watched.

'Whose house is that, constable?' asked the elder of the two gentlemen.

'Mr. Dorian Gray's, sir,' answered the policeman.

They looked at each other, as they walked away, and sneered. One of them was Sir Henry Ashton's uncle.[4]

Inside, in the servants' part of the house, the half-clad domestics were talking in low whispers to each other. Old Mrs. Leaf was crying, and wringing her hands. Francis was as pale as death.

After about a quarter of an hour, he got the coachman and one of the footmen and crept upstairs. They knocked, but there was no reply. They called out. Everything was still. Finally, after vainly trying to force the door, they got on the roof, and dropped down on to the balcony. The windows yielded easily: their bolts were old.

When they entered, they found hanging upon the wall a splendid portrait of their master as they had last seen him, in all the wonder of his exquisite youth and beauty. Lying on the floor was a dead man, in evening dress, with a knife in his heart. He was withered, wrinkled, and loathsome of visage. It was not till they had examined the rings that they recognized who it was.

THE END.

4 바질은 앞에서 도리언이 Henry Ashton을 타락시켰다고 말하며 도리언을 비난한다.

Essays in Criticism

CHARACTER DESIGN IN *THE PICTURE OF DORIAN GRAY**

SHELDON W. LIEBMAN

Until the 1980s, *The Picture of Dorian Gray* was generally considered to be a deeply flawed novel. To some critics, it was simply badly written.[1] To others, it was hopelessly confused, reflecting Wilde's uncertainty and irresolution.[2] To still others, it was negligible or, at best, second-rate because it was merely an expression of the 1890s, in which case it was historically important but otherwise unworthy of critical attention.[3] Within the last two decades, however, many readers have called *Dorian Gray* a great book.[4]

---

* From *Studies in the Novel,* 31.3 (1999): 296-316.

1 Richard Ellmann. for example. evidently summarizing long-held views of *The Picture of Dorian Gray,* says that "parts of the novel are wooden, padded, self-indulgent" *(Oscar Wilde* [New York: Alfred A. Knopf, 1988], p. 314). More sweepingly, Edward Roditi criticize Wilde fur interrupting his narrative with "esthetic preaching," "useless displays of esthetic erudition," "unnecessary descriptions of works of art," and "paradoxical table talk" ("Fiction as Allegory: The Picture of Dorian Gray," in *Oscar Wilde: A Collection of Critical Essays,* ed. Richard Ellmann [Englewood Cliffs, NJ: Prentice-Hall, 1969], p. 50). Faulting Wilde for insincerity and shallowness, as well as an outdated style, Ted R. Spivey concludes that "many readers find it difficult to take *The Picture of Dorian Gray* seriously" ("Damnation and Salvation in *The Picture of Dorian Gray," Boston University Studies in English* 4 [1960]: 162).

2 Philip K. Cohen argues that Wilde is morally inconsistent and ambivalent because he is "at moral odds with himself' and that the novel, as a result, is characterized by "narrative schizophrenia" (*The Mural Vision of Oscar Wilde* (Rutherford, NJ: Fairleigh Dickinson Univ. Press, 1978], pp. 117-20). Gerald Weales similarly cites Wilde's ambiguity ("Foreword," *The Picture of Dorian Gray and Selected Stories* [New York: New American Library, 1962], p. ix), and Kerry Powell discusses the author's "unresolved confusion" ("Oscar Wilde' Acting': The Medium as Message in *The Picture of Dorian Gray," Dalhouse Review* 58 [1978]: 106).

3 Weales calls the book "terribly *fin de siècle" (The Picture of Dorian Gray,* p. x). Ellmann says it is "the aesthetic novel par excellence," portraying "the tragedy of aestheticism" (*Oscar Wilde,* p. 315). And Christopher S. Nassaar contends that the novel is "about the coming of age of Victorian art and attitudes" (*into the Demon Universe: A Literary Exploration of Oscar Wilde* [New Haven: Yale Univ. Press, 1974], p. 70). Robert K. Miller claims that Wilde attempted (albeit unsuccessfully) to compose "a proper nineteenth-century tale" with a "Victorian conclusion" (*Oscar Wilde* [New York: Frederick Ungar, 1982], p. 30). See also Cohen, *The Moral Vision of Oscar Wilde,* pp. 123, 137.

4 Donald R. Dickson says that *Dorian Gray* is "more artfully contrived than many critics seem willing to grant" ("'In a mirror that mirrors the soul': Masks and Mirrors in Dorian Gray," *English Literature in Transition* 26 [1983J: 5). Nassaar argues that it is "a deeper and more thoughtful novel than its critics have so far been willing to concede (*Into the Demon Universe,* p. 37). Joyce Carol Oates, in particular, has stated that the novel is both subtle and complex:

Indeed, its most recent critics have treated the novel as if it were neither the product of Wilde's confusion nor merely a period piece. Its irresolution is taken to be an expression of Wilde's understanding of the human condition. And *Dorian Gray's* broader philosophical concerns are assumed to be those of a moralist who is fully aware of the failure of Victorian (or, in fact, any conventional) morality and is exploring the consequences of its demise.

Interpreting rather than evaluating the novel, most recent critics have seen *Dorian Gray* as in some sense a running debate between two of its major characters, Henry Wotton and Basil Hallward. and, furthermore, a debate carried out in the mind of Dorian Gray. In the past, many readers concluded that this opposition represented a plain choice between right and wrong: "conscience and temptation," "good and evil," "positive and negative moral influences," or "love" and "egoism."[5] Although this opposition was usually seen as a battle symbolically waged by Henry and Basil, it was sometimes taken to be a conflict between warring psychological faculties ("conscience" vs. "libido" or "intelligence" vs. "sensibility") and, for some critics, as Regenia Gagnier has noted, a projection of the war in Wilde's own psyche.[6] The consensus among these critics was either that, in Wilde's judgment, Dorian Gray chooses

it is "exceptionally good after all." Indeed, it is "one of the strongest and most haunting of English novels" (*"The Picture of Dorian Gray:* Wilde's Parable of the Fall," *Critical Inquiry* 7 [1980]: 420).

5 See Miller, *Oscar Wild*(p. 31: Nassaar, *Into the Demon Universe,* p. 54; Epifanio San Juan, *The Art of Oscar Wilde* (Princeton: Princeton Univ. Press, 1967), pp. 52, 71; Cohen. *The Moral Vision of Oscar Wilde,* p. 123; Spivey, "Damnation and Salvation," p. 169; Peter Raby, *Oscar Wilde* (Cambridge: Cambridge Univ. Press, 1988), p. 69; and A. Ballesteros Gonzales, "The Mirror of Narcissus in *The Picture of Dorian Gray,*" in *Rediscovering Oscar Wilde,* ed. C. George Sandulescu (Gerrards Cross, Bucks: Colin Smythe, 1994), p. 4.

6 *Idylls of the Marketplace: Oscar Wilde and the Victorian Public* (Stanford: Stanford Univ. Press, 1986), p. 216, n. 14. The aforementioned pairs of terms are used, respectively, by Kerry Powell, "Hawthorne, Arlo Bates, and *The Picture of Dorian Gray,*" *Papers on Language and Literature* 16 (1980): 415; and San Juan, *The Art of Oscar Wilde,* p. 64. The conflict is, to Miller, "the dialogue of the mind with itself"*(Oscar Wilde,* p. 33) and, to Oates, "the warring of consciousness with itself" ("Willie's Parable of the Fall," p. 421). Ellmann says that Wilde's characters "represent distortions or narrowing of his personality" *(Oscar Wilde,* p. 320). Powell contends that Basil and Henry are "bipolar personalities" who express Wilde's "divided self" ("Oscar Wilde 'Acting,'" p. 113). For more recent expressions of the same view, sec Donald L. Lawler, ; "Keys to the Upstairs Room: A Centennial Essay on Allegorical Performance in Dorian Gray," in *The Picture of Dorian Gray,* ed. Donald L. Lawler (New York: W. W. Norton, 1988), p. 456; John McGowan, "From Pater to Wilde to Joyce: Modernist Epiphany and the Soulful Self," *Texas Studies in Literature and Language* 32 (1990): 426, 430; and Lawrence Danson, *Wilde's Intentions: The Artist in His Criticism* (Oxford: Oxford Univ. Press, 1997), p. 46.

wrongly and pays the ultimate price for his serious moral error, thus confirming the existence of cosmic justice, or that Dorian never really makes up his mind, thus reflecting Wilde's "warring energies"—his "schizophrenia" or, less grandly, his "identity crisis" or, less pathologically, his "immaturity."

Nearly thirty years ago, however, Houston A. Baker made the interesting point that in "The Critic as Artist" Wilde cans not for a choice between "conscience and instinct," but for a "merging" of these two faculties. And Dorian's fate, Baker continued, is a result of his inability to reconcile these two aspects of his personality.[7] This approach to the novel is suggestive because it implies, first, that the conflict between Basil and Henry is not simply a matter of good vs. evil and, second, that Dorian's failure to integrate his opposing "selves" is not a consequence of his own psychological inadequacy, but a condition of modern life.[8] From this perspective—and in my judgment, which I shall try to substantiate in the following pages—Dorian Gray is torn between two mutually exclusive interpretations of human experience: one, optimistic, religious, and emotional; the other, pessimistic, cynical, and intellectual. In the course of the novel, the reader (if not Dorian) discovers that neither interpretation is adequate and that, from Wilde's perspective, there are no

7 "The Tragedy of the Artist: *The Picture of Dorian Gray:" Nineteenth-Century Fiction 24* (1969): 355.

8 San Juan says that "Dorian's character is a condition in which extremes meet; his acts signify the temporary triumph of one extreme over the other." Furthermore, Dorian's goal is to reconcile every polarity in the novel: soul and sense, passion and spirit, feeling and artifice, etc. (*The Art of Oscar Wilde,* pp. 67-68). To Powell, Dorian's objective is to "harmonize" opposites ("Oscar Wilde 'Acting,'" p. 106). As Robert Keefe argues, however, "Wilde calls into question the very possibility of full integration" ("Artist and Model in *The Picture of Dorian Gray," Studies in the Novel* 5 [1973]: 611). According to Louis J. Poteet, Dorian suffers from "a doom made necessary by the irreconcilability of opposing forces" operating in the novel ("Dorian Gray and the Gothic Novel," *Modern Fiction Studies* 17 [1971]: 247). Thus, although *The Picture of Dorian Gray* looks at first glance like "a reassuringly old-fashioned morality play," says Oates, the tragedy persists in the questions the novel raises but never answers. Specifically "the novel is an elaborate fantasy locating the Fall within the human psyche alone" ("Wilde's Parable of the Fall," pp. 421, 424). Sec also Dominic Manganiello, "Ethics and Aesthetics in *The Picture of Dorian Gray," Canadian Journal of Irish Studies* 9 (1983): 30-31; Norbert Kohl, *Oscar Wilde: The Works of a Conformist Rebel,* trans. David H. Wilson (Cambridge: Cambridge Univ. Press, 19119), p. 151; Alan Sinfield, *The Wilde Century: Effeminacy, Oscar Wilde and the Queer Moment* (London: Cassell, 1994), p. 99; Michael Patrick Gillespie, "Picturing Dorian Gray: Resistant Readings in Wilde's Novel," *English Literature in Transition* 35 (1992): 21, 22; and Michael Patrick Gillespie, *Oscar Wilde and the Poetics of Ambiguity* (Gainesville: Univ. Press of Florida, 1996), p. 72. It is also worth noting that, to most critics, Dorian's demise is not a consequence of his failure to follow Lord Henry's moral code. Sec, in particular, Kohl. *Oscar Wilde,* p. 153.

alternatives.

Of course, this is essentially the majority view of the novel today, with which I have no quarrel. My only complaint is simply (but significantly, I believe) that the opposition between Basil and Henry has been seriously oversimplified by most critics, reduced as it usually is to a battle between ethics and aesthetics.[9] (This formula also suggests that the novel is really, after all, a product of its time and, because it fails to deal with more universal issues, is not relevant to readers in the twentieth century.) Thus, my main point is not merely that Wilde's characters stand for opposing values, but that the belief systems they embody are complex as well as internally logical and consistent; that the story in which these characters act on their values is a test of their Viability and applicability to *real life,* not just to the exotic worlds of decadent sensuality and drawing-room repartee; and that Dorian, as the protagonist in this drama of universal moral conflict, is a major figure in the development of the modern novel.

Briefly, the views of Basil and Henry can be understood in terms of the relationship between their theory of cosmic justice and their concept of morality. Basil believes that the universe is a moral order in which God (or at least Fate) punishes evil and rewards good; that the self is (or can be) unitary and autonomous; and that art—as well as human conduct in general—can (and should) be guided by a moral code in which sympathy and compassion are primary values. This moral position leads to the gestures of melodrama (the inevitably unsuccessful—and therefore sentimental—pursuit of love, fame, or revenge), the disappointment of unrequited love, and suicide prompted by disillusionment. Henry's beliefs are based on the assumption that there is no moral order (the universe is purposeless and indifferent to human needs); that the self is not only multiple, but at war with itself and driven by forces beyond its control; and that morality is arbitrary and relative. This moral position leads to a withdrawal from human engagement, the pursuit of pleasure (both sensual and intellectual) as a distraction from disillusionment, and the manipulation of others for one's own enjoyment and edification.

Wilde wrote in *De Profundis* that "Doom like a purple thread runs through the gold cloth of *Dorian Gray.*" Although Basil Hallward introduces this

9 For a broader than usual view of the contrasts in *Dorian Gray,* see Kohl, *Oscar Wilde,* pp. 142, 156, 158, 162; Rodney Shewan, *Oscar Wilde: Art and Egotism* (New York: Barnes and Noble, 1977), pp. 114, 116, 120; and John Allen Quintus, "Christ, Christianity, and Oscar Wilde," *Texas Studies in Literature and Language* 33 (1991): 514.

theme, he merely threads the needle; it is really Lord Henry Wotton who weaves the thread. In fact, despite the general critical picture of Lord Henry as dilettante, intellectual lightweight, and effete hedonist, he is actually one of the most philosophical characters in British fiction. As more than one critic has noted, Henry is, first, a scientist and an intellectual, whose most outstanding trait is his curiosity.[10] Early in the novel he recommends science as an antidote to social reform and insists on seeing things from "the scientific point of view."[11] Although his scientific curiosity occasionally draws him to the exploration of mere sensation, it has evidently led him to more profound discoveries: "Ordinary people [he says] waited till life disclosed to them its secrets, but to the few, to the elect, the mysteries of life were revealed before the veil was torn away" (p. 83). As one of the elect, Henry tells Dorian and Basil, "*I have known everything.*" The "tired look in his eyes" suggests that he is weary of this knowledge, from which he cannot, however, escape. And although he is "always ready for a new emotion," he knows "there is no such thing" (p. 107; my emphasis).

Henry's knowledge is revealed in his discussions of two of his favorite topics: nature and human nature. On both subjects, his comments demonstrate that he is an incurable pessimist. His picture of the universe might well have come from T. H. Huxley:[12] "It often happens [he says to Dorian after Sybil Vane's death] that the real tragedies of life occur in such an inartistic manner that they hurt us by their absolute incoherence, their absurd want of meaning, their entire lack of style. They affect us just as vulgarity affects us. They give us an impression of sheer brute force, and we revolt against that" (p. 130). Of course, Henry's frivolous manner of speaking—his lament about tragedy's "lack of style" and his equation of tragedy and vulgarity—might divert the reader from Henry's main point, i.e., that most tragic events reader the "sheer brute force" of nature. It may be surmised, as well, that the exceptions to this general rule—namely tragedies "that possess artistic elements of beauty,"

10 On this point, see Spivey, "Damnation and Salvation," p. 165; and Kohl, *Oscar Wilde,* p. 156. Oates says that Henry's hedonism is a "quest for meaning" ("Wildc's Parable of the Fall," p. 425).

11 *The Picture of Dorian Gray,* ed. Peter Ackroyd (New York: Penguin, 1985), pp. 40, 65, 204. Subsequent references to this work arc given parenthetically in my text.

12 On Wilde's interest in science, see John Wilson Foster, "Against Nature? Science and Oscar Wilde," *University of Toronto Quarterly* 63 (1993-94): 331, 334. On the broader philosophical background of Wilde's ideas on nature and human nature, see Bruce Haley, "Wilde's 'Decadence' and the Positivist Tradition." *Victorian Studies* 211 (1985): 215-29.

of which Sybil's death is supposed to be an example—are really only made exceptional (and unthreatening) by a willful effort of the aesthetic (and anaesthetizing) imagination. Later, in his explanation of Sybil's death, Henry indicates that "actual life" destroys: "She marred it, and it marred her" (p. 133). When he says to one of the guests at Aunt Agatha's luncheon, "I can stand brute force, but brute reason is quite unbearable" (p. 64), Henry is indicating that he is inured to this fundamental aspect of nature-evidently because he has simply accepted it.[13]

Henry's knowledge of psychology is equally extensive, and his view of human nature is equally grim. Wilde comments: "[Henry] had always been enthralled by the methods of natural science, but the ordinary subject-matter of that science had seemed to him trivial and of no import. And so he had begun by vivisecting himself, as he had ended by vivisecting others. Human life—that appeared to him the one thing worth investigating. Compared to it there was nothing else of any value" (p. 82). Henry acquires his wisdom about "the passions and the intellect" from literature as well as direct observation of human behavior. Sometimes "a complex personality," like Dorian's, gives him an opportunity to examine the human species in its natural habitat. What Henry has learned is, first, that human beings are irrational (p. 52). When Dorian tells Henry, after the death of Sybil, that he is resolved to reform his life, Henry comments: "Good resolutions are useless attempts to interfere with scientific laws. Their origin is pure vanity. Their result is absolutely *nil*" (p. 129). Earlier he had said to Basil that human beings cannot abide by moral imperatives defining their obligations to others. Fidelity, for example, is impossible because people are moved by their emotions rather than their will. Thus love is not a product of free choice, but "a question for physiology" (p. 53). Virtually all that one can say about human nature is precisely what one can say about nature writ large: it is driven by irrational. impersonal physical-biological forces beyond human control and human understanding.

In a world without purpose, the result of faith is disillusionment, the result of action is disappointment, and the result of love or sympathy or compassion is suffering. That is why "nothing is ever quite true" (p. 107) and *ennui* is

13 Ellman, to the contrary, claims that Henry "denies suffering" (*Oscar Wilde*, p. 318), and Cohen says that he is otherwise unaware of thc facts of life (*The Moral Vision of Oscar Wilde*, pp. 142, 147). It is not that Henry is ignorant, but that he tries to escape from his own profound knowledge.

the unforgivable sin (p. 241). All truths collapse against the backdrop of chaos, and indifference is the dead end of all human endeavor. At the end of *his* tether, Henry engages in the only kind of action, other than suicide, that fits his desperate moral and metaphysical dilemma: contemplation (p. 65). This serves both his curiosity, which he cannot quench, and his fear, which he cannot face. Indeed, all of his activities are double-edged and simultaneously serve two opposed ends: approach and avoidance, or the instincts of Eros and death. Detachment enables Henry to see dispassionately, like a true scientist, but also to refrain from emotional involvement, like a schizoid personality. Spectatorism allows him to analyze nonjudgementally but also to turn reality into art by transforming everyday human events into aesthetically distanced drama. And cynicism permits him to act on the stage of the real world, displaying the fruits of his scientific research, but also to protect himself from succumbing to the emotional temptations of that world, thereby avoiding the suffering that shadows passion.

Quite logically, then, as 1 have suggested, Henry's cynicism derives from his dark vision of the external and internal realms of human life. His morality comes from his metaphysics, and those who do not share the latter have trouble believing the former. Basil, who evidently knows Henry well, says to him: "I hate the way you talk about your married life, Harry. . . I believe that you are a very good husband, but that you are thoroughly ashamed of your own virtues. You are an extraordinary fellow. You never say a moral thing, and you never do a wrong thing. Your cynicism is simply a pose" (p. 26). Henry feeds this impression when he tells his dinner-party companions that "one should never do anything that one cannot talk about after dinner" (p. 252). Nevertheless, although he no longer actively pursues physical pleasure—at least, the kind that Dorian indulges in—and lives a relatively quiet life of intellectual contemplation, he takes almost nothing seriously. And although, unlike Dorian, he would do nothing strenuous to retain his youth ("To get back my youth I would do anything in the world, except take exercise, get up early, or be respectable" [po 2551), he is quite willing—and even eager—to manipulate Dorian callously and deliberately, in order to satisfy the only desire that he believes is neither futile nor destructive—intellectual curiosity—and to experience the only real pleasures left to him, those he can have vicariously, living through others. He "would sacrifice anybody. . . for the sake of an epigram" (p. 242), as Dorian claims, and he would sacrifice anybody for the sake of an experiment that might yield an aesthetic thrill or an iota of knowledge.

How does one live in a world in which nothing can be believed and no one can be trusted? Henry's answer is what philosophers call ethical egoism. He encourages Dorian to follow his own example of pursuing his own self-interest, which means seeking pleasure and avoiding pain. Henry's "new Hedonism" (p. 46) is based on the assumption that the quest for pleasure is natural because it is an expression of the quest for life (p. 105), a response to a basic impulse, which Freud would later call the life instinct, as Henry suggests to Dorian: "Live! Live the wonderful life that is in you!" (p.46). This impulse or instinct requires human beings to both live and grow by acting on their "natural thoughts" and "natural passions": "The aim of life is self-development. To realize one's nature perfectly—that is what each of us is here for." This is "the duty that one owes to one's self." Henry goes on: "I believe that if one man were to live out his life fully and completely, were to give form to every feeling, expression to every thought, reality to every dream—I believe that the world would gain such a fresh impulse of joy that we would forget all the maladies of medievalism, and return to the Hellenic ideal—to something finer, richer, than the Hellenic ideal, it may be" (p. 41). By allowing ourselves to develop through the expression of our innate creative drive, we evolve from simple to more complex organisms, becoming "more highly organized," which is "the object of man's existence" (pp. 101-02). What Henry means by being "in harmony with one's self" is simply obeying the instinct and pursuing the "higher aim" of "individualism" (p. 1(6). To do otherwise is to "spoil" one's life (p. 102), to "stagnate" (p. 248), to "make [one's self] incomplete" (p. 255).

In his theory of self-development, Henry may owe something to Aristotle, whose theory of tragedy influenced Wilde's thinking on that subject. However, the Greek ideal of self-realization, which Henry calls Hellenism, was not, at least in Aristotle's version of it, accompanied by an antisocial individualism. With his ardent elitism, his frequent contrast between the strong and the weak (and even between masters and slaves), and, particularly, his attack on the doctrine of self-sacrifice and self-denial, Henry is much closer to Nietzsche than to Aristotle. Like his more recent predecessor, Henry believes that by encouraging charity and social reform, society promotes sickness rather than health, stifles individualism, and inhibits intellectual growth. He says to Dorian: "Don't squander the gold of your days, listening to the tedious, trying to improve the hopeless failure, or giving away your life to the ignorant, the common, and the vulgar. These are the sickly aims, the false ideals, of our age" (p. 46). "The nineteenth century," he adds later, "has gone bankrupt through an over-expenditure of sympathy" (p. 65). To worry about "one's neighbors" is to be "a prig or a puritan." The true individual flouts "the standard of [his age," the acceptance of which "is a form of grossest immorality." The ignorant and the poor can afford nothing more than self-denial because their economic and intellectual condition requires it, but "medieval emotions are out of date" for the rich and the civilized (p. 106).

Society succeeds in its endeavor to direct all human activity toward social, collective ends, Henry says, by making people "afraid of themselves." Their fear is created and sustained by "the terror of society" and "the terror of God"-the bases, respectively, of morals and religion. Ironically, however, these two forces actually "starve" rather than nurture the soul: "The mutilation of the savage has its tragic survival in the self-denial that mars our lives. We are punished for our refusals. Every impulse that we strive to strangle broods in the mind, and poisons us." The activities that one pursues in fulfilling one's needs and satisfying one's desires may be sins, but they are "beautiful sins" that are "made monstrous and unlawful" only by "monstrous laws." In an amoral universe governed by no absolute standards, nothing is inherently evil: "It is in the brain, and the brain only, that the great sins of the world take place" (pp. 41-42). In other words, "moderation is a fatal thing" (pp. 215-16) because no natural law sanctions it, and no growing organism can nourish under its rule and sway.

Yet the real (or, at least, deeper) purpose of Henry's scientific and artistic approach to human experience is actually escapist. His problem, Henry tells Lady Agatha, is that he cannot stand to witness suffering, perhaps because he, more than any other character in the novel, knows that it is not only real but irremediable: "I can sympathize with everything, except suffering. . . I cannot sympathize with that. It is too ugly, too horrible, too distressing. There is something terribly morbid in the modern sympathy with pain. One should sympathize with the colour, the beauty, the joy of life. The less said about life's sores, the better" (p. 64). It is not that Henry totally ignores the unpleasant facts of existence. Rather, he "plays" with them and "transforms" them. In the process, philosophy is made to serve the pleasure principle, and "facts fly before her like frightened forest things" (p. 66). It is no surprise, then, that despite his curiosity—his intellectual quest—Henry prefers Beauty to Thought (pp. 25, 45, 134). And although he tells Dorian that "life has always poppies in her hands" (p. 131), he clearly makes every effort to grow his own so that he will never have to do without the opiate of distraction. Reality cannot be changed, but it can be dressed up if "we have [not] lost the faculty of giving lovely names to things." That is why "names are everything" (p.231).

The problem Henry faces is that these diversions, which enable him to evade terror, do not satisfy all of his needs-namely, his intellectual curiosity and his creative impulse, without which he is in danger of stagnating from inaction and even perishing from *ennui.* As we have seen, however, action leads to pain, and the pursuit of pleasure leads to the exhaustion of all emotion. Thus, unable to act but needing to know and to create, Henry turns to Dorian Gray, who offers him both the opportunity to analyze a complex personality and the chance to create a new (and beautiful) self. Furthermore, Dorian also represents a new life of sensation, emotion, and thought that Henry can experience vicariously and therefore safely. In this way, Dorian becomes one of *Henry's* multiple selves, created, as such selves always are, to live a life that one's already pained and wounded selves cannot live-to live, in short, in fiction what one can no longer live in fact: "Good artists simply exist in what they make." Great poets "write the poetry that they dare not"—or cannot—"realize" in their lives (pp. 81-82).

Henry reveals the dynamics of this process of self-aggrandizement even before he decides to make Dorian an extension of himself. The young man asks Henry whether he is actually "a very bad influence," as Basil alleges. Henry replies, "All influence is immoral." In the context of his theory of self-development, he goes on to explain, anyone who is strongly influenced loses his individuality, his self-determination (pp. 40-41). At the same time, the person who influences someone else gains a medium of self-expression, a new stage on which to perform and an opportunity, therefore, to become a spectator in his own—though borrowed or co-opted—life. In this respect, influence (or "domination," as Henry later calls it) is the consummate creative act, partly because it requires extraordinary skill (the victim must be unaware of the influence and assume that it is coming from himself, as Dorian does [po 42]) and partly because it results in the deepest satisfactions of doing, making, and growing: "To project one's soul into some gracious form, and let it tarry there for a moment; to hear one's own intellectual views echoed back to one with all the added music of passion and youth; to convey one's temperament into another as though it were a subtle fluid or a strange perfume; there was a real joy in that" (p. 60).

In many respects, Henry sounds like a spokesman for Wilde. Most of his ideas—his rejection of altruism, his theory of self-development, his hedonism—are recurrent themes in Wilde's essays, and Henry's wit and wisdom are delivered in the urbane style of Vivian in "The Decay of Lying" and Gilbert in "The Critic as Artist." Furthermore, Wilde as the narrator of *Dorian Gray* often expresses Henry's sentiments—sometimes in Henry's characteristic tone.[14] Nevertheless, it would be a mistake to conclude that Henry speaks for his creator. The effect of Henry's influence on Dorian is, after all, disastrous, and Henry is blissfully unaware of Dorian's gradual degeneration. Early in the novel, he says to Dorian, "People like you. . . don't commit crimes" (p. 77). Late in the book, he tells Dorian, "There is no one who would not be delighted to change places with you" (p. 241). And in his last conversation with Dorian (long after the latter has caused Sybil's suicide, murdered Basil, cold-bloodedly disposed of the body, caused the suicide of Alan Chapman, and indirectly brought about the accidental murder of James Vane), Henry restates his belief in Dorian's inability to commit murder (p. 252). He even tells his disciple, who has also become an opium addict, that he has not been "marred" by his experience (p. 255). Finally, Henry informs Dorian that he "could change places with [him]" because the world has always worshiped him and will continue to do so. "I am so glad that you have never done anything," he continues. "Life has been your art." To these almost moronic words of praise, Dorian calmly replies: "You don't know everything about me. I think that if you did, you would tum from me" (p. 256).

Basil Hallward is a far less complex character than Henry and requires far less attention. However, he is not less important in the moral scheme of *The Picture of Dorian Gray,* joined as he is by almost everyone else in the novel—except, most notably, Dorian—in representing a moral position that is fundamentally different from Henry's. At their first meeting, Dorian sees Henry and Basil as "a delightful contrast" (p. 40) and hears Henry and Sybil speaking in "different" voices (p. 70). The ensuing battle between the two antagonists, both of whom are fighting for Dorian's loyalty, is intensely personal (at least on Basil's side) but also moral and ideological. The foundation of Basil's actions is his belief in a moral order, in which men and women are punished for their evil deeds and rewarded for their good. Basil assumes

14 Examples of the latter are Wilde's descriptions of Lord Fermor (pp. 55-56) and the guests at Lady Agatha's luncheon (pp. 61-62).

that he either has been or will be "punished" for teaching Dorian "to be vain" and for worshiping him too much (pp. 138, 191). Unlike Henry, who believes that Dorian sins without consequence to himself, Basil thinks that sin "cannot be concealed": "Sin is a thing that writes itself across a man's face" (p. 182). This implicit view of a universe ruled by a deity who gives human beings their due is shared by Sybil Vane, who expects God (who is "very good") to "watch over" her brother, and James Vane, in turn, who swears to avenge his sister "as there is a God in heaven" (pp. 92, 95). Less merciful than Sybil's and less vengeful than James's, Basil's God is the only being, as Basil tells Dorian, who can see the soul (p. 186).

As an artist, Basil is an idealist, whose goal is not to provide pleasure—either to himself or to others—but to inspire people with an art that portrays the union of feeling and form, "the harmony of soul and body" (p. 33), for which Dorian is a fitting subject: "He is the visible incarnation of that unseen ideal whose memory haunts us artists like an exquisite dream" (p. 144; see also pp. 190, 253). To Basil, Dorian represents the ideal of the body, perfect beauty, as well as the ideal of the soul, selflessness. Responding to the young man's description of Sybil's power to "spiritualize" her audience, to make everyone feel "that they are of the same flesh and blood as one's self' (p. 109)—that is, to achieve a feeling of social unity'Basil argues: "To spiritualize one's age-that is something worth doing. If this girl can give a soul to those who have lived without one, if she can create the sense of beauty in people whose lives have been sordid and ugly, if she can strip them of their selfishness and lend them tears for sorrows that are not their own, she is worthy of all your adoration, worthy of the adoration of the world" (p. 110). Given the universe as Basil sees it, living by this doctrine of sympathy and uplift, embraced also by Lady Agatha, rewards one with peace of mind, while its contradiction results in sorrow. "But, surely, if one lives for one's self," he says to Henry, in response to the latter's defense of his theory of self-development, "one pays a terrible price for doing so." If one sins, he continues, one pays "in remorse, in suffering, in. . . well, in the consciousness of degradation" (p. 106).

In short, Basil is really a moralist, whose art serves his moral vision and whose actions are not inhibited by Henry's assumptions about nature and human nature. For this reason, Basil allows himself not only to identify with others and sympathize with both their suffering and aspirations, but to feel in general. He idolizes Dorian but initially resists any emotional involvement with him because he knows he is capable of being swept away: "I knew that I had come face to face with someone whose mere personality was so fascinating that, if I allowed it to do so, it would absorb my whole nature, my whole soul, my very art itself" (p. 28). Sybil is less restrained than Basil only because she is even more innocent than he is. Consequently she immediately allows herself to fall in love with Dorian and thereby descends into the trap of emotion, feeling both joy and freedom but only as "a caged bird" living in a "prison of passion" (p. 87). Not surprisingly, when Dorian criticizes Sybil for not living up to his artistic standards, Basil responds, "Love is a more wonderful thing than Art" (p. 112). Thus, although he initially seems to accept Henry's fatalism ("We shall all suffer for what the gods have given us"), Basil subsequently defends all the ideals and institutions that Henry attacks, and his fidelity extends even to the most conventional of middleclass values. He refuses to believe that Dorian would sacrifice his "birth, position, and wealth" to marry Sybil (p. 100), and he later asks Dorian to consider the damage he is doing to his reputation: "Every gentleman is interested in his good name" (p. 182).[15]

As a moralist, Basil gives Dorian what the latter sarcastically refers to as "good advice" (p. 81), tells Dorian to ignore Henry's cynicism (p. 110), and makes him aware of the rumors about his destructive influence on others: "One has a right to judge of a man by the effect he has over his friends. Yours seem to lose all sense of honour, of goodness, of purity. You have filled them with a madness for pleasure. They have gone down into the depths. You led them there" (p. 184). Basil wants Dorian "to lead such a life as to make the world respect [him]," "to have a clean name and a clean record," and to use his "wonderful influence. . . for good, not for evil" (p. 185). After Sybil's death, Basil, who is "heart-broken," finds it impossible to believe that Dorian has gone to the Opera "while Sybil Vane was lying dead in some sordid lodging!" Shocked by Dorian's indifference, he accuses the young man of abandoning the values that he holds dear: "Dorian, this is horrible! Something has changed you completely. You look exactly the same wonderful boy who, day after day, used to come down to my studio to sit for his picture. But you were simple, natural, and affectionate then. You were the most unspoiled

15 On Basil as representative of conventional morality, see Donald H. Ericksen. *Oscar Wilde* (Boston: Twayne, 1977), p. 100; Ellmann, *Oscar Wilde,* p. 316; Powell, "Oscar Wilde 'Acting,'" p. 110; Poteet, "The Gothic Novel," p. 246; and Spivcy, "Salvation and Damnation," p. 167. On Basil as Dorian's conscience, see Baker, "The Tragedy of the Artist," p. 355; Miller, *Oscar Wilde,* p. 31; and San Juan, *The Art of Oscar Wilde,* p. 65.

creature in the whole world. Now, I don't know what has come over you. You talk as if you had no heart, no pity in you. It is all Harry's influence. I see that" (p. 138). Later in the conversation, Basil thinks to himself: "There was so much in him that was good, so much in him that was noble" (p. 140). Sybil Vane occupies the same moral ground as Basil not only in terms of her aesthetic and moral idealism, but also because she inspires in Dorian the same values that Basil tries to inculcate. While he believes that Dorian's nature is "too fine" to "bring misery on anyone," Sybil's "trust" actually makes him "faithful," and her "belief" makes him "good" (pp. 104-05).

Although some critics have suggested that Basil and Sybil represent the moral norm in the novel, I believe they do not.[16] In *Dorian Gray,* Wilde's universe can sustain no traditional moral system. [n other words, Basil and Sybil may be good, but they are not wise. And, from Wilde's point of view—at least from the perspective defined in the novel—these two characters (as well as Lady Agatha and James Vane) stand for a merely conventional morality that is based on unfounded assumptions about the nature of things. The moral order that Basil believes in does not exist. At the end of *Dorian Gray,* the stage is strewn with the bodies of the innocent—Sybil, Basil, Alan Campbell, and James Vane—and populated also by the degraded victims of Dorian's influence: Lady Gwendolyn (Henry's sister), Sir Henry Ashton, Adrian Singleton, Lord Kent's son, the Duke of Perth (pp. 183-84), and no doubt countless others. Among the major characters, only the Mephistophelean Henry survives, showing that good and evil are not the essential determinants of cosmic rewards and punishments. Sybil's merciful God is balanced by James's vengeful God, yet both are undermined by a darker god whose influence does not reflect any principle of justice. Henry "merely shoots an arrow into the air" and hits Dorian (p. 43), Sir Geoffrey Clouston fires his gun at a hare and kills James Vane (p. 239), and Dorian stabs his portrait but only destroys himself (p. 263).

Basil is similarly wrong in his assumptions about human nature. His worship of Dorian is, like Sybil's love for him, self-consuming. The portrait, representing both Basil's idolatry and Dorian's conscience, communicates its hatred of its creator to Dorian, stirring "the wild passions of a hunted animal" in him (pp. 191-92) and prompting him to commit a murder that is, in effect,

16 Nassaar calls Basil and Sybil thc "voice of goodness" in the novel *(Into the Demon Universe,* p. 54). Miller claims that Wilde's "sympathies arc with Sybil Vane" *(Oscar Wilde,* p. 29). Sec also Dickson, "Masks and Minors," pp. 6-7; and Cohen, *The Moral Vision of Oscar Wild."* p. 1311.

a suicide. Similarly, Sybil's eyes are "lit with an exquisite fire," and, although she is "transfigured with joy," she is "dominated" (that is, controlled) by her "ecstasy." Her "passion burns [her] like fire" (pp. 113-15), just as Basil's "idolatry" ultimately destroys him. "A burnt child loves the fire" (p. 235), Henry comments, and "what the fire does not destroy, it hardens" (p. 217). Only Henry has learned this lesson and thereby outgrown his moral childhood. And only he endures because he no longer allows himself to get burned.

As the "son of love and death" (p. 61), Dorian vascillates between Basil and Henry. However, he is not merely the product of other people' s influence. Before Dorian meets Henry, Basil reports that he is not only "simple," trustworthy, candid, and pure (pp. 36, 39), but also sadistic, "horribly thoughtless," "wilful," and selfish (pp. 34,38,39). That is, *by nature*, Dorian is drawn in opposite directions.[17] Hearing the voices of Henry and Sybil, he does not "know which [one] to follow" (p. 76). And he is similarly tom between Basil and Henry. "Of course I am very fond of Harry," he says to Basil, "but I know that you are better than he is." Yet, he continues, Basil is weaker than Henry—and more fearful (p. 140). After his self-described callous reaction to Sybil, Dorian asks, "Why had he been made like that? Why had such a soul been given to him?" (p. 170). Hearing of Sybil's death and feeling even more remorseful about his behavior toward her, he believes "that the time [has] really come for making his choice" between Basil and Henry (p. 135). And after hiding the portrait, Dorian wavers between self-loathing, under Basil's influence, and pride, under Henry's (p. 172).

Dorian lives his life according to Henry's principles rather than Basil's to the extent that he accepts Henry's world view, which first impresses him like a "revelation": "Then had come Lord Henry Wotton with his strange panegyric on youth, his terrible warning of its brevity. That had stirred him at the time, and now, as he stood gazing at the shadow of his own loveliness, the full reality of the description flashed across him. . . The life that was to make his soul would mar his body. He would become dreadful,' hideous, uncouth" (p. 49). Eventually, too, Dorian comes to believe that there is no moral order of the kind that Sybil, James, and Basil believe in. Haunted by memories of his evil deeds, Dorian first surmises that this is the way one pays for one's sins, as Basil had argued: "Each man lived his own life, and

17 Powell refers to Dorian's "joint-stock personality" ("Oscar Wilde 'Acting,'" p. 112), and Ed Cohen calls Dorian a projection of Henry and Basil ("Writing Gone Wilde: Homoerotic Desire in the Closet of Representation," *PMLA* 102 [1987]: 806).

paid his own price for living it. The only pity was one had to pay so often for a single fault. One had to pay over and over again, indeed. In her dealings with man, Destiny never closed her accounts" (p. 226). On second thought, he concludes that this picture of Destiny or Fate or God is merely a product of his imagination: "*In the common world of fact the wicked were not punished. nor the good rewarded. Success was given to the strong, failure thrust upon the weak*" (p. 237; my emphasis). Although he is able to articulate it only at this rather late moment in the novel, this realization is hardly new to Dorian. After all, ever since his portrait became the repository of his suffering and guilt, he has assumed that he can act without fear of punishment, as his responses to the deaths of his friends indicate. Henry "disclosed to him life's mystery" (p. 44), and he has lived with that understanding since his first encounter with his mentor.

Subsequent to this event, Dorian echoes Henry's sentiments on every subject; calls life, as Henry does, boring and disappointing (pp. 137, 214); and espouses Henry's Nietzschean views: "Like the gods of the Greeks," he thinks, "he would be strong, and fleet, and joyous" (p. 136). When Basil questions his apparent indifference to Sybil's death, he replies: "A man who is master of himself can end a sorrow as easily as he can invent a pleasure. I don't want to be at the mercy of my emotions. I want to use them, to enjoy them, and to dominate them" (p. 138). What Dorian has learned in this instance, thanks largely to Henry's instruction, is that life is best experienced from the point of view of a spectator. He describes Sybil's death as "extraordinarily dramatic" and "too wonderful for tears" (p. 128). And when Henry assures him that his reaction is not "heartless," Dorian gives full expression to Henry's theory of spectatorism: "I must admit that this thing that has happened does not affect me as it should. It seems to me simply like a wonderful ending to a wonderful play. It has all the terrible beauty of a Greek tragedy, a tragedy in which I took a great part, but by which I have not been wounded" (p. 130). Later, when Dorian shows Basil the portrait, he once again assumes the role of spectator—this time without even a shred of doubt or regret: "The young man was leaning against the mantelshelf, watching [Basil] with that strange expression that one sees on the faces of those who are absorbed in a play when some great artist is acting. There was neither real sorrow in it nor real joy. There was simply the passion of the spectator, with perhaps a flicker of triumph in his eyes" (p. 189).

Like Henry, Dorian is also motivated by intellectual curiosity. Early in the novel, he tells Henry how he wandered around in the East End of London looking for adventure and discovered Sybil Vane "in a labyrinth of grimy streets and black, grassless squares" (p. 71). He explains to Henry, "You filled me with a wild desire to know everything about life." After his rejection of Sybil, Dorian gazes "at the portrait with a feeling of almost scientific interest" (p. 124). He thinks that there might be "some curious scientific reason" for the alteration, yet he is content to examine the portrait for its revelations of his own nature: "For there would be a real pleasure in watching it. He would be able to follow his mind into its secret places. This portrait would be to him the most magical of mirrors. As it had revealed to him his own body, so it would reveal to him his own soul" (p. 136). He returns to the portrait often because "he grew more and more enamoured of his own beauty, more and more interested in the corruption of his own soul" (p. 159). All of this begins, it should be noted, when Dorian realizes that he has already made the choice to follow Henry rather than Basil: "Yes, life had decided that for him-life, and his own infinite curiosity about life" (p. 135; see also p. 163). Eventually, however, his curiosity becomes obsessive and even insatiable: "The more he knew, the more he desired to know" (p. 160).

Dorian's hedonism grows out of Henry's proposal that Dorian should experience everything: "Let nothing be lost upon you. Be always searching for new sensations" (p. 46). Thus, along with "a mad curiosity" to know, Dorian develops "a passion for sensations" (p. 73). He justifies his quest for knowledge and pleasure by adopting Henry's theory of self-development: "But it appeared to Dorian that the true nature of the senses had never been understood, and that they had remained savage and animal merely because the world had sought to starve them into submission or to kill them by pain, instead of making them elements of a new spirituality, of which a fine instinct for beauty was to be the dominant characteristic." Dorian shares Henry's contempt for "puritanism"—self-tortured and self-denial—but, unlike the man who espouses physical as well as intellectual exploration but only practices pure contemplation, he quests for sensual experience and adventure: the new Hedonism "was to have its service of the intellect, certainly; yet it was never to accept any theory or system that would involve the sacrifice of any mode of passionate experience. Its aim, indeed, was to be experience itself, and not the fruits of experience, sweet or bitter as they may be. . . It was to teach man to concentrate himself upon the moments of a life that is itself but a moment" (pp. 161-62).

Of course, if Dorian had single-mindedly pursued these mental and physical pleasures, he would have become just another cynic, aloof from personal relationships, contemptuous of such emotions as love and compassion (although intrigued by them), happy to watch the operations of thought and passion in others, and sublimely indifferent to the consequences of his own ideas and actions. As a divided man, however—"Each of us has heaven and hell in him," he tells Basil (p. 190)—Dorian cannot entirely repress the other side of his nature. The day after he rejects Sybil, he suffers from remorse, regrets his selfishness and cruelty, and considers it his "duty" to go back to her (p. 121). When he finds out about her death, he tells Henry: "You don't know the danger 1 am in, and there is nothing to keep me straight. She would have done that for me." Again, he wants to do his "duty"—to do "what [is] right" (p. 129)—thanks to Sybil's influence. After he has decided to hide the portrait, Dorian regrets his failure to explain his motives to Basil: "Basil would have helped him to resist Lord Henry's influence [he thinks] and the still more poisonous influences that came from his own temperament. The love that he bore him—for it was really love—had nothing in it that was not noble and intellectual. . . Yes, Basil could have saved him" (p. 149). The portrait itself serves as an even stronger reminder of his sins: "Compared to what he saw in it of censure or rebuke, how shallow Basil's reproaches about Sybil Vane had been! How shallow and of what little account! His own soul was looking out at him from the canvas and calling him to judgement" (p. 150). Even when Dorian visits "the little ill-famed tavern near the Docks. . . under an assumed name, and in disguise," he thinks "of the ruin he had brought upon his soul" (p. 159).

In fact, despite his powers of rationalization and the continuing influence of Henry, Dorian is increasingly disturbed by doubts about his moral freedom and stung by the pangs of a conscience that will not die. He knows that his soul is "sick to death," and he hopes for "atonement" although he also knows or believes—that "forgiveness [is] impossible" (p. 220). As he watches the suffering of the grotesque creatures at his favorite opium den, he thinks: "They were better off than he was. He was prisoned in thought. Memory, like a terrible malady, was eating his soul away. From time to time he seemed to see the eyes of Basil Hallward looking at him. . . He wanted to escape from himself' (p. 224). His meeting with Adrian Singleton in the opium den makes him consider "how terrible it was to think that conscience could raise such fearful phantoms" as those that so frequently haunt him:

> What sort of life would his be, if day and night, shadows of his crime were to peer at him from silent corners, to mock him from secret places, to whisper in his ear as he sat at the feast, to wake him with icy fingers as he lay asleep! As the thought crept through his brain. he grew pale with terror, and the air seemed to him to have become suddenly colder. Oh! in what a wild hour of madness had he killed his friend! How ghastly the mere memory of the scene! He saw it all again. Each hideous detail came back to him with added horror. Out of the black cave of Time, terrible and swathed in scarlet, rose the image of his sin. When Lord Henry came in at six o'clock, he found him crying as one whose heart will break. (pp. 237-38)

Dorian concludes that he is "too much concentrated" on himself and that his "personality has become a burden" to him (p. 242). Threatened by James Vane, whose presence reminds him of his responsibility for Sybil's death, Dorian is again terrified: "Life had suddenly become too hideous a burden for him to bear" (p. 244).

Six months later, under the influence of another young woman like Sybil, Dorian announces to Henry that he is in the process of mending his ways and forswearing his sinful pursuits. "I want to be better," he says. "I am going to be better" (p. 250). Against Henry's claims to the contrary, Dorian insists that "the soul is a terrible reality. It can be bought, and sold, and bartered away. It can be poisoned, or made perfect. There is a soul in each one of us. I know it" (p. 254). After his futile attempt to confess his murder of Basil to Henry (pp. 251-52), he continues to believe that he should be punished for his sins and that it is "his duty to confess." Indeed, he thinks, "There was a God who called upon men to tell their sins to earth as well as to heaven" (pp. 260-62). In this mood of remorse, combined with the realization that he cannot stop sinning, Dorian decides to kill his conscience by destroying the portrait that, to him, embodies his moral sense (p. 263). When he acts on this desperate impulse, of course, he kills himself because he has been, all along, a child of both Henry and Basil, and, unlike either of his mentors, both a hearty sinner and a reluctant penitent.

Yet the result of his occasional memory of Sybil and his intermittent recollection of the values of duty, conscience, and self-denial is not that Dorian actually changes. In fact, the long-term consequence of his double loyalty to Basil and Henry is that he turns more and more to sensation not as a means of intellectual discovery or a mode of aesthetic enjoyment, but as an escape from consciousness.[18] Of course, Henry had told him that "to become a spectator of one's own life. . . is to escape from suffering" (p. 140). But when his suffering from experiences that Henry has never had becomes intolerable, Dorian loses control and breaks through the restraints that make Henry's life comparatively rational and relatively safe. Confronted by a "heart-broken" Basil after Sybil's death, Dorian asks him not to "talk about horrid subjects. If one doesn't talk about a thing, it has never happened. It is simply expression, as Henry says, that gives reality to things" (p. 137). When Basil is evidently upset by Dorian's cold-hearted response, Dorian says, "If you really want to console me, teach me rather to forget what has happened" (p. 140).

By the time he has read—and reacted to—Henry's little yellow book, Dorian has several things to escape from, including the phantoms of memory that remind him of his sins and the portrait that documents the effect of those sins on his soul. He frequently arises from half-waking nightmares with "a wild longing" for a world of "pleasure," but a world, too, "in which the past would have little or no place, or survive, at any rate, in no conscious form of obligation or regret, the remembrance even of joy having its bitterness, and the memories of pleasure their pain" (p. 163). His collection of *objets d'art,* which might be taken to be a response to his love of beauty, is rather a "means of forgetfulness," a mode of "escape, for a season, from the fear that seemed to him at times to be almost too great to be borne." With "his passionate absorption in mere existence," Dorian can sometimes "forget" the portrait, "the hideous painted thing" that shows him "the real degradation of his life" (p. 172). After the murder of Basil, Dorian feels "that the secret of the whole thing is not to realize the situation"—that is, simply prevent it from entering his consciousness (p. 193): "It was a thing to be driven out of the mind, to be drugged with poppies, to be strangled lest it might strangle one itself" (p. 197; see also pp. 199, 217).

Eventually, too, even Dorian's journeys into the darkest comers of London serve the same purpose. That is, the sordid world of violence, drugs, and prostitution, which originally appealed to him as a source of knowledge and pleasure. sooner or later becomes yet another means of escape: "There were opium dens where one could buy oblivion. dens of horror where the memory of old sins

18 "When he ceases to be a spectator of life and becomes enmeshed in the mundane realities of self-gratification and crime, his life and personality cease to be art, and the suspension of time which is art's great gift finally ends" (Ericksen, *Oscar Wilde,* p. 115). Sec also Spivey, "Salvation and Damnation," pp. 164-67.

could be destroyed by the madness of sins that were new." Again, although he cannot atone for his sins or expect forgiveness, "forgetfulness was possible still, and he was determined to forget, to stamp the thing out, to crush it as one would crush the adder that had stung one." In the end, the same insatiability that makes his quest for knowledge obsessive and interminable turns his quest for pleasure into a virtual addiction: "Ugliness that had once been hateful to him because it made things real, became dear to him now for that very reason. Ugliness was the one reality. The coarse brawl, the loathsome den, the crude violence of disordered life, the very vileness of thief and outcast, were more vivid, in their intense actuality of impression, than all the gracious shapes of Art, the dreamy shadows of Song. They were what he needed for forgetfulness" (pp. 220-22). Both pursuits take on the self-destructive quality of his "hideous hunger for opium," and neither provides him with the sense of fulfillment that he originally expected and that Henry, in his naivete, continues to believe Dorian is achieving.[19]

As I have suggested, Dorian is best understood as not just another personage in *The Picture of Dorian Gray,* but as the central character, whose situation is clarified by the opposition between Basil and Henry, his guides and confidants. Their principal task is to articulate mutually exclusive moral positions and, in so doing, to define the moral options available to Dorian. They are essentially "flat" characters in that they do not change in the course of the novel. In effect, they have already chosen a way of life. And unlike Dorian. therefore, they are not confronted by either the challenge of moral choice or the opportunity for moral growth. They simply demonstrate by their actions the consequences of thinking and living as they do. In this way. they show the reader (and Dorian) the limitations of their respective positions. And insofar as they reflect moral tendencies latent in Dorian (e.g., self-indulgence and self-denial) and even aspects of his psyche (e.g., instinct and conscience), they reveal, as well, the human cost of choosing one position over the other. Thus, if Dorian had accepted Basil's moralism, he would not have fallen into a life of sin. And if he had fully adopted Henry's insouciance, he would not have been burdened

19 Wilde comments: "There are moments, psychologists tell us, when the passion for sin, or for what the world calls sin, so dominates a nature, that every fibre of the body, as every cell of the brain, seems to be instinct with fearful purposes. Men and women at such times lose the freedom of their will. They move to their terrible ends as automatons move. Choice is taken from them, and conscience is either killed, or if it lives at all, lives but to give rebellion its fascination, and disobedience its charm" (p. 226).

by remorse. Either way, however, he would have sacrificed some dimension of his personality, in which case, from Wilde's point of view, he would have been either a fool (albeit a "good" one), ignorant of the natural laws of the universe, or a parasite (albeit an interesting one), morally isolated and emotionally detached from ordinary human relationships.

In this respect, Dorian is truly the man in the middle, unable to deny the demands of his superego and equally unable to repress the yearnings of his passions. As a victim of this psychological double bind, he is not merely a hedonist paying for his sins, but a kind of Everyman, whose dilemma is a product of his human endowment. In short, if Wilde's goal was to unite instinct and conscience, then Dorian appears to be the *locus* on which this endeavor is carried out—unsuccessfully and inevitably, as Freud would argue almost forty years later in *Civilization and Its Discontents.* In this regard, *The Picture of Dorian Gray* is a test of at least one of Wilde's basic tenets—his belief in self-harmony and self-development—supported, to be sure, by the logic of his theorizing in "The Soul of Man under Socialism" but disconfirmed by the logic of his narrative (perhaps for him, as for T. S. Eliot, a more valid test of truth than mere philosophical speculation).

It may be difficult for some readers to see Dorian Gray as Wilde's Everyman—that is, as the character who, embodying all the elements of humanity (instinct and conscience, skepticism and faith, appreciation of both life and art). represents humanity's last, best hope. Tn fact, however, Dorian confronts the great moral issue of the nineteenth century, which is dramatized in the novels of the Brontës, Thackeray, Hawthorne, George Eliot, Meredith, Melville, James, and Hardy. This is the war between competing moral visions: paganism vs. puritanism, Hellenism vs. Hebraism, hedonism vs. stoicism.[20] In these writers' works, Wilde's Henry is anticipated by such self-indulgent aristocrats as Edward Rochester, Arthur Donnithorne, and Gilbert Osmond as well as by such philosophical individualists as Heathcliff, Hester Prynne, and Captain Ahah. Wilde's Basil has his literary antecedents in an equally large array of puritans and conformists. And Dorian is that rarer central figure—like Arthur Dimmesdale, Jane Eyre, Isabel Archer, and Tess Derbyfield—whose task is not to *choose* between, say, Silas Marner and Godfrey Cass or between Arabella Donn and Sue Bridehead, but to find a middle (or higher) ground.

20 According to Jan B. Gordon, "Wilde's novel recalls those other nineteenth-century novels that, in one way or another, treat of the education of youth" ("'Parody as Initiation': The Sad Education of *Dorian Gray,*" *Criticism* 9 [1967]: 355).

Psychologically the goal of these central characters is to become fully human, which means not giving up any aspect of the self, but reconciling body and soul, heart and mind, instinct and conscience. Morally their goal is to resolve the conflict between two mutually exclusive standards of conduct, neither of which is tenable on its own terms.

Returning to this perennial battlefield, Dorian may either resolve these opposing visions through accommodation and compromise (or even transcendence) or fail to resolve them, not because he, uniquely, cannot, but because—as in *The Mill on the Floss, Pierre,* and *Tess of the D'Urbervilles* resolution is impossible.[21] In the typical Victorian novel, cosmic justice is confirmed (the good are rewarded, though chastened, and the evil are punished), moral certainty is attainable (indeed, experience itself, though sometimes cruel and harsh, teaches morality), personal responsibility is assumed, and self-unification is possible. In the universe occupied by Dorian Gray, however, these verities do not hold. The novel culminates in a suicide rather than a marriage. The narrator is an observer, not a moralist. And the central character disintegrates instead of acquiring a credible, coping self. In this respect, *The Picture of Dorian Gray* signals the end of a literary era and looks forward to those other turn-of-the-century and pre-World War I novels of cosmic despair and moral paralysis: Gide's *The Immoralist,* Chopin's *The Awakening,* Hardy's *Jude the Obscure,* Mann's *Death in Venice,* Dreiser's *Sister Carrie,* and Wharton's *Ethan Frome.* In all of them, the self, cut loose from its conventional moral and metaphysical moorings, struggles earnestly and ends tragically—a victim of excess, confusion, or obsession. Not merely a 'nineties romp, Wilde's novel stands among them, as another important work of the period, addressing the major moral issues of the day (and of *any* day), and a significant contribution not only to aestheticism, but to modernism.

THE FELTRE SCHOOL, CHICAGO

21 In this respect, Gordon concludes, *Dorian Gray* is a "semi-parody" of "nineteenth-century prophetic novels" (p. 370). Peter Ackroyd comments: "Wilde represents in plangent form the most abiding preoccupations of his period—at the end of a century, it was a time of sadness and sterility when the most acute talents understood that a world, and a world of values, was coming to an end. . . [T]hey could find nothing to put in its place. That is one reason for the emptiness and despair at the heart of *Dorian Gray,* and on one level we may read this book as an epitaph for Victorian civilization" ("Introduction," p. 14).

Picturing Dorian Gray: Resistant Readings in Wilde's Novel*

MICHAEL PATRICK GILLESPIE

A PATINA OF PLURALISM surrounds a range of diverse contemporary readings of *The Picture of Dorian Gray.* Nonetheless, the disposition to privilege a particular methodology or interpretation, excluding all other approaches and the insights that any alternative offers, still dominates readings of the novel. In fact, a survey of recent studies underscores a sense that the conservative intellectual tendencies that informed the earliest responses to Wilde have changed only marginally over the past one hundred years.[1]

This atavistic inclination, often concealed by the vocabulary of a much more liberal approach, does not offer an adequate response to a work as imaginatively digressive as *Dorian Gray.* Lacking the hermeneutic ingenuity to produce genuine insights into possible receptions of the novel, such tendencies in fact blunt aesthetic pleasure through recapitulations of received ideas—redundancies occluded in a way that impersonates innovation. By taking a form that limits conceptions of Wilde's characters to predictable archetypes or that restricts views of the narrative to validations of one's ideological positions, critics have confused means and ends and have imposed premature closure upon the creative process.

Although inherently different in their approaches, the two most prevalent forms of response to *Dorian Gray* follow similar epistemologies. They both draw support for their arguments by focusing on the impact of a single dominant element upon the development of the discourse. Thematic approaches like those of Philip Cohen, Houston Baker, and Donald Dickson generally rely upon analogues to archetypal situations or ethical imperatives. Ideological views like those expressed by Ed Cohen and Regenia Gagnier explore relationships between historical conditions and fictional representations.[2] While individual crit-

* From *English Literature in Transition* 35.1 (1992): 7-25

1 Perhaps the best survey of all areas of Wilde criticism up to the beginning of the 1980s is found in Norbert Kohl's *Oscar Wilde: the Works of a Conformist Rebel*, David Henry Wilson, trans. (Cambridge: Cambridge University Press, 1989).

2 See Philip K. Cohen's *The Moral Vision of Oscar Wilde* (New Haven: Yale University Press, 1974); Houston Baker's "A Tragedy of the Artist: *The Picture of Dorian Gray.*" *Nineteenth*

ics may use these methods to produce sophisticated analyses, a rigorous epistemological examination of such approaches reveals interpretive limitations in the basic arguments and suggests the need for a hypostatic perception—acknowledging the presence of an aesthetic metasystem that amalgamates various perspectives without erasing inherent diversities—to support a genuinely pluralistic methodology.

The thematic approach proves immediately susceptible to such a critique, for the final, book-length version of *Dorian Gray* repeatedly disrupts the pattern of linear, causal narrative development so important to this type of criticism. As the discourse progresses, Dorian's physical beauty, for example, receives a very different sort of treatment from that given it in the first two chapters of the novel. Emphasis shifts from the man to the portrait, and the ambivalent forces that dominate Dorian's consciousness render a single perspective of his nature inadequate: "[H]e would sit in front of the picture, sometimes loathing it and himself, but filled, at other times, with that pride of individualism that is half the fascination of sin, and smiling, with secret pleasure, at the misshapen shadow that had to bear the burden that should have been his own."[3] This passage coincidentally marks the point in the narrative where conventional, linear interpretations begin to lose their consistency. Simple thematic concepts—like seeing the novel ELS a modern morality tale—fail to address a protean personality like Lord Henry that develops beyond their narrow Manichaean polarities. Archetypal approaches—whether based on Narcissus or on Faust—prove no more satisfying in light of Dorian's increasing concern with ontology, for such views cannot go beyond their obsessions with a single trait.[4]

Ideological attitudes, while promising a more complex assessment of the ambiance surrounding Dorian, still succumb to the circumscription imposed by polemical assumptions. Ed Cohen, for example, explores the power of extra-textuality through an examination of the tension arising when the

---

Century Fiction, 24 (1969), 349-55; Donald B. Dickson's "In a Mirror that mirrors the soul" Masks and Mirrors in *Dorian Gray*," *ELT*, 26 (1983), 5-15; Ed Cohen's "Writing Gone Wilde: Homoerotic Desire in the Closet of Representation," *PMLA*, 102 (October 1987), 801-13; and Regenia Gagnier's *Idylls of the Marketplace: Oscar Wilde and the Victorian Public* (Stanford: Stanford University Press, 1986).

3 Oscar Wilde, *The Picture of Dorian Gray*, Donald L. Lawler, ed (New York London: W. W. Norton, 1988), 109.

4 See Donald H. Erikson's *Oscar Wilde* (Boston: G. K. Hall, 1977); Robert Keefe's "Artist and Model in *The Picture of Dorian Gray*." *Studies in the Novel*, 5 (1973), 63-70; and Christopher Nassaar's *Into the Demon Universe*. (New Haven: Yale University Press, 1974).

homoeroticism inherent in *Dorian Gray* confronts the societal prohibitions that shape a work's reception. Cohen's essay raises a number of interesting points, but its impact remains problematic because of a determination to proselytize rather than to analyze. Basing his argument on the assumption that Wilde wrote the highly sensational homoerotic novel *Teleny,* Cohen reads *Dorian Gray* as a political document, a manifesto of the dandy whose sexual preferences offer an open challenge to conventional values. The analogy suggests interesting interpretive possibilities, but unfortunately Cohen offers little evidence to support his basic premise—the ascription of authorship. In fact, he attempts to elide the issue by calling *Teleny* "a novel widely attributed to Wilde."[5] This, however, raises questions about the validity of his own methods, for Cohen fails to address views like Regenia Gagnier's assertion that "it is fairly certain that [Wilde] was neither the author nor a major collaborating author of this anonymous work."[6] One finds the lapse all the more troubling because on the preceding page of Cohen's essay he quotes a passage from Gagnier's book that appears one page prior to the statement that I cite here.[7] My point, however, does not turn on the care that a particular scholar takes in researching his arguments but rather on the aura of exclusivity inherent in certain methodologies that limits one's range of inquiry.

This attitude has found persistent support among readers with a narrowly prescriptive concept of Wilde's nature and an inclination to conflate impressions of the novel with those of the author's life. A wealth of material available in any number of biographical sources reinforces the popular concept that *Dorian Gray* emerged as the product of the alien (Irish) writer recklessly chastising the pedestrian tastes of middle-class Victorian England.[8] Admittedly, this

5 Ed. Cohen, 803.

6 Gagnier, 60.

7 Ed, Cohen. 802; Gagnier, 59.

8 Robert Ellmann, *Oscar Wilde* (New York: Alfred Knopf, 1988); Lord Alfred Bruce Douglas, *Oscar Wilde: A Summing Up* (London: Duckworth, 1940); H. Montgomery Hyde, *Oscar Wilde, the Aftermath* (London: Methuen, 1963) and his *Oscar Wilde; A Biography*, (New York; Farrar, Straus, and Giroux, 1975); Philippe Mullan, *Oscar Wilde*, Violet Wyndham, trans. (New York: Viking Press, 1969); and Frances Winwar, *Oscar Wilde and the Yellow Nineties* (New York: Harper, 1940).
Concepts of what constitutes Victorian society will vary greatly from reader to reader, perhaps to an even greater degree than will one's sense of the characterizing features of the Modern and post-Modern worlds. The clearest alternative delineation of the ambivalent sensibilities of the Victorian ethos that shaped Wilde's world appear on Regenia Gagnier's *Idylls of the Marketplace* Ellen Moers's *The Dandy: Brummell to Beerbohm* (Lincoln: University of Nebraska Press, 1978).

approach articulates an urbane response to the novel. At the same time, its reliance upon authorial intentionality as the basis for reading produces an interpretation no less rigid for all its sophistication. While I accept the logic of a general view that says that because Wilde had a particular attitude one can legitimately expect manifestations of that attitude in his work, adopting a vision of Wilde as iconoclast threatens to reduce a complex personality to the level of caricature. (The English title of Norbert Kohl's study of the Wilde canon—*Oscar Wilde: the Works of a Conformist Rebel*—suggest a more accurate appraisal of Wilde's position, but the book itself does not truly develop this thesis.)

In fact, if one proposes to allow notions of Wilde as social dissident to inform readings of *Dorian Gray,* one must also take into account his need for public approval and his apparent willingness to modify creative endeavors to insure that approval. While recent studies—highlighting social, biographical, and cultural details—have greatly enhanced the potential for responses to Wilde's novel, this awareness of extra-textual forces still favors closure and remains dominated by single issues: as in Gagnier's Marxist leanings, Ed Cohen's determination to "explore the ways that sex-gender ideologies shape specific literary works," or J. E. Chamberlin's fascination with "[t]he art and artifice of a self-conscious age" as "a means of rising above the human condition."[9] Each reinforces the perspective of Wilde as the artist in opposition to society without giving sufficient weight to his open dependence upon public taste and approval. As a result, none addresses the conflicting textual and metatextual discourses that recur within the aesthetic experiences produced by Wilde's art.

Gagnier's work best illustrates the strengths and weaknesses of such approaches. Her study of Wilde's intellectual and artistic milieu, for example, gives a perceptive outline of Wilde's relation to the readers—or at least his relation to the reviewers—of his novel:

> With *Dorian Gray,* which seemed to smack too much of art for art's sake, the reviewers felt that Wilde violated the social function of art—that is, to present the normative values of society, to present the middle class. In exclusively representing the part of society that he did—idle aristocrats and romantic artists Wilde offended an ethic of industry and productivity. He seemed to expose himself as a presumptuous social climber who penetrated

9 Ed Cohen 803: J. E. Chamberlin, *Ripe Was the Drowsy Hour: the Age of Oscar Wilde* (New York: Seabury Press, 1977), 18.

> aristocratic circles with offensive ease. In addition, his indefatigable self-advertisement was simply not acceptable behavior for a gentleman, much in the same way that his and Harry Wotton's lounging on sofas was not the acceptable carriage of gentlemen. The author's decadence lay in his unwillingness to capitulate to the image of the gentleman. *Dorian Gray's* decadence lay in its distance from and rejection of middle-class life. This, not stylistics, is how decadence in British literature should be understood.[10]

At the same time, Gagnier's delineation presumes too much. Certainly, tensions arose because of reviewers' reactions to the way that Wilde's novel calls into question a range of middle-class values. At the same time Gagnier's bifurcation between the "idle aristocratics and romantic artists" on the one hand and the priggish and insecure middle class reviewers on the other imposes a prescriptive ideological solution upon a complex cultural interchange. She raises an important point in opining that the harsh response to *Dorian Gray* came from the reviewers' sense of the homoeroticism inherent in the narrative, but, as she does elsewhere, Gagnier here suppresses an aesthetic point in order to make an ideological one.[11] The middle-class public in fact accepted Wilde's art as long as it was titillating but did not threaten their sensibilities. More than anything else, the disputes that he had with reviewers attest his sensitivity to the limits of public tolerance and a concern to prove that he had not overstepped those limits.

Gagnier's readings ignore the complexities of this relationship. At several points in her study she equates Wilde with the typical dandy of the period and, with this in mind, depicts him as an intellectual renegade reveling at living his life in opposition to society:

> The late-Victorian dandy in Wilde's works and in his practice is the human equivalent of aestheticiem in art; he is the man removed from life, a living protest against vulgarity and means-end living. He provides commentary on a society he despises, in the form of wit at its expense; indeed this is his major form of participation in that society. The late-Victorian dandy, however, unlike Brummell and D'Orsay, had no patrons, so he needed a product. He produced himself. The commodification, or commercial exploitation, of the dandiacal self. . . amounts to the reinscription of art into life.[12]

10 Gagnier, 65.
11 Ibid., 57, 58.

Gagnier here posits a broad connection between Wilde and a highly ideological perception of the attributes of the dandy. Later in her study she makes the same analogue between Dorian Gray and dandies, but again in my view she overstates her case:

> [T]he dandies in *Dorian Gray* could not have arisen except as rejections of, and counterparts to, the normative image of the gentleman; *Dorian Gray's* very public production, from Wilde's addition of the inflammatory Preface to his responses to critics; the broader social conflicts between the dandy, rooted in high Society, and the gentleman, rooted in the public schools then producing a standardized middle class; and ultimately the popularized images of dandy and gentleman in cheap productions for the general public.[13]

Her view of the dandy of the 1890s offers a perceptive social observation, even if her labor-intensive commentary reiterates views on Wilde that have become critical commonplaces. It does not, however, support the interpretation that she subsequently derives. Her generalizations, presuming in Wilde an abiding antipathy for society, greatly oversimplify the nature of his relationship with the British public and, by extension, severely limit the range of responses one might make to *Dorian Gray*.

Careful scrutiny evinces a less prescriptive and more ambivalent ethos surrounding both Wilde's life and his fiction and makes his designation as an iconoclast highly problematic. As early as his student days at Oxford and his triumphal tour of America, one finds him devoting as much energy to garnering society's approval through charm as he did to breaking down public complacency through censure.[14] The same binary impulses characterized his behavior during the years that he spent establishing himself as London's most exquisite purveyor of taste. He demonstrated a flair for gaining a measure of notoriety through extravagant behavior, but he always balanced this ability with a sense of knowing precisely how far to go. His actions served to gain for him widespread notice without (until the Queensberry trial of 1895) ever stirring outrage among the general public.[15]

12 Ibid., 7.

13 Ibid., 52.

14 Ellmann, 37-52; 157-210.

15 For an example of Wilde's sense of the limits of public tolerance, see Ellmann's account

Unlike some of his more prescriptive critics, Wilde never forgot that ambiguity conditions the whole process of creation in fiction or that the distinction between the quotidian world and that of the imagination remains extremely vague. Consequently, he had no trouble distilling from his characterizations witticisms lampooning the way that he and others had come to view the depictions of individuals in the novel: "I am so glad you like that strange coloured book of mine: it contains much of me in it. Basil Hallward is what I think I am: Lord Henry what the world thinks me: Dorian what I would like to be—in other ages perhaps."[16] The playfulness and the ambivalence of these remarks point up exactly the disposition for indeterminacy (both ethical and aesthetic) that I have noted. Rather than enforcing the hegemony of a single perspective, Wilde's commentary in fact undermines the precepts supporting any rigorous concept of intentionality or even the sense that any particular point of view can have an implicit dominance or an inherent legitimacy. Instead, he uses the complexity of his own personality to call attention to the multiplicity of possible responses to his work. He eschews any move toward closure by supplanting one-dimensional reading with meta-criticism: a consideration of the structure of the novel conjoined to a playful indulgence of the impulses of the individual reader.

Additional biographical data further undermines the concept of Wilde as an artist bent on defying the conventions of the Victorian world that he inhabited. The publishing history of *Dorian Gray* in fact reveals a nearly antithetical position, a disturbing readiness to emend his work to whatever degree necessary to accommodate the printing business's conceptions of public taste. Wilde not only accepted the abridgements of J. M. Stoddart, his editor at *Lippincott's Magazine,* but, when revising his work for publication as a novel by Ward, Lock (1891)—a process so extensive as to include the addition of six new chapters—he chose to let all but a few of Stoddart's changes stand.[17] When reviewers attacked this first version *of Dorian Gray,* Wilde quickly responded in a tone that demonstrated an acute sensitivity—perhaps even a

of the feud with James A. Mcneill Whistler (270-74). The series of trials that eventually lead to Wilde's imprisonment aptly illustrate the point that I am trying to make (Ellmann, 456-78). The public (in general) was delighted by Wilde's innuendoes as long as they remained such. Once confronted by the unambiguous facts of his sexuality, they recoiled from the behavior.

16 Oscar Wilde. *The Letter of Oscar Wilde*. Rupert Hart-Davis, ed. (New York: Harcourt, Brace, 1962), 352.

17 John Espy, "Resources for Wilde Studies at the Clark Library," in *Oscar Wilde: Two Approaches* (Los Angeles: William Andrews Clark Memorial Library, 1977), 25-48.

vulnerability—to the perception of his work by society.[18] As a final defensive gesture, Wilde wrote a series of epigraphs, appended to the Ward, Lock edition as a preface, in an effort to pre-empt further public outcry.

In a passage cited above, Gagnier, without offering further evidence, calls the preface "inflammatory." The preface and the epistolary replies that Wilde made to attacks on the first version *of Dorian Gray* seem to me overtly defensive and even conciliatory rather than provocative, for Wilde made every effort to rebut rather than to defy the accusations of impropriety made against him. The subjectivity of both readings—Gagnier's and my own—enforces my point about the need for a hypostatic response to Wilde's narrative.

While *Dorian Gray* evinces unmistakable links to the cultural context from which it emerged, the often contradictory elements characterizing *fin de siècle* society, apparent throughout the narrative, disrupt any effort to establish the primacy of a reading based upon conventional thinking about these other Victorians of whom and for whom Wilde wrote. The novel's narrative structure in essence creates synchronic/diachronic tension in our readings. We detect, for example, elements of Modernism embedded within the scope of the Victorian attitudes implicit in the discourse, even as we constitute our text from imaginative dispositions conditioned in varying degrees by the post-Modernism of late twentieth-century attitudes. Clearly, attempts to restrict interpretations to a single set of sensibilities would undermine the whole aesthetic process. Instead, one achieves a more satisfying sense of the novel's interpretive possibilities by acknowledging both the features of the social repertoire from which *Dorian Gray* emerged, the expectations that it creates, and the extra-textual contemporary elements shaping current perceptions of the work.

Such multiplicity underscores the role of the reader as an equal partner in the creation of valid texts from the narrative *of Dorian Gray.*[19] Wilde's

18 *The Letters of Oscar Wilde*, 257-72.

19 Much of my argument rests overtly upon subjectivity, but let me try to minimize the negative aspects of the term by a few definitions. The two concepts that I have just invoked—text and validity—derive their specific significance through extrapolations of aspects of the reader response theories of Wolfgang Iser and Hans Robert Jauss. I use the term text not as a physical artifact of wood pulp, glue, and printer's ink. Rather it exists metaphysically (through not in Derrida's sense of the term) as the imaginative construct of an individual reader that comes into existence as a specific response to aesthetic elements expressed on a printed page. (You have a text for the sentence that you have just read, existing in your mind and not on the paper before you.) A text becomes an interpretation when one articulates to an intellectual community the logic supporting its formation. This interpretation achieves validity through the assent of that intellectual community. Validity is not an absolute

fiction establishes the broad paradigms that accommodate this sense of text, interpretation and validity by counterbalancing tensions of conflicting social values. To give full attention to the hermeneutic potential that this condition generates, the role of the reader must expand significantly beyond the protocols imposed by a single methodology. The narrative of *Dorian Gray,* in fact, takes the reader in the opposite direction. It presumes an ability to hold a range of antipathetic views in hypostatic equilibrium. The reader attentive to these shifting dynamic tensions forms provisional meanings that enhance rather than eliminate the central cruxes of the narrative.

As the discourse alternately plays upon Victorian, Modern, and post-Modern sensibilities, it blurs the boundaries of the novel's social repertoire (in the sense that Wolfgang Iser has given to the term). This in turn recasts assumptions about the way that one experiences meaning by underscoring the tenuousness of any premise that we use to form a text. Lord Henry's exposition on New Hedonism, for example, seems at first glance to offer clear-cut alternatives for interpretation: one might accept it with the same credulity that Dorian expresses, modify its tenets to compensate for Harry's inclination towards extravagant language, or dismiss it as mere cant. The choices appear less pronounced, however, when one realizes that selection itself seems to function arbitrarily.

Lord Henry's aura of insouciance compounds one's sense of ambivalence. It leaves readers unsure whether he sees his New Hedonism from the perspective of a Modern—as a legitimate form of behavior—from the point of view of a Victorian—as just a transitory inspiration created on the spur of the moment to justify one of his verbal flights of fancy—or as a post-Modern—as a random and meaningless response to a random and meaningless universe. Each reading provides a logical interpretation of Harry's disquisition, and the discourse offers no compelling reason to prefer one over the others. Moreover, as the novel progresses, one finds that one should not try to make a choice between such alternatives. New Hedonism defines itself only through the symbiotic support of multiple systems of values, and any effort to view

condition. It does not deal in or relate to correctness or incorrectness. Rather it signifies the logical accessibility of a particular argument. It reflects the degree to which one can respond to that argument. A valid interpretation encompasses the diverse aesthetic elements of a piece of art, so that readers share a common ground of debate with the author of the interpretation. One need not agree with every aspect of an argument to see it as valid, but one must be able to engage the claims of the interpretation within the full parameter of the work under consideration.

it in isolation would only prove reductive.

The narrative offers numerous instances of characters reforming values to meet evolving conditions, yet the discourse itself still relies upon existing attitudes to define events. (Dorian's final conversation with Harry in chapter nineteen illustrates this point.) Consequently, with or without our awareness or assent, a reading *of Dorian Gray* grows out of our individual experiences commingled with the artistic traditions from Wilde's period to the present. The pluralism of the consequent discourse must inevitably resist the prescriptiveness that one associates with a single, dominant perspective.

The incorporation of possible responses that I advocate relies upon openly subjective approaches akin to the reception of history outlined by critics as divergent as Carlo Ginsberg and Hayden White. Just as no fixed or single interpretation of *Dorian Gray* lies buried beneath the narrative discourse, no fixed or single image of the Victorian era exists as a unified and consistent vision. Rather the idea of the Victorian period incites a range of images across a spectrum of readers. No specific response stands as complete, yet similarly any individual conception can complement the others, growing as it does out of characteristic elements of the age.[20]

As often as not, in fact, personal habits of reading and not general contextual concerns forge the formal link between the artistic ethos of Wilde and the aesthetic orientations of current readers. Consequently, the privileging of epistemological consistency asserts itself against a desire, of equal significance, for hermeneutic equilibrium. Ideally, one strives to incorporate as many methodologies as needed to illuminate the reading, yet despite the cohesiveness of any reading that might result, an aura of ambivalence adheres to the process with the alternatives representing a range of equally probable choices.

This continuing provisionality of interpretations—a form of literary hypostasis—goes beyond simply rebutting the phenomenological concept of the inherence of a privileged meaning within the work. It underscores the centrality of the reader's participation in the determination of meaning, and it also counters the impulse to supplant the hegemony of the author with that

20 For a good example of a sophisticated response to a complex and distant social system, see Carlo Ginzburg's *The Cheese and the Worms : The Cosmos of a Sixteenth-Century Miller*, John asnd Anne Tedeschi, trans. (Baltimore: Johns Hopkins University Press, 1980). His study shows how one can write against stereotypical responses to a familiar historical event (in his case the Inquisition), yet still retain the ability to reach conclusions and to initiate investigations based upon concepts of that event that the writer and the reader share.

of the reader.[21] Multiplicity within the discourse invites a similar pluralism in reactions to the work: readings that simultaneously present a variety of meanings and do not simply resolve reactions into a single response. *Dorian Gray* refuses to submit to hegemonic or even to hierarchical meanings, for the discourse continually disrupts emerging patterns of interpretation to enforce the validity of a range of diverse perspectives.

This tendency becomes apparent as soon as one begins to question the assumptions that characterize the received approaches to the novel. If, for example, one resists the impulse to valorize the proper name that identifies one of the work's central characters—Dorian Gray—as the single most important concept derived from the novel's title, one can with equal legitimacy view the common noun that precedes it—picture—as containing far richer implications in its suggestion of the range of possibilities inherent in the gesture of portrayal. Upon even brief consideration, a number of pictures of Dorian Gray come to mind: composed by Basil Hallward, by Lord Henry, by Dorian himself, and by the reader. (On an even broader plane, both readers and authors commonly see the work itself functioning pictorially, as in Henry James's *The Portrait of a Lady* or James Joyce's *A Portrait of the Artist as a Young Man.)* All of the studies previously cited in this essay would treat the concepts of picture and of Dorian Gray linearly, forming a direct association that can only be constituted in a single highly restrictive mode of reading. As one becomes more deeply committed to a particular pattern of interpretation, however, alternatives for development become increasingly circumscribed by the perceptions that one has already imposed upon features of the discourse. The choices that one makes begin to influence subsequent choices and eventually to prescribe as well as to proscribe specific meanings. Falling into this mode, readers miss, from the very start, the central issue foregrounded by Wilde's narrative: the multiplicity and the contradictions inherent in all perceptions.

Thus the ambiguity within the title has significance not only in its immediate context but also regarding the expectations that it introduces into the reader's consciousness. Once one accepts this ambivalence as a guiding attitude, the entire process of interpretation takes on new significance. Although a definite article—the—seems to single out the next word in the title—picture—as

21 See Roland Barthes, *S/Z*, Richard Miller, trans. (New York: Hill and Wang, 1974). See also Michel Foucault, *Language, Counter-Memory, Practice: Selected Essays and Interviews*, Donald F. Bouchard and Sherry Simon, trans. (Ithaca: Cornell University Press, 1977).

a specific object, one can no longer assume that the portrait acts as anything more than a reference to any one of a number of subjective images of Dorian Gray. From this assumption, one inevitably moves to embrace the relativity of all responses to the novel. To read the title less idiosyncratically would invite a sense of false objectivity that would in turn distort all subsequent contact with the work.[22]

Further, the subjectivity of individual perceptions conditions attitudes throughout the discourse of the novel. We can readily see that in each character's apprehension of Dorian the impulse to create and thereby to define dominates every stage of the narrative. This distinction manifests as an important illustration of the self-reflexive system that I have been describing. Throughout the novel the definition of Dorian stands as a central feature of the discourse, but the acts of defining and/or composing an image of Dorian and not simply its passive reception emerge as the real focus of our attention as readers.

In the opening scenes, for example, both through his descriptions of Dorian and through his painting, Basil Hallward creates an arresting manifestation of physical beauty that takes on an emblematic significance throughout the narrative. Basil's efforts also contribute to the animation of Dorian's consciousness, not simply by calling attention to his beauty but by making him aware of the temporal relation of that beauty to the way that he sees the world around him: " 'How sad it is!' murmured Dorian Gray with his eyes still fixed upon his own portrait. 'How sad it is! I shall grow old, and horrible, and dreadful. But this picture will remain always young. It will never be older than this particular day in June'."[23] Basil's painting operates in conjunction with Lord Henry's doctrine of New Hedonism which has already disposed Dorian's mind to give sensual pleasure paramount importance. As the narrative unfolds, Dorian's own contributions counterpoint our first perceptions of his nature, re-forming his ego as he continually searches for new pleasures. At the same time, the initial descriptions of Dorian, embellished by Basil's rapture, retain a distinctness for the remainder of our reading experience.

---

22 Acknowledging a relativity among various readings does not, of course, automatically relegate all interpretations to a program of unrestrained, eccentric association. The social repertoire alluded to above, for example, takes on great significance as it lays down intellectual dispositions of interpretation that one must point up the broad imaginative parameters within which one can operate to determine meaning.

23 *Dorian Gray*, 25-26.

From the start, the discourse encourages attentiveness to multiplicity. While the completion of the painting marks an apparent awakening in the sensibilities of Dorian, these early impressions have just the opposite effect upon Hallward. They freeze his sense of the young man. When in chapter thirteen Dorian confronts Basil with the transmuted portrait and by extension with his own radically altered nature, Basil's allegiance to the past remains unshaken:

> "Years ago, when I was a boy," said Dorian Gray, crushing the flower in his hand, "you met me, flattered me, and taught me to be vain of my good looks. One day you introduced me to a friend of yours, who explained to me the wonder of youth, and you finished a portrait of me that revealed to me the wonder of beauty. In a mad moment, that, even now, I don't know whether I regret or not, I made a wish, perhaps you would call it a prayer. . . ."
>
> "I remember it! Oh, how well I remember it! No! [Looking at the painting] the thing is impossible. The room is damp. Mildew had got into the canvas. The paints I used had some wretched mineral poison in them. I tell you the thing is impossible."
>
> * * *
>
> "There was nothing evil in [the original painting], nothing shameful. You were to me such an ideal as I shall never meet again. This is the face of a satyr."
>
> * * *
>
> Dorian Gray turned slowly around, and looked at [Basil] with tear-dimmed eyes. "It is too late Basil," he faltered.
>
> "It is never too late, Dorian. Let us kneel down and try if we cannot remember a prayer. Isn't there a verse somewhere, Though your sins be as scarlet, yet I will make them as white as snow?"[24]

This loyalty to initial impressions brings the past in hypostatic contact with the present, yet because Basil cannot perceive the condition of duality he cannot revise his perception of Dorian, even when confronted with the horrors of the painting. More subtly, this hypostasis inhibits inclinations among readers to replace completely one set of assumptions about Dorian with another, for despite the evidence we have of Dorian's degeneration Basil's stubborn adher-

24 Ibid., 156-58

ence to his own idealized view reminds us of the elements in Dorian's nature that ran counter to moral corruption. One cannot, in fact, speak of a single Dorian Gray existing in the novel when so many characters see him from so many different perspectives.

Initial impressions prove to have an equally tenacious hold on the consciousness of Lord Henry. On their first meeting, Harry entrances Dorian by creating a psychological model that the young man seems most anxious to adopt. Nonetheless, Lord Henry proves as susceptible as his audience to the power of his own language, and, despite minor adjustments, the felicitous description that he conjures up remains forever associated with his perception of Dorian.

Early on, Lord Henry seems to enjoy a very precise sense of the elements of Dorian's nature. After Dorian falls in love with Sibyl Vane, for example, Harry explains to him the full implications of those emotions. When Dorian expresses regret at revealing his feelings, Lord Henry smugly replies: "You could not have helped telling me, Dorian. All through your life you will tell me everything you do."[25] At the time Dorian's slavish devotion affirms, both for Harry and for the reader, the accuracy of the statement. Later in the novel, however, with Dorian again on the point of unburdening his conscience, one finds the relationship subtly altered. Lord Henry no longer seems confident at coping with vagaries in Dorian's nature, and he retreats from hearing a revelation that would call his own impressions into question:

> "What would you say, Harry, if I told you that I had murdered Basil?" said the younger man. He watched him intently after he had spoken.
>
> "I would say, my dear fellow, that you were posing for a character that doesn't suit you. All crime is vulgar, just as all vulgarity is a crime. It is not in you, Dorian, to commit a murder. I am sorry if I hurt your vanity by saying so, but I assure you it is true. Crime belongs exclusively to the lower orders. I don't blame them in the smallest degree. I should fancy that crime was to them what art is to us, simply a method of procuring sensations."[26]

---

25 Ibid., 45.
26 Ibid., 162.

Maintaining the integrity of his initial impressions holds greater importance to Harry than attaining any genuine insight into Dorian's character. His perceptions raise crucial questions for the reader. If we accept them as even partially valid, then the picture of Dorian's linear degeneration cannot remain unqualified. (I am not, of course, suggesting that one could deny the fact that Dorian has actually committed murder. Lord Henry himself seems careful not to make such a statement. On the other hand, he clearly does not want to know of such a crime. He conceives of murder as an act completely out of character for Dorian, an aberrant gesture alien to his true nature, and he shows no inclination for revising his views.) Alternately, if we supplant Lord Henry's opinions with our own—as he has supplanted Basil's—then we end up in the same tenuous position that Lord Henry has occupied, speaking as an authority yet without the necessary understanding to have full confidence in the accuracy of our views. The discourse here does not enforce the validity of one interpretation over another. Rather, it undermines the notion of certitude informing any single view.

An insistent nostalgia in fact continually asserts itself within the discourses of Basil and Harry. Each retains a retrospective view of Dorian's nature remarkably close to the judgments reached in Basil Hallward's studio in chapter two, counterpointing the sense of change that surrounds the later stages of the novel. Furthermore, each reflects, in a limited way, the central focus of the novel: not an interest in Dorian Gray but rather a concern for the act of creation itself. Each man thinks he sees a complete individual, yet, in fact, each sees only the picture that he created from the single perspective that he has adopted.

Of course, the perspectives and the attitudes of each character do not define themselves quite as neatly as I have indicated. As individuals within the novel seek to trace the nature of Dorian, however, the inescapable point emerges that each places emphasis on the human figure as reflecting a particular aspect of Dorian's personality. Depending upon the point of view that one appropriates —Dorian's, Lord Henry's, Basil's, or some other's—one's interpretation can range from a very sympathetic attitude to an extremely harsh view. Nonetheless, none of the various pictures of Dorian Gray develops in a single, linear mode, nor does any single impression satisfy the expectations that the others have raised.

Impressions, in fact, develop according to a number of diverse attitudes, all demanding recognition. Consequently, while readers may acknowledge Dorian's beauty as an essential feature of the environment of the novel, they continually face questions about its value as any sort of prescriptive standard for judgment. Everyone who meets Dorian praises his appearance, but the limitations of pursuing only a direct approach—assigning a single or even a primary significance to this feature—become increasingly restrictive. Repeatedly, the narrative shows Dorian's own resistance to the role of passive archetype. He has instead come to the point where he derives his greatest pleasure from his power to impose change upon the nature that defines him. As a result, a much more complex and critically rewarding inversion of this issue—the ugliness of the portrait or more specifically Dorian's own power to imbue his nature with a clandestine ugliness—comes to obsess him and to shape the discourse.

The changes that the picture undergoes as the novel progresses re-align the reader's aesthetic sensibilities. In essence the painting reverts to a previous state—from being to becoming—reflecting evolving creativity rather than static achievement. The alterations that Dorian effects present one with the example of a piece of art always open to the diverse imaginative efforts of its audience. This in turn invites us to elaborate upon the process of reading the novel itself. The painting's changing image enforces the range of possible responses that one might make to the entire discourse. At the same time, the picture provides multiple possibilities for interpretive protocols without precluding the co-existence of a range of alternative readings.

When Hallward finishes the painting and gives it to Dorian, he precipitates a crisis. Dorian must face his own blooming sensuality, and Basil must confront his own arrested development. Neither clearly addresses these conditions, and the limitations that we perceive in their responses remind us of the need to overcome tendencies towards linear thinking. A reading of the passage must reflect not only the homoerotic tensions of the scene and the archetypal echoes of Classical mythology but also questions of aesthetic sensibilities, of authorship, and of the range and the limits of a piece of art. No single consideration stands as more or less important than another, but all demand attention.

Like the Impressionist paintings contemporaneous with Basil's work, the portrait serves as a gauge of developing sensibilities rather than as a manifestation of passive reception. While early in the narrative, for example, it straightforwardly enforces an idea of Basil's talent and sensitivity, later, as Basil uses recollections of the painting to cling to a nostalgic view of Dorian, the portrait ironically underscores the flaws in his perceptive abilities. For Dorian too the painting acquaints us with a range of responses. When he slips the restraints of Basil's asceticism, he falls into a state of self-indulgence. As it did with Basil, the picture comes to dominate Dorian's consciousness, circumscribing his every action.[27] The irony of this shift in attitude comes to the fore, when near the close of the novel, Lord Henry begins to assess the impact of the painting on Basil: "It was really a masterpiece. I remember I wanted to buy it. I wish I had now. It belonged to Basil's best period. Since then, his work has that curious mixture of bad painting and good intentions that always entitles a man to be called a representative British artist."[28] He then contrasts this dismissal of Basil's life with praise for Dorian's mode of living all the more effective for its unconscious irony: "You are the type of what the age is searching for, and what it is afraid it has found. I am so glad that you have never done anything, never carved a statue, or painted a picture, or produced anything outside of yourself! Life has been your art. You have set yourself to music. Your days are your sonnets."[29] In his cynicism Lord Henry assesses the two characters in a manner too reductive to satisfy most readers. The picture, on the other hand, underscores for us the multiplicity in the nature of each—the combination of Basil's naiveté and of his fidelity to Dorian and Dorian's mixture of callousness and tenderness.

Paradoxically, an antipathy for all that the painting represents destroys both Basil and Dorian. Each man gives in to a monocular self-regard and a compulsion to maintain stasis. Each confronts the degraded painting as a static object, and each rejects the kinetic ugliness that it manifests in favor of an ideal, unflawed image. Even here, of course, a hypostatic ambivalence insinuates itself. In trying to re-form the surface of the painting in the last moments of their lives, both men embrace contradiction: Basil wishes through prayer to reclaim the aura of homoerotic innocence that first attracted him to Dorian.[30] Dorian seeks through violence to brutalize the artifact whose coarseness now betrays his own lack of innocence.[31] More than just a rejection of ugliness, however, the response of each man foregrounds an attitude antipathetic to evolution and committed to stagnation.

Dorian's case in particular cries out for an acknowledgement of the multiplicity informing perceptions of his nature. His disposition necessitates a

27 The change is accretive but seems to manifest itself around pp. 140-41.

28 Dorian Gray, 163.

29 Ibid., 165.

30 Ibid., 157-58.

31 Ibid., 223.

continuing rejection of creativity, for, despite his supposed desire to taste life to the fullest, he directs most of his energy towards hoarding sensations and experiences. He continually contravenes the most creative aspect of his nature —his capacity to live outside the bounds imposed by society—by seeking to suppress all physical evidence of his accomplishments. This tendency moves quickly from a simple concern for his appearance to a compulsive abhorrence of any sign of temporality. Change, of any sort, repels him. As a consequence, he becomes *de facto* a miser. He stops loving Sibyl, for example, when her acting ability fades because of her love for him. He cannot interest himself in new aspects of her nature at least in part because the process involves shared feelings in a reciprocal relationship rather than the exclusive sensations he formerly enjoyed during Sibyl's performances.

In keeping with the ambiguity that characterizes the entire discourse, the failure of Dorian's experiment with New Hedonism does not affirm the efficacy of the conventional environment that he apparently cannot escape. Indeed, the narrative does everything it can to subvert the impulse towards any form of closure in the novel's putatively moral ending, and with this gesture subverts the thematic and ideological forms of interpretation that I have criticized above. The novel ends with what appears to be an unfortunate accident, the consequence of reckless behavior and not considered action. In a willful manner, Dorian lashes out at something that relentlessly reminds him of the consequences of his behavior:

> But this murder—was it, to dog him all his life? Was he always to be burdened by his past? Was he really to confess? Never. There was only one bit of evidence left against him. The picture itself—that was evidence. He would destroy it. Why had he kept it so long? Once it had given him pleasure to watch it changing and growing old. Of late he had felt no such pleasure. It had kept him awake at night. When he had been away, he had been filled with terror lest other eyes should look upon it. It had brought melancholy across his passions. It had been like conscience to him. Yes, it had been conscience. He would destroy it.[32]

A simplistic reading would say that Dorian pays the price for his self-indulgence and recklessness as his assault on the painting brings about his own destruction.

32 Ibid., 169.

At the same time, the apparent capriciousness of his performance makes the result seem if not ridiculous certainly rather melodramatic. One can hardly interpret it as either confirming or refuting the very powerful tenets of Hedonism that Lord Henry has preached in the garden in chapter two: "Let nothing be lost upon you. Be always searching for new sensations. Be afraid of nothing [Wilde's ellipses] A new Hedonism—that is what our century wants."[33] Dorian heeds Lord Henry's urging to seek out new sensations, yet he fails to follow the injunction to have no fear. Thus, even in death he vacillates between the Modern and the (late) Victorian.

Lord Henry offers a much more complex example of the failure to accept the full implications of New Hedonism, for throughout much of the novel he embraces pluralism in a particularly post-Modern fashion (i.e., for its own sake and not in accordance with a specific ethical disposition) and behaving without reservation no matter what the situation.[34] Indeed, until the penultimate chapter of the novel, of all the major characters only Lord Henry seems able to accept change, and his behavior (though not his judgment of others) suggests a model for reading analogous to what I have been advocating. Specifically, his ability to accommodate Dorian's engagement to Sibyl or his equanimity

33 Ibid., 23.

34 The discourse uses this oscillation to invite one to Lord Henry for some sense of how to read all of the characters, he too provides ample opportunity for misperception. In the introduction to her edition of *The Picture of Dorian Gray* (New York: Oxford University Press, 1974) Isobel Murray rightly notes the impact of Matthew Arnold's concepts of Hellenism upon the ethos of the work, but I believe that she goes too far in asserting that the death of Dorian in his effort to kill his conscience actually represents a defeat of Lord Henry's propositions (xv-xvi). Murray judges Lord Henry's role reductively in placing too much faith in a moralistic reading of Wilde's remark (quoted in the introduction) that "Lord Henry Wotton seeks to be merely the spectator of life. He finds that those who reject the battle are more deeply wounded than those who take part in it." While maintaining the image of Lord Henry as spectator, Murray undermines her own argument by quoting his description of intercourse with Dorian based upon the simile of a musician. "Talking to him [Dorian] was like playing upon an exquisite violin. . . . There was nothing that one could not bring him to do" (xvi). Murray's analogy unconsciously affirms just how active and engaged Lord Henry is. In considering how Lord Henry's detachment from Dorian's dilemma differs from Dorian's detachment form the death of Sibyl and from the murder of Basil, one can only conclude that Murray consistently misses the point on the nature of Lord Henry. Murray brings the narrative down to the level of the morality tale that Wilde's contemporary detractors apparently expected, reverting to the simplistic form of reading that I have been arguing against throughout this essay. Certainly, as I have repeatedly noted, the views of Lord Henry alone do not provide readers with a perspective sufficient to interpret the characters and events of the work. On the other hand, his willingness to take his own ideas seriously and his openness to change in others serves as an excellent guide for the disposition we might undertake for the most open response to this work.

over his wife's elopement with a pianist asserts a flexibility that readers find lacking in most of the other figures in the novel: the emergence of the incipient post-Modernist sensibility as an alternative to the Modernist or the Victorian way of seeing the world.

In essence, an intellectuality based on a receptiveness to numerous systems of values distinguishes Lord Henry from the other characters in the novel. In the end, unfortunately, his ego makes him a prisoner of the same sort of retrograde impulses that have limited the perceptions of others, and his final judgments become as narrow and prescriptive as Basil's or Dorian's. Up to that point, however, his methodology for reaching those choices reminds readers of the aesthetic values that directed the novel's composition. In the early and middle portions of the narrative Lord Henry combines a range of attitudes found only individually in others. He refuses to accept received wisdom, yet he keeps in mind the strictures imposed upon behavior by society. As he demonstrates in chapter three at lunch at Lady Agatha's, he is fully able to articulate a logic for his New Hedonism, yet, when pressed, he conveniently claims not to remember what he has said.[35] As an individual comfortable both with multiplicity and ambiguity, Lord Henry enjoys disturbing the complacent assumptions of those who make up society, but he has no intention or desire to separate himself from their company. If he is *sui generis,* his approach evokes pluralistic attributes familiar to contemporary readers.

Lord Henry, like many contemporary critics of the novel, fails in his own efforts at interpretation, yet that too seems inevitable. His love of proportions stifles the post-Modern impulse and impels him to impose symmetry on all his views. Nonetheless, the diverse elements within the narrative do not permit the closure that Harry's flawless explanation of events seeks to impose. In *The Picture of Dorian Gray* too many invitations for reading the work assert themselves to allow for easy categorization. As a work derived from a range of Victorian attitudes, it remains nonetheless dependent for its completion upon the imagination of the individual reader, even as the individual reader must depend upon a range of Modern and post-Modern approaches to exploit the hypostatic multiplicity inherent in the text.

35 *Dorian Gray,* 38-39

SEXUAL POLITICS AND THE AESTHETICS OF CRIME: OSCAR WILDE IN THE NINETIES*

SIMON JOYCE

At the center of G. K. Chesterton's *The Man who was Thursday* (1908) is a band of master anarchists, each named for one of the days of the week, all of whom are ultimately revealed in the course of the novel to be undercover detectives. One of them explains what they think they are fighting against:

> This new movement of ours is a very different affair. We deny the snobbish English assumption that the uneducated are the dangerous criminals. We remember the Roman Emperors. We remember the great poisoning princes of the Renaissance. We say that the dangerous criminal is the educated criminal. We say that the most dangerous criminal now is the entirely lawless modern philosopher. Compared to him, burglars and bigamists are essentially moral men; my heart goes out to them. They accept the essential ideal of man; they merely seek it wrongly. Thieves respect property. They merely wish the property to become their property that they may more properly respect it. But philosophers dislike property as property; they wish to destroy the very idea of personal possession.[1]

This passage usefully introduces my essay, because I will be arguing that the idea of the criminal as an intellectual or artistic genius (which had seemed so radical when Thomas De Quincey first offered it in his 1827 essay, "On Murder, Considered as One of the Fine Arts") had become a conservative and reassuring notion by the end of the nineteenth century—quite literally in this case, since there are ultimately no philosopher criminals in Chesterton's book, only philosopher policemen.

The idea of an aesthetic of crime had begun to pick up steam again about 40 years after De Quincey, in part as a response to falling crime rates. By 1869, Leslie Stephen (writing under the pseudonym of "A Cynic") was bemoaning the "perceptible decline" in the style of murder, while *The Spectator* echoed

* From *ELH* 69 (2002): 501-23.

1 G. K. Chesterton, *The Man who was Thursday* (New York: Dover Publications, 1986), 25.

the same theme thirteen years later, predicting a more prosaic era in the history of crime, "in which evil is stolid, and careful, and prudent, and obtuse."[2] Late Victorian readers could of course look to popular fiction—to Gothic novels, sensation fiction, and the Sherlock Holmes detective stories—for a more elevated style of criminality, or to newspaper accounts of Jack the Ripper: indeed, it became a commonplace of contemporary commentary to highlight how strikingly *literary* these murders appeared, with noticeable parallels to Poe, Sade, and especially to *Dr. Jekyll and Mr. Hyde* (1886).[3] Stevenson's earliest critics and reviewers had mainly praised his formal construction and prose style, while advancing mild concerns about the text's possible impact on popular audiences. Two years later, though, the five murders ascribed to Jack the Ripper seemed to correlate closely with the recorded actions of Mr. Hyde, and thus incited a retroactive rereading. Soon after the second victim, Annie Chapman, was discovered, the *East London Advertiser* speculated that "a murderous lunatic [is] concealed in the slums of Whitechapel, who issues forth at night like another Hyde, to prey upon the defenceless women of the 'unfortunate' class"; a month (and two deaths) later, the same paper looked for parallels in Gothic fables and vampire legends, noting that "the most morbid imagination can conceive nothing worse than this terrible reality; for what can be more appalling than the thought that there is a being in human shape stealthily moving about a great city, burning with the thirst for human blood, and endowed with such diabolical astuteness, as to enable him to gratify his fiendish lust with absolute impunity?"[4]

At its most literal level, the connection between Jekyll and Jack the Ripper was made in September 1888 after the second murder, when a sensationalistic dramatization of Stevenson's story was closed down. Indeed, some newspaper correspondents even suspected the actor Richard Mansfield for the murders, because he performed the role of Hyde so well.[5] Other high profile figures

2 A Cynic [Leslie Stephen], "The Decay of Murder" (1869), and "The Fenayrou Trial" (1882), both cited in Martin Wiener, *Reconstructing the Criminal: Culture, Law, and Policy in England, 1830-1914* (Cambridge: Cambridge Univ. Press, 1990), 224-25.

3 W. T. Stead's article on "Murder and More to Follow," which appeared in the *Pall Mall Gazette* in September 1888, referred to the Ripper as "a Mr. Hyde of Humanity," as well as a "plebeian Marquis de Sade at large in Whitechapel." See Judith Walkowitz, *City of Dreadful Delight: Narratives of Sexual Danger in Late Victorian London* (London: Virago, 1992), 196, 206-7.

4 *East London Advertiser,* 8 September, and 6 October 1888.

5 See Donald Rumbelow, *The Complete Jack the Ripper,* with an introduction by Colin Wilson (Harmondsworth: Penguin, 1988), 113.

were also considered in the Ripper investigation, once the usual suspects (Leftists, Russian Jews, and other European immigrants) were dismissed: among them Samuel Barnett of Toynbee Hall, the trade unionist John Burns who would lead the successful dockers' strike in the following year, children's campaigner Dr. Barnado, and a director of the Bank of England who entered the area in disguise in an ill-judged attempt to catch the murderer.[6] Such speculations about the Ripper's identity—and his presumed resemblance to other literary figures—suggest a renewed interest in crime as not only imaginative and aesthetic, but as the province of the privileged classes: by the turn of the century, for example, we get the first appearance of Raffles, E. W. Hornung's aristocratic cat burglar, to place alongside Dr. Jekyll, Dorian Gray, and all those hard-up minor aristocrats who usually turn out to be the culprits in Conan Doyle.[7] What I take to be distinctly conservative about this renewed conjunction of crime, class, and aesthetics is the way that it explicitly sets itself against a causality rooted in socioeconomic conditions, with a consequent refusal to rethink strategies of policing.[8] Having reluctantly conceded that the Ripper probably didn't live in Whitechapel, and that he was far more likely a professional man exploiting the increasing exposure of East End life as a screen for his crimes, the authorities proceeded to tear down the slums anyway —in a move which was trumpeted by the *Daily Telegraph* under the slogan of "A Safe Four Per Cent" profit margin—and did little to investigate the more privileged suspects.[9] Hence, of course, a continuing conspiracy industry

6 See Christopher Frayling, "The House that Jack Built: Some Stereotypes of the Rapist in Popular Culture," in *Rape,* ed. Sylvia Tomaselli and Roy Porter (Oxford: Basil Blackwell, 1986), 201. The incident of the Bank director was reported in the *East London Advertiser,* 17 November 1888.

7 In his *Atlas of the European Novel, 1880-1900* (London: Verso, 1998), Franco Moretti points out the astonishing fact that Holmes only once ventures into the East End, and even this is presumably in the doppleganger story, "The Man with the Twisted Lip," in which the culprit turns out to be a bourgeois journalist disguised as a beggar (Moretti, 34).

8 Wiener has noted that the professionalization of policing brought with it a corresponding upgrade in the public image of criminals, who needed to be apprehended: "As crime detection, in both fact and fiction, was being removed to an expert and esoteric real, suspicions appeared that there existed much hitherto unsuspected expert and esoteric crime. The increasing sense of conquest of the external criminality of the streets combined with the blurring of the stark moral certainties of the early nineteenth century to turn middle-class attention inward. . . from the unruly populace to persons and scenes of apparent respectability" (244).

9 As Walkowitz notes, "despite the theories about upper-class perverts and maniacal reformers, the police still arrested the same collection of motley East End down-and-outers. . . They conducted a house-to-house search of Whitechapel, but not of the areas where the Ripper, if he were a 'toff' (that is, a gentleman) would be lodging. Long-standing patterns of defer-

surrounding these murders which is second only to that associated with J. F. K.

The privileged offender is, in a sense, a cultural fiction, the product of a wish fulfillment which had the useful effect of diverting attention away from genuine social problems of poverty, unemployment, and labor unrest that had recently begun to reassert themselves. The desire to see crime itself as a fine art is key here, since it concentrates on exceptional and essentially motiveless actions. In this essay, I want to think through some of the implications of this renewed aesthetic interest in crime by focusing on and around Oscar Wilde's *The Picture of Dorian Gray* (1890), a text which is generally thought to embody it through the main character of Dorian, but which in fact offers an exemplary critique of its tendency to shift attention away from lower-class crime. In a sense, Wilde fits the picture almost too perfectly, especially when considered in retrospect after his trial in 1895, when he literally became a criminal aesthete and jokingly insisted that "The Ballad of Reading Gaol" be offered for publication to *Reynolds's Magazine*, which "circulates widely amongst the criminal classes, to which I now belong, so I shall be read by my peers."[10] He also wrote an essay called "Pen Pencil Poison," which is often paired with De Quincey's, in which the poisoner Thomas Wainewright is described as "a poet and a painter, an art-critic, an antiquarian, and a writer of prose, an amateur of beautiful things, and a dilettante of things delightful, but also a forger of no mean or ordinary capabilities, and as a subtle and secret poisoner almost without rival in this or any age."

The essay goes on to detail some of his literary and art criticism, his friendships with Hazlitt, Lamb, and others around the *London Magazine*, in addition to his early successes on the social scene, before stating quite bluntly that "if we set aside his achievements in the sphere of poison, what he has left to us hardly justifies his reputation."[11] As Regenia Gagnier has persuasively argued, though, Wilde's insouciant tone has led most critics to miss the sense of irony, and thus to misinterpret statements like this or to take them at face value; Richard Ellmann, for instance, suggests that "forgery was a crime which perhaps seems closest to Wilde's social presentation of himself," and concludes

ence and assumptions of bourgeois respectability ultimately prevailed over speculations about bourgeois criminality circulating in the press" (212).

10 Oscar Wilde to Leonard Smithers, 19 October 1897, in *The Letters of Oscar Wilde,* ed. Rupert Hart-Davis (New York: Harcourt Brace, 1962), 663.

11 Wilde, "Pen Pencil Poison," in *The Artist as Critic: Critical Writings of Oscar Wilde,* ed. Richard Ellman (Chicago: Univ. of Chicago Press, 1969), 321.

that this essay demonstrates that "Wainewright's criminal craft revealed a true artist."[12] The key point here is not that he might be more appropriately considered to be an artist in the particular sphere of poisoning, but rather that there is no basis for considering him an artist at all; thus, while "[t]he fact of a man being a poisoner is nothing against his prose," it is also not an argument in its favor.[13]

Wilde, moreover, is equally critical of claims concerning Wainewright's status as a master criminal, and of his celebrity among the intelligentsia of the Romantic era. His cell at Newgate, the essay notes, "was for some time a kind of fashionable lounge," yet Wainewright himself felt isolated from those around him. He apparently told visitors that "I have been determined through life to hold the position of a gentleman. I have always done so. I do so still. It is the custom of this place that each of the inmates of a cell shall take his morning's turn of sweeping it out. I occupy a cell with a bricklayer and a sweep, but they never once offer me the broom!" On leaving Newgate, he was transported to Van Diemen's Land and felt a similar sense of superiority over the "country bumpkins" on board, so different from the "poets and artists" with whom he was used to associating when he was still a celebrity criminal. Commenting on this last quote, Wilde repeats his dictum from "The Soul of Man under Socialism" (to which I shall return) in order to explain Wainewright's sense of alienation from his fellow criminals: "The phrase that he applies to his companions need not surprise us," he notes, since "[c]rime in England is rarely the result of sin. It is nearly always the result of starvation."[14] Despite his pretensions to culture and celebrity status, then, the artist/poisoner ultimately emerges from this essay as a rather sad anomaly, whose claim to fame rests on his combination of disparate qualities rather than on his abilities at anything in particular. Wainewright might stand in this respect as a prototype for Dorian Gray, who aims for a similar accommodation of crime and culture. But the conjunction tells us little about either one: crime, Wilde seems to be saying, is best left to those with purpose and motive, while the cultural kudos which come from a criminal reputation cannot finally compensate for a lack of artistic talent.

---

12 Regenia Gagnier, *Idylls of the Marketplace: Oscar Wilde and the Victorian Public* (Stanford: Stanford Univ. Press, 1986), 34; Ellmann, *Oscar Wilde* (London: Hamish Hamilton, 1987), 282-83.

13 Wilde, "Pen Pencil Poison," 339.

14 Wilde, "Pen Pencil Poison," 337-38.

Envisaged as a the poster boy for a "new Hedonism," Dorian ranges freely between aesthetic pursuits (like the study of perfumes, music, jewels, and embroidery) and criminal ones, beginning in the opium dens of the East End docklands and climaxing in murder. Lord Henry Wotton, who many have wrongly taken to be a disguised portrait of Wilde himself, hopes that his protégé will "live out his life fully and completely . . . give form to every feeling, expression to every thought, reality to every dream" without fear of conscience, the law, or public censure, and Dorian certainly does his best.[15] He articulates a fashionable contempt for the poor, for example, while exploiting the landscape of London street-life as his inspiration after the manner of the Baudelairean *flâneur*, and is quick to disassociate himself from any philanthropic enterprise which is designed to improve working-class lives. (We can hardly blame him, though, for canceling an engagement to play piano duets in Whitechapel with Lord Henry's Aunt Agatha.)

Dorian's relationship with the actress Sibyl Vane condenses these attitudes towards the poor and represents an early—but flawed—attempt at converting social experience into aesthetic pleasures. He first discovers Sibyl while on a ramble about town: "One evening about seven o'clock," he later recalls, "I determined to go out in search of some adventure. I felt that this grey, monstrous London of ours, with its myriads of people, its sordid sinners, and its splendid sins . . . must have something in store for me" (42). Sibyl (from Euston Road, we are told, to clarify her lower-class, North London background) is performing in a shabby theater, whose patrons he later describes as "common, rough people, with their coarse faces and brutal gestures" (66). The audience is humanized only when Sibyl acts Shakespeare for them, and this performance is also what enables Dorian to maintain a slummer's fantasy of love between the classes; as soon as she stops acting, he loses interest and leaves her to commit suicide over her departed "Prince Charming." Later, he uses this same alias on nocturnal trips to the opium dens around the docks, one of which is described in some detail. Dorian hails a cab late one night in Bond Street and lies back in the seat, "his hat pulled over his forehead." In imagery which is familiar from the period's obsessive investigations of East London, including such complex acts of disguised infiltration as James Greenwood's "A Night in the Workhouse" (1886), C. F. Masterman's *From the Abyss* (1902), or Jack

15 Oscar Wilde, *The Picture of Dorian Gray* (New York: W. W. Norton, 1988), 20. Hereafter cited parenthetically by page number.

London's *The People of the Abyss* (1903), the journey takes him through "streets like the web of some sprawling spider," past monotonous brickfields and along "rough-paven streets" which are home to "monstrous marionettes," who only remind Dorian in turn of how much "[h]e hated them" (142-43).[16]

From passages like this, it is easy to imagine Dorian—contemptuous of the people around him, in disguise, and out for immediate gratification—as another Doctor Jekyll, or even a possible Ripper suspect; elsewhere, for example, the litany of his sins include "brawling with foreign sailors in a low den in the distant parts of Whitechapel," as if to solidify the connection to the recent murders (110).[17] But if Dorian has some success embodying the goals and attitudes of the aesthetic movement, he's a major disappointment as a criminal, and thus, in a sense, the reverse of Thomas Wainewright. Dorian's criminal centerpiece, the murder of the painter Basil Hallward, is particularly poor and undertaken for the most pedestrian of motives. Having confronted Dorian with a list of his rumored (and typically vague) indiscretions, Hallward wonders about the quality of his friend's soul, at which point he is invited to view the picture and see it for himself; but Dorian suddenly feels an intense hatred towards the painter for having set the process in motion and kills him out of resentment, before hastening to cover up his crime. Commenting on this incident, Alan Sinfield concludes that it arises "from sentimental self-indulgence and want of intelligence and self-control, not from aestheticism and amorality. . . . Dorian arrives at disaster not because he abjures conventional moral principles but because he remains under their sway."[18] As we shall see, this is a judgment with which Wilde himself would reluctantly concur.

Dorian's crime doesn't sound very elevated and artistic because—like the portrait itself—it needs to remain hidden from the public. This is presumably Lord Henry Wotton's point, when he tells his protégé that "murder is always a mistake. One should never do anything that one cannot talk about after

16 Masterman's subtitle, *Of the Inhabitants by One of Them,* nicely illustrates the ambivalent attitude of these studies, which desire to simultaneously collapse and reassert the distance between their respectable authors and the disreputable objects of inquiry.

17 Sure enough, Wilson reports on a new theory in his introduction to *The Complete Jack the Ripper* that the Ripper was Wilde's one time friend and housemate Frank Miles, on whom the character of Dorian was supposedly based; and "that Wilde knew Miles to be Jack the Ripper, and dropped clues about it in the novel—for example, Dorian's murder of the painter Basil Hallward with a knife" (13-14).

18 Alan Sinfield, *The Wilde Century: Effeminacy, Oscar Wilde and the Queer Moment* (New York: Columbia Univ. Press, 1994), 100.

dinner." Behind the familiar rhetoric of inversion which underpins the epigram, though, Lord Henry has another reason for disbelieving Gray's hypothetical confession: "I would say," he replies,

> that you were posing for a character that doesn't suit you. All crime is vulgar, just as all vulgarity is crime. It is not in you, Dorian, to commit a murder. I am sorry if I hurt your vanity by saying so, but I assure you it is true. Crime belongs exclusively to the lower orders. I don't blame them in the smallest degree. I should fancy that crime was to them what art is to us, simply a method of procuring extraordinary sensations. (162)

That last line can mislead us into thinking that Wilde is offering up his usual blend of rhetorical insouciance and imagining a world in which only "extraordinary sensations" count. But there's a more serious point here, which he expresses in "The Soul of Man under Socialism" as well as in the essay on Wainewright: that, given the harshness of working-class life, and especially the constant search for the means of subsistence rather than pleasure, Wilde felt that the poor criminal was entirely exonerated. But for someone like Dorian to commit murder is ultimately to borrow a form of justification which is unwarranted in his case, and which cannot be secured by simply renaming murder as an art form: since he has the wealth, leisure, and cultural training which are necessary for finding enjoyment in the aesthetic, an aristocrat really has no business committing crimes which can be supported only as a response to material need and suffering.

Rather than endorsing the notion of an aesthetics of crime, then, Wilde seems instead to offer here a powerful critique of the tendency to flatten out the differences between crime and culture. By acting out the role of the privileged offender, Dorian is simply taking to extremes a process of slumming that Wilde consistently attacked in political terms, since it effectively enabled and justified an ongoing exploitation of the real miseries of East End life. His critique of charitable philanthropy, which aimed to make the lives of the poor more bearable instead of abolishing the conditions under which poverty is allowed to exist, develops along similar lines. Part of the current problem, he notes in "The Soul of Man," lies with those same forms of fashionable altruism, which "have really prevented the carrying out of this aim"; like kindly slave-owners in the earlier part of the century, whose actions and attitudes delayed a recognition of the systematic basis of slavery, "the people who do most harm are the people who try to do most good." If this superficially reads like a standard Wildean paradox, the essay goes on to suggest a more precise target: in recent years, he noted, "we have had the spectacle of men who have really studied the problem and know the life—educated men who live in the East-end—coming forward and imploring the community to restrain its altruistic impulses of charity, benevolence, and the like. They do so on the ground that such charity degrades and demoralizes. They are perfectly right. Charity creates a multitude of sins."[19]

Instead of placing the onus back on the poor and demanding from them a more thrifty attitude toward household economics (as many of the Christian philanthropists and neo-Benthamites of the period would do), Wilde concludes that labor is as inherently unpleasant as poverty; that the goal of life is individual fulfillment, especially through a cultivation of art and the aesthetic; and that society must therefore be reconstructed on the basis of socialist cooperation. One important step in this process entails a recognition that crimes are committed as a result of "starvation, and not sin." Punishing criminals is therefore counter-productive, and the mark of a debased society: "*a community is infinitely more brutalised by the habitual employment of punishment, than it is by the occasional occurrence of crime*. . . . The less punishment, the less crime."[20] Echoing an argument which was simultaneously being worked out in response to the Ripper murders by Leftists like H. M. Hyndman of the Social Democratic Federation, William Morris, and George Bernard Shaw, Wilde insisted that since most crimes arise out of economic hardship and are therefore mainly directed against property (which the legal system has been developed in turn to protect), they should largely wither away under socialism: "When there is no punishment, crime will either cease to exist, or if it occurs, will be treated by physicians as a very distressing form of dementia, to be cured by care and kindness."[21] Morris makes an almost identical argument

19 Wilde, "The Soul of Man under Socialism," in *The Artist as Critic*, 256, emphasis in original. I have discussed this passage in a different context in "Castles in the Air: The People's Palace, Cultural Reformism, and the East End Working Class," *Victorian Studies* 39 (1996): 513-38.

20 Wilde, "The Soul of Man," 267, emphasis in original.

21 Wilde, "The Soul of Man," 267. *Justice*, the newspaper of the Social Democratic Federation, commented, for example, that "[w]hoever may be the wretch who committed these sanguinary outrages, the real criminal is the vicious bourgeois system which, based on class injustice, condemns thousands to poverty, vice and crime, manufactures criminals, and then punishes them!" Cited in William Fishman, *East End 1888: Life in a London Borough among*

in his Utopian novel *News from Nowhere* (1890), arguing from the other end that the abolition of private property would mean that "all the laws and all the legal 'crimes' which it had manufactured of course came to an end," thereby ending the necessity for the punitive apparatus of criminal justice and the courts.[22]

I realize that I am conjuring up an unfashionably sincere (even *earnest*) Wilde here, which doesn't sit too easily with our dominant image of him as a kind of proto-postmodern jester who was largely uninterested in ethics or politics, or sacrificed both at the altar of aesthetics. As with the character of Lord Henry Wotton, it is easy to misread Wilde's more overt political commentary as articulating a callous indifference to human suffering and a corresponding delight in the trivialities which attended upon a more privileged lifestyle. Around the same time that he was writing *Dorian Gray*, Wilde was also engaged in furnishing a grand home in fashionable Chelsea. Adrian Hope reported after his first visit to the house in Tite Street, with its white high gloss paint, Japanned lacquer work and elaborate furnishings, that one room at the back (Wilde's study) incorporated a Turkish motif, but unfortunately looked out onto a slum, so its windows were "covered with a wooden grating on the inside copied from a Cairo pattern which considerably reduced the little light there was."[23] The gesture would seem to be an impatient one which wanted to abolish poverty in the here and now by simply hiding it from view, although a more generous reading might suggest that Wilde instead wanted the home to serve an exemplary function as a show house for the new aesthetic movement; in this sense Tite Street, the contents of which were ultimately auctioned to pay off Wilde's legal costs, might be seen as embodying the principles of pleasurable self-realization which he outlined as the utopian aim in "The Soul of Man."

In the mid 1880s, Wilde met the novelist Olive Schreiner, one of a loose

---

the Labouring Poor (Philadelphia: Temple Univ. Press, 1988), 226. George Bernard Shaw wrote to *The Star* that "if the habits of duchesses only admitted of their being decoyed into Whitechapel back-yards, a single experiment in slaughterhouse anatomy on an aristocratic victim might fetch in round half a million and save the necessity of sacrificing four women of the people. Such is the stark-naked reality of these abominable bastard Utopias of genteel charity, in which the poor are first to be robbed and then pauperized by way of compensation, in order that the rich man may combine the idle luxury of the protected thief with the unctuous self-satisfaction of the pious philanthropist." Shaw, "Blood Money to Whitechapel," reprinted in *Agitations: Letters to the Press, 1875-1950* (New York: Frederick Ungar, 1985), 10-11.

22 William Morris, *News from Nowhere, and Other Writings* (Harmondsworth: Penguin, 1993), 112-13.

23 Cited in Philippe Jullian, *Oscar Wilde* (London: Constable, 1969), 145-46.

network of "New Women" who found a liberatory potential in charity work in East London, and asked why she lived in the East End; on hearing her say, "Because the people there don't wear masks," he supposedly replied, "And I live in the West End because the people there do."[24] Again, such a statement might be seen as registering a simple preference for artifice and triviality at the expense of human misery or the sincere effort towards its amelioration; or, as my reading of *Dorian Gray* might conclude, it is instead a powerful critique of Schreiner's assumption that she could know a transparent truth about the East End, either through a transferential identification or the voluntary divestment of social privilege. It is fair to say, of course, that Wilde's critiques do little to offer an alternative to the charitable philanthropy which dominated the liberal agenda of the 1880s and 1890s, besides a rather vague call for revolution and the more fundamental insistence that the poor would need to enact it on their own terms. To his credit, though, there is also considerable evidence that he was committed to basic principles of social justice, both before and after his imprisonment. In his biography, for example, Ellmann reports that Wilde signed a petition circulated by Shaw against the Haymarket massacres and attended a Hyde Park demonstration with his wife in support of the dock strike of 1889, two years prior to "The Soul of Man" essay, and just one year before *Dorian Gray*.[25]

By this point, he had also rejected the simplistic calls for "art for art's sake" and was engaged in a self-critical reappraisal of the aesthetic movement, which he parodied in "The Decay of Lying" (1889) through the figure of the Tired Hedonists club. That same essay discusses the influence which crime stories about Jack Sheppard and Dick Turpin have held over the imagination of impressionable youths in order to illustrate the thesis that life can sometimes imitate art, although this is saying something very different from the clichéd sentiment that the aesthetic is entirely divorced from the realm of morality.[26] In defending *Dorian Gray* to the press, moreover, Wilde reluctantly admitted that the novel had a moral, namely that "all excess, as well as all renunciation, brings its own punishment": Basil Hallward, he notes, dies because of his excessive investment in beauty, "by the hand of one in whose soul he has created a monstrous and absurd vanity." Dorian Gray suffers from a flawed attempt to "kill conscience" by living "a life of mere sensation and pleasure";

24 Reported by Ellmann, 243.

25 See Ellmann, 273, 268.

26 See Wilde, "The Decay of Lying," in *The Artist as Critic*, 293, 308.

while even Lord Henry finds it hard to maintain the absolute separation of his actions from their effects, or to remain "merely the spectator of life."[27] This renunciation of all responsibility for events in the story involves much the same kind of mystification which enabled criminals to be read in purely aesthetic terms, but it is finally insupportable, as Wotton ends up suffering collateral damage from events which he helped to set in motion. Far from representing a celebration of crime as one of the fine arts, I think these statements suggest its opposite, and argue convincingly for a systematic critique of aestheticism—with its ideological underpinnings of disinterestedness, an overinvestment in pleasure and beauty, and the denial of material consequences for one's actions—as a basis for living. Like Wainewright, Dorian is here denied the cover of art and culture, which might otherwise have excused him, and is held to account for his crimes by something as uncharacteristic of Wilde as a "conscience."

As I have tried to suggest, I am suspicious of readings of Wilde that retrospectively position the author as a criminal aesthete and thus *Dorian Gray* as a kind of exercise in self-justification. Beginning with Wilde's own trials, discussions of this text in particular have largely tried to identify a model of pernicious influence that might correlate with his supposed corruption of Lord Alfred Douglas and a network of lower-class rent boys. At the first aborted trial—brought by the author himself for libel against Douglas's father, the Marquis of Queensberry—defense counsel repeatedly cross-examined Wilde about whether a novel might be immoral or perverted, holding the same kind of influence over impressionable readers that an unnamed French novel, modeled after J. K. Huysmans's *A Rebours*, is shown to have had over Dorian. Since that text is given to him by Lord Henry, the alignment of Wotton/Wilde and Dorian/Douglas seems clear enough; and even though Wilde would not meet the latter until the year after the book was published, he so strongly resembled Gray that Neil Bartlett has described the real life Douglas as "a fiction" who "already existed in [Wilde's] books."[28] If we consider, though, that it is Dorian who both engages in (generally unspecified) criminal practices and functions as a public figurehead for the new Hellenism, then biographical criticism points in another direction, to the identification of the author with his protagonist.[29]

27 Wilde to the editor of the *St. James's Gazette,* 26 June 1890, in *Dorian Gray,* 339.

28 Neil Bartlett, *Who Was That Man?: A Present for Mr. Oscar Wilde* (London: Serpent's Tail, 1988), 195-96.

Again, the details refuse to fit neatly into place. If Wilde's transgressions were importantly both homosexual and across class lines, the same clearly cannot be said either for Dorian's relationship with Sibyl Vane or the few hints the text offers about his dangerous influence over other aristocratic youth like Sir Henry Ashton, Adrian Singleton, and Lord Kent's only son. There is, however, the possible detection of a homosexual subtext in a contemporary review from the *Scots Observer*, which commented that *Dorian Gray* was fit only for the C. I. D. and had been written for "none but outlawed noblemen and perverted telegraph-boys."[30] Here, though, the reference is not to Wilde himself but the Cleveland Street scandal of 1886, in which the seduction of a young telegraph delivery boy led to the discovery of a gay brothel, frequented by illustrious clients like Lord Arthur Somerset. It seems—again in retrospect—like an uncanny foreshadowing of Wilde's own fate, in which he played the part of the "outlawed nobleman" who engaged in the seduction of working-class boys supplied to him by Alfred Taylor; indeed, even the question of location seems appropriate, since the social significance of Cleveland Street (on the fashionable edge of London's Regent's Park) was picked up in Wilde's trial, with constant references to Taylor's rooms in Little College Street, "near the Houses of Parliament" or "close to Westminster Abbey."[31] One way to explain the connection is Bartlett's—that Wilde is working out first in fictional terms the life he would come to live after the novel was published, and which would emerge into public consciousness in the most dramatic ways after his trial and conviction; alternatively, we could argue that the same drama of revelation has retroactively conditioned anything that we might say about Wilde up to that point, as inevitably signaling the concealment, suggestion, or coded revelation of his central secret.[32]

In essays on *The Importance of Being Earnest* and *The Picture of Dorian Gray*, Eve Kosofsky Sedgwick has cautioned against such singlemindedness,

29 To complicate matters further, Wilde himself thought that he more closely resembled the painter Basil Hallward, although he acknowledged that the world thought of him as Wotton.

30 *Scots Observer,* 5 July 1890. Wilde's response (on 9 July) was that "[t]o keep this atmosphere [of 'moral corruption'] vague and indeterminate and wonderful was the aim of the artist. . . . What Dorian Gray's sins are no one knows. He who finds them has brought them." Both are reprinted in the Norton edition of *Dorian Gray* which I am using here, 346-47.

31 See H. Montgomery Hyde, *Famous Trials: Oscar Wilde* (Harmondsworth: Penguin, 1962), 203, 250.

32 This is the sense in which Sinfield has suggested that a text like *Dorian Gray* helped "to constitute just those terms in which we might wish, subsequently, to read it" (103).

arguing in the case of the latter text that its presumed possession of "a thematically full 'homosexual' meaning" ("*this* insistence on narrative content, which means the insistence on *this* narrative content") sits awkwardly against a counteracting assumption of high modernist "emptiness."[33] The impulse to discover a gay subtext seems almost irresistible, given that Wilde was—probably still is—the most famous homosexual of our century. Even the imposition of discrete silences about his precise transgressions fuels this impulse, as two almost identical anecdotes suggest: in the first, a young Beverley Nichols is discovered by his father with a copy of *Dorian Gray* before World War One and accused of being a "pretty little boy," a remark which the parent can only explain by reference to "*Illum crimen horribile quod non nominandum est*" (a variation on "the love that dare not speak its name"—here, the horrible crime which is not to be named); in the second, a character in Nancy Mitford's *The Pursuit of Love* (1945) is told not to mention Wilde's name by his father and is told by his mother only that whatever he had done "was worse than murder, fearfully bad." Echoing Lord Henry's comments about murder and secrecy, he is further asked, "And darling, don't talk about him at meals, will you?" Name and crime coincide, then, as synonyms which both need to be suppressed, since they so directly conjure each other.[34]

But there are distinct interpretive consequences to the search for subtextual truth. Consider, for example, Bartlett's criticisms of the East End scenes in *Dorian Gray*: its author, he notes,

> was involved in the daily, ordinary realm of "other" (homosexual, criminal) London in 1891, so for him discovering the truth, the secret life of the city, was a pleasure rather than a missionary or journalistic employment.

33 Eve Kosofsky Sedgwick, *Epistemology of the Closet* (Berkeley: Univ. of California Press, 1990), 166. See also her essay "Tales of the Avunculate: *The Importance of Being Earnest,*" in her *Tendencies* (Durham: Duke Univ. Press, 1993), 52-72.

34 These incidents are cited respectively in Phillip Hoare, *Wilde's Last Stand: Decadence, Conspiracy, and the Trial of the Century* (New York: Arcade Publishing, 1997), 25; and Michael Bracewell, *England is Mine: Pop Life from Wilde to Goldie* (London: Harper Collins, 1997), 14. The most famous version of this trope appears in E. M. Forster's *Maurice* (London: Edward Arnold, 1971), where the protagonist's declaration that "I am an unspeakable of the Oscar Wilde sort" nicely highlights the relationship between Wilde, silence, and affirmative identification (145). For the origins of the discreet silence of Wilde's transgressions, in the trial itself but more particularly the reporting of it in the press, see Ed Cohen, *Talk on the Wilde Side: Toward a Genealogy of a Discourse on Male Sexualities* (London: Routledge, 1993), chap. 5 and 6.

> His researches, though, were not made public; he kept his personal account of the lower depths a secret until it was forced out of him in 1895 [at trial]. In print all he did was to repeat the clichés of the descent into London's underworld in one of its most hackneyed locales.[35]

This is precisely the imposition of a continuity between text and trial that I have been discussing, and it rests in this instance on a false premise. As we have seen, Wilde's own subcultural forays took him only to the vicinity of Parliament, which has a resonant political symbolism but is not actually that far from his Chelsea home or the gentleman's clubs of Mayfair; to assume he had any direct knowledge of the opium dens of the East End docklands is not only to enforce an identification with Dorian Gray, but also to leave entirely uninterrogated the slide Bartlett makes here between the homosexual and the criminal. It is one thing to insist, as Wilde's case made tragically clear, that homosexuality was (and still is, in some cases) criminalized, but another entirely to force a self-identity between the two categories.

The impulse is certainly understandable, especially as applied to a figure like Wilde who seems to stand more obviously at the beginning of a peculiarly modern sense of personal identity as a form of political affiliation, rather than at the back end of the Victorian era. Jonathan Dollimore, for example, sees in him the transvaluation of dominant categories of subjective depth (truth, essence, substance, authenticity, sincerity) which a deconstructive post-modernism has also famously subjected to critique; in their place, Wilde offers up fiction, artifice, difference, style, pastiche.[36] It is easy to extend such an approach to more overtly political categories, to forge a "chain of democratic equivalence" (in the terms developed by Ernesto Laclau and Chantal Mouffe) or the "Great Refusal" (in a less-fashionable Marcusean terminology): thus, if the exercise of power is normatively associated with white, middle-class, heterosexual males, with colonial authority, or the rule of law, then resistance might variously be ascribed to racial and ethnic minorities, women, the working

35 Bartlett, 144. He goes on to suggest that Dorian's opium den might be Tiger Bay in Limehouse, which had already been described by James Greenwood in the *Daily Telegraph*, and by Richard Rowe in *Found in the Streets* (1880); the implication, of course, is that Wilde had simply "borrowed the details from another book" (144).

36 Jonathan Dollimore, *Sexual Dissidence: Augustine to Wilde, Freud to Foucault* (Oxford: Clarendon Press, 1991), 15. His categories deliberately echo Fredric Jameson's celebrated definition of postmodernism in *Postmodernism, or the Cultural Logic of Late Capitalism* (Durham: Duke Univ. Press, 1991).

class, colonial subjects, the criminal, and so on.[37] Such categories are clearly not mutually exclusive, but neither can they be presumed to share common interests which somehow pre-exist the political practices which might engender them. Contemporary critical theory has sometimes made that presumption, however, which helps to explain the modern fascination for Wilde: as Irishman, homosexual, criminal, and self-professed socialist.

His socialism is of an idiosyncratic kind, however, the weak spot of which is precisely its refusal to consider how alliances among different groups or subject positions might be formed. Its basis is in individualism, which Dollimore suggests maintains a close and often mutually generating relationship with crime to the extent that it emphasizes nonconformism.[38] But it is also consciously solipsistic, because its foundation is personal self-development in isolation from social pressures and obligations: "It is to be noted also," Wilde comments in "The Soul of Man,"

> that Individualism does not come to man with any sickly cant about duty, which merely means doing what other people want because they want it; or any hideous cant about self-sacrifice, which is merely a survival of savage mutilation. *In fact, it does not come to man with any claims upon him at all. It comes naturally and inevitably out of man.* It is the point to which all development tends.

Here, as we shall see, there are echoes of the critique of charitable philanthropy discussed earlier, alongside an evolutionist rhetoric which is used to describe individual rather than species development. The problem is that each individual will develop according to idiosyncratic tastes and desires, which leaves little room for cooperative action, or even sympathetic identification: "a man," the essay continues,

> is called selfish if he lives in the manner that seems to him most suitable for the full realisation of his own personality; if, in fact, the primary aim of his life is self-development. But this is the way in which everyone should

37 See Ernesto Laclau and Chantal Mouffe, *Hegemony and Socialist Strategy: Towards a Radical Democratic Politics* (London: Verso, 1985); and Herbert Marcuse, *An Essay on Liberation* (Boston: Beacon Press, 1969).

38 Dollimore, 8-9.

> live. *Selfishness is not living as one wishes to live, it is asking others to live as one wishes to live.* And unselfishness is letting other people's lives alone, not interfering with them. Selfishness always aims at creating around it an absolute uniformity of type. Unselfishness recognizes infinite variety of type as a delightful thing, accepts it, acquiesces in it, enjoys it.[39]

Any attempt at claiming Wilde for a modern collectivist socialist or queer politics would need to come to terms with this theory of individualism, which seems if anything to be a precursor of more extreme forms of contemporary identity politics, in which anyone can ultimately speak only for themselves.

Wilde is not quite so naïve, however, and does allow for one interesting exception: that of political agitation, which ought logically to be animated by the same egoistic condescension for which he criticizes philanthropy. Yet, "Agitators are a set of interfering, meddling people, who come down to some perfectly contented class of the community, and sow the seeds of discontent amongst them. That is the reason why agitators are so absolutely necessary. Without them . . . there would be no advance towards civilization." The explanation of this exceptional case demonstrates Wilde's materialist commitment, even when he is arguing within an apparently idealist framework of abstract categories. It is that poverty and starvation, which are also at the roots of justifiable crime, cause a paralysis on the part of the poor, who are not even conscious of suffering. Self-realization is not for all, then, at least under present conditions, because it requires a freedom from a labor which is "absolutely degrading"; it is private property which places the fortunate few "under no necessity to work for a living," thereby enabling them to lead in its place a life of culture—that which (as *Dorian Gray* insists) is the privileged equivalent of what crime represents to the lower classes.[40] In a version of vanguardist accounts of the Party, then, Wilde rejoins a mainstream Marxist tradition here by defining the difficulties of attaining class consciousness and the need for leadership from outside the class itself: the difference is that those leaders are the possessors of economic and cultural capital, and they agitate for individualism!

Wilde's revolution, then, would seem to be a curiously bourgeois one, even Arnoldian in its ultimate goal. As I have argued, it is not easily assimilable

39 Wilde, "The Soul of Man," 284-85, emphases in original.
40 Wilde, "The Soul of Man," 259, 268.

to a modern politics, despite the best efforts of contemporary cultural theorists. But it is fully comprehensible when relocated into the appropriate historical context of a wide-ranging debate about the direction of middle-class liberalism in the last decades of the nineteenth century. Broadly speaking, two responses emerged out of the rediscovery of extreme poverty that was necessitated by the economic downturn of the 1860s and 1870s. On the one hand, an older model of welfare provision continued to insist on the obligations of wealth and felt that the poor were best served by face-to-face charity on behalf of concerned citizens who could also act as role models for the poor—a tendency that was well represented by the university settlement movement, by umbrella groups like the Charity Organisation Service, the Salvation Army, or by Lord Henry's fictional Aunt Agatha. On the other hand, the inability of such agencies to cope with systemic problems meant the beginnings of a more statist position associated with Fabian Socialists like Beatrice and Sidney Webb, the so-called New Liberalism, and Charles Booth and early British sociologists like L. T. Hobhouse.[41] It is against the backdrop of this larger debate that Wilde's discussions of crime and his critique of philanthropy need to be screened.

His criticisms of the first position should be clear from the foregoing discussion of *Dorian Gray*, and it is echoed in those passages on duty and selfishness in "The Soul of Man under Socialism." It is picked up again in "The Critic as Artist" (1891) in terms of a critical disinterestedness that has traditionally been the hallmark of aesthetic appreciation. But prejudice enters in this instance, in hypothetical cases of the "noisy politician," "brawling social reformer, or poor narrow-minded priest," whenever one tries to act on others' behalf out of an "emotional sympathy" which is always (for Wilde) condescending, misguided, and ineffectual. More systematic efforts, such as those measures of Gladstonian Liberalism which helped form the bedrock of the modern welfare state, are less egotistical in their conception, but still represent futile attempts to "stave off the coming crisis, the coming revolution as my friends the Fabianists call it, by means of doles and alms" because they are grounded in statistical abstractions rather than any real knowledge of social conditions.[42] Wilde's critique of this second tendency is less developed, although it presumably appears in his invocation of an imaginary Authoritarian Socialism, in which

41 I discuss these rival approaches to the question of welfare in "Victorian Continuities: Early British Sociology and the Welfare of the State," in *Disciplinarity at the Fin de Siècle*, ed. Amanda Anderson and Joseph Valente (Princeton: Princeton Univ. Press, 2002), 261-80.

42 Wilde, "The Artist as Critic," in *The Artist as Critic*, 385-86,

"an inspector should call every morning at each house to see that each citizen rose up and did manual labour for eight hours."[43]

With this background in mind, we can better understand a brief discussion of the East End which occurs in chapter 3 of *The Picture of Dorian Gray* (the first that Wilde added for the revised 1891 edition) after Dorian's refusal to perform in piano recitals in Whitechapel. Aunt Agatha is a clear representative of the sentimentalist school of personal philanthropy, which believes that high culture provides a role model for the starving poor. "But they are so unhappy in Whitechapel," she laments, as if that were the only measure of human life, and later she seconds the rather cliched sentiment that the wealthy "have such grave responsibilities."[44] Lord Henry's response echoes "The Soul of Man" by insisting that it is "morbid" to sympathize with human suffering rather than "the beauty, the joy of life." At this point, he is engaged by a Radical M. P. Sir Thomas Burdon, who I take to be representative of the statist tendency on account of his support for the "reasonable" Americans with their "practical" outlook on social problems. "Still, the East End is a very important problem," he interjects, only to receive what seems initially like another flippant response from Lord Henry: in fact, his reply—that "[i]t is the problem of slavery, and we try to solve it by amusing the slaves"—speaks directly to Wilde's wider critique of the egoism of self-sacrificing charity and to his invocation of the kindly slave-owners as those that do the most harm. Badgered into staking a counter-proposition, he claims first not to "desire to change anything in England except the weather," and then more seriously that it is to science that we should look to restrain the present "over-expenditure" of emotion and sympathy (36-37). All of this looks like an evasive forestalling of discussion, especially when a Duchess compliments Wotton for absolving her guilt at taking "no interest at all in the East End" (37), but Wilde surely had a more serious point in mind when he added this scene for the first English edition: it is, I think, that there is no interest that she can take which could short-circuit self-interest, and nothing to propose (taking literally the parallel of slavery) other than the outright elimination of poverty that he proposes in "The Soul of Man." He is, of course, vague about exactly how science or Socialism might accomplish that, but consistently insistent about the defects

43 Wilde, "The Soul of Man," 260.

44 This emphasis on personal happiness, and its source in the pleasures furnished by high art, is the foundation of Walter Besant's East End novel, *All Sorts and Conditions of Men* (1881), and of the People's Palace, the real life institution which it inspired.

of the alternatives on offer.

In the ways that I have outlined, Wilde was seriously engaged in the early 1890s with working through questions of personal and social ethics and considering the relative merits of socialism, individualism, and aestheticism. Unlike Ellmann, who concludes his monumental biography with the thought that Wilde "belongs to our world more than Victoria's . . . a towering figure, laughing and weeping, with parables and paradoxes," my reading of the texts of this period argues that his conclusions are reasonably consistent (remarkably so, if we accept that he was an unsystematic thinker, and one who even celebrated insincerity), but that they are obscured if we see him only in light of current concerns rather than those of the time.[45] The evidence of *Dorian Gray* and "The Soul of Man under Socialism" would particularly question the idea that Wilde adopted the perspective of the outlaw or transgressor at this time, as Dollimore has argued, when he is in fact interrogating the valences of that position and seeking to make fine distinctions about who is entitled to take it up and on what basis. His insistence on the justifiable criminality of the underclass in the face of crushing social conditions speaks to a commendable materialism, especially as the dominant political thinking sought to ameliorate, moralize about, or wish away those same conditions.

In a landmark article, Gareth Stedman Jones has attempted to trace elements of an ideological "remaking" of the working class, which included the origins of a distinctive commercial culture within which the new music halls featured prominently, the more reformist emphasis of the new unionism, the beginnings of a marked working-class conservatism and patriotism (articulated especially in support of the Boer campaign), and the powerful appeal of "respectability" among the working poor.[46] Of course, we should not see this as constituting an epochal shift that entirely eradicated those political and cultural associations which had been attached in particular to the poor in London's East End throughout the nineteenth century. Nonetheless, Stedman Jones's analysis usefully anticipates the very different image of that region which has circulated in this century: as strongly pro-family, traditionalist, hard-working, and loyal to the crown, while still sometimes mildly criminal (most notably in its resentment of state

45 Ellmann, 553-54.

46 Gareth Stedman Jones, "Working-Class Culture and Working-Class Politics in London, 1870-1900: Notes on the Remaking of a Working Class," in his *Languages of Class: Studies in English Working Class History, 1832-1982* (Cambridge: Cambridge Univ. Press, 1983), 179-238.

interference in its affairs). This is the general context, I think, in which we need to situate the renewed interest in the idea of the aristocratic criminal with which I began this essay, as an attempt to disarticulate crime from a socio-economic etiology and consider it instead as rooted in discrete pathologies or the topic for mass-market fictions and detective stories. In this sense, Wilde seems almost anachronistic in his insistence on the former approach and more closely aligned with a minority Leftist position.

It is a cruel irony, then, that his own trials and conviction did so much to secure the image of the privileged and pathological offender in the public imagination. As Ed Cohen has argued, the persecution of Wilde "could be perceived, both politically and popularly, as the symbolic reversal" of the Cleveland Street trial, which caused widespread anger that the brothel's wealthy clients like Lord Arthur Somerset were able to escape prosecution amid rumors that Prince Albert Victor had also been implicated in the scandal.[47] Six years later, this popular anger was wholeheartedly directed against Wilde himself, in reports that sought to establish a hostile working class opposed to the decadence of an aristocracy which the accused had come to symbolize. The final day of the trial, coming in the midst of a patriotic fervor that marked the Queen's birthday, saw jubilant celebrations outside the Old Bailey when the verdict was read, with prostitutes dancing in the streets. "'E'll'ave 'is 'air cut reglar *now*!" was shouted by one, in a remark which almost seems crafted to emphasize the cockney dropped aspirates and thus demonstrate that it was the common Londoner who most actively sought Wilde's conviction. "Further up the social scale," the report reads, "feelings were more decently disguised, except perhaps by Lord Queensberry and his friends."[48]

There is a very distinct dialectic working itself out here, in which a degenerate upper class is confronted by the image of a respectable working class who can henceforth be appealed to in the name of a post-Victorian bourgeois morality. In a variety of ways, this new alignment works itself out in the early years of this century, for example in Lloyd George's so-called "People versus Peers" election campaign of 1910, and it surfaced most spectacularly in yet another scandal trial in which Wilde made a posthumous appearance: the Pemberton Billing libel trial of 1918, in which a Wildean decadence was once again criminalized, this time as potentially traitorous in a context of war-

47 Cohen, *Talk on the Wilde Side,* 175, 121-25.
48 See Hyde, 273.

time paranoia. This case was set in motion by the ravings of a far-right M. P. Noel Pemberton Billing, a Georgian Queensberry who declared in print—under the heading of "The Cult of the Clitoris"—that the subscribers to a private performance of Wilde's *Salomé* would closely overlap with an alleged list of 47,000 prominent members of British society whose sexual preferences rendered them open to German blackmail. Among Billing's supporters was an apostate Lord Alfred Douglas, who now declared Wilde to be "the greatest force for evil that has appeared in Europe during the last 350 years."[49] During the libel proceedings, Billings also slandered (among others) the trial judge and prosecuting counsel, former Prime Minister Asquith and his wife, along with his War Minister Lord Haldane, and (by implication, at least) members of the royal family. All were lined up with surviving members of the Wilde circle and cast in a massive establishment conspiracy. Amazingly, Pemberton Billing won the case. He did so in part by appealing to an orchestrated gallery of wounded soldiers, and to a wider xenophobia and *ressentiment* outside the courtroom: according to Philip Hoare, the class dynamic of the campaign consciously targeted "the upper classes, and sought to exploit the distrust of the middle classes (whom, ironically, Douglas hated) which the war had exacerbated," though it crucially also enlisted the support of "respectable" working-class opinion.[50]

The privileged offender becomes a charged position again in this trial, with Wilde once more figured in the background. Between 1895 and 1918, the collapsing of categories of deviance—homosexuality's supposedly "natural" associations with criminal conduct, avant-gardist art, foreign influences, and pacifism, socialism, or treason—proved once more hard to defend against or disentangle. It is not a new equation by any means, but one which was deployed with a virulence and a sophistication which has since been replicated throughout the twentieth century. Despite what modern queer theorists have sometimes suggested, it was not always an affirmative mark of individual or collective identity or a playful subversion of the dominant discourse; when it was adopted as such by fractions of the English upper class, in the decadent 1890s or the Georgian echo which preceded World War One, there was a heavy price to pay. In a sad irony, it was Wilde himself—prior to his own conviction and exile—who would have been best placed to understand the limitations of such

49 Hoare, 152.
50 Hoare, 188.

a position, and to anticipate the form of the backlash.

Texas Christian University

NOTES

Among the many people who have helped me to sharpen and revise my thinking in this essay, I would especially like to thank Bonnie Blackwell for her comments on an earlier draft.

민태운

서강대학교 영문학과 졸업 후, 서울대학교에서 영문학 석사, 미국 Southern Illinois University at Carbondale에서 영문학 박사학위를 받았으며, 현재 전남대학교 영문학과 교수로 재직 중이다. 저서로는 『제임스 조이스의 소설』(2001), 『조이스의 더블린』(2005)이 있고, 공저로 『조이스 문학의 길잡이: 더블린 사람들』(2005), 『조이스 문학의 강의: 젊은 예술가의 초상』(2009) 등이 있으며, 주석본으로 *A Portrait of the Artist as a Young Man*(2010)이 있다.

The Picture of Dorian Gray

도리언 그레이의 초상

1판 1쇄 발행 · 2011년 4월 15일
1판 2쇄 발행 · 2019년 6월 30일

편 주 자 · 민 태 운
발 행 인 · 정 현 걸
발 행 · 신 아 사
인 쇄 · 대명프린팅
주 소 · 서울특별시 은평구 통일로 59길 4 (2F)
전 화 · (02) 382-6411 팩 스 · (02) 382-6401
홈페이지 · www.shinasa.co.kr
E-mail · shinasa@daum.net

ISBN: 978-89-8396-733-6 (93840)

정가 *13,000* **원**